# VENÇA TODAS AS DISCUSSÕES

MEHDI HASAN

# VENÇA TODAS AS DISCUSSÕES

## A ARTE DE DEBATER, PERSUADIR E FALAR EM PÚBLICO

ALTA BOOKS
GRUPO EDITORIAL
Rio de Janeiro, 2024

# Vença Todas as Discussões



ISBN: 978-85-508-2353-9

Alta Life é uma Editora do Grupo Editorial Alta Books.

*Translated from original Win Every Argument © 2023 by Mehdi Hasan. ISBN 978-1-250-85347-9. This translation is published and sold by Henry Holt and Company, the owner of all rights to publish and sell the same. PORTUGUESE language edition published by Starlin Alta Editora e Consultoria Eireli, Copyright © 2024 by* STARLIN ALTA EDITORA E CONSULTORIA LTDA.

Impresso no Brasil — 1ª Edição, 2024 — Edição revisada conforme o Acordo Ortográfico da Língua Portuguesa de 2009.

Dados Internacionais de Catalogação na Publicação (CIP)
**(BENITEZ Catalogação Ass. Editorial, MS, Brasil)**

H272v

1.ed. Hasan, Mehdi

Vença todas as discussões : a arte de debater, persuadir e falar em público / Mehdi Hasan ; tradução Renan Amorim. - 1.ed. - Rio de Janeiro :Alta Books ; Alta Life, 2024.
336 p.; 15,7 x 23 cm.

ISBN 978-85-508-2353-9

1. Comunicação oral. 2. Debates. 3. Discursos. 4. Falar em público. 5. Persuasão (Retórica). 6. Retórica - Oratória. I. Amorim, Renan. II. Título.

10-2024/127 CDD 808.51

**Índice para catálogo sistemático:**
1. Falar em público : Retórica 808.51
**Aline Graziele Benitez - Bibliotecária - CRB-1/3129**



**Grupo Editorial Alta Books**

**Produção Editorial:** Grupo Editorial Alta Books
**Diretor Editorial:** Anderson Vieira
**Editor da Obra:** Ibraíma Tavares
**Vendas Governamentais:** Cristiane Mutüs
**Gerência Comercial:** Claudio Lima

**Produtor Editorial:** Thiê Alves
**Tradução:** Renan Amorim
**Copidesque:** Mariana Santos
**Revisão:** Carlos Bacci
**Diagramação:** Fernanda Buccelli

ALTA BOOKS
GRUPO EDITORIAL

Rua Viúva Cláudio, 291 — Bairro Industrial do Jacaré
CEP: 20.970-031 — Rio de Janeiro (RJ)
Tels.: (21) 3278-8069 / 3278-8419
**www.altabooks.com.br** — altabooks@altabooks.com.br
**Ouvidoria:** ouvidoria@altabooks.com.br

Editora
**afiliada à:**

*Para minha esposa,*
*o amor da minha vida*
*e a única pessoa*
*contra quem pareço*
*nunca conseguir*
*vencer uma discussão.*

# SUMÁRIO

# INTRODUÇÃO

# A ARTE DA ARGUMENTAÇÃO

Não estou discutindo. Estou simplesmente explicando por que estou certo.

— Anônimo

Qual seria sua atitude se dezenas de milhares de vidas dependessem de *você* apresentar um argumento irrefutável?

Em 428 AEC, a Grécia Antiga estava mergulhada na Guerra do Poloponeso. As cidades-estados de Atenas e Esparta, totalmente envolvidas no conflito, lutavam pela supremacia. Com essas duas potências distraídas, a pequena cidade de Mitilene, na ilha grega de Lesbos, viu abrir-se uma oportunidade. Os oligarcas que comandavam a cidade queriam se livrar da dominação ateniense e controlar toda a ilha. Instigados pelos espartanos, seus aliados, os oligarcas deram início ao que ficou conhecido como a Revolta de Mitilene.

Foi um desastre para os mitilenianos. Atenas não estava tão distraída quanto os oligarcas esperavam. Seu exército sitiou Mitilene por todos os lados, antes que a cidade não pudesse sequer se preparar para a batalha. E a insurreição de Mitilene foi esmagada logo no nascedouro. Os líderes mitilenianos foram obrigados a se render ao general ateniense Paches, que não assumiu a responsabilidade de decidir como punir os rebeldes. Afinal, Atenas ainda era uma democracia. Ele permitiu que a cidade derrotada enviasse uma delegação de mil homens a Atenas para implorar por misericórdia.

Como o antigo historiador grego Tucídides contou em seu livro *História da Guerra do Peloponeso*, a assembleia ateniense se reuniu para deliberar sobre que medidas tomar contra Mitilene. Não houve demora para que uma decisão fosse tomada. Os atenienses estavam furiosos com a Revolta de Mitilene — e também com medo. E se outras cidades do seu império seguissem o exemplo de Mitilene e se rebelassem contra Atenas? Seria o fim da dominação ateniense.

Os membros da assembleia votaram rapidamente e decidiram, de maneira unânime, aplicar uma punição severa — executar todos os homens de Mitilene e escravizar as mulheres e as crianças. Logo depois da votação, um trirreme — a embarcação mais veloz daquela época — foi enviado a Lesbos com ordens para Paches exterminar a população masculina adulta de Mitilene.

Na manhã seguinte, porém, muitos atenienses questionavam a brutalidade do que haviam decidido fazer com o povo de Mitilene. Eles queriam considerar sobre uma punição mais branda. Como estamos falando de Atenas, dois oradores foram escolhidos para debater o assunto perante a assembleia.

O primeiro foi o general Cléon, descrito por Tucídides como “o homem mais violento de Atenas”, que defendia a manutenção da pena original: matar e escravizar os mitilenianos. Dirigindo-se longamente à plateia, incentivou seus compatriotas a resistir aos pedidos de leniência. Cléon vociferou contra a própria democracia ateniense, que se esquivava das exigências de guerra: “Já havia me convencido diversas vezes antes de que uma democracia não consegue sustentar um império, o que fica ainda mais evidente agora pelo fato de vocês terem mudado de ideia no que se refere a Mitilene.” E admoestou seus ouvintes a não se tornarem "escravos do prazer do ouvido nem se comportarem mais como público de um orador do que como o Conselho da cidade".

"Deem-lhes a devida punição", argumentou Cléon, "mostrando a seus outros aliados, por meio de um exemplo categórico, que a pena pela rebelião é a morte."

Pobre Diódoto. Esse líder de uma facção política ateniense mais moderada foi encarregado de argumentar em favor da clemência e teve que falar logo depois do discurso veemente de Cléon. Havia milhares de vidas em jogo — e o tempo agia contra ele. O trirreme já navegava rumo a Lesbos. Por falar nisso, Diódoto estava agora defendendo a alma da democracia ateniense contra a ânsia vingativa de seus oponentes. Você consegue imaginar a pressão que ele sentia?

Apesar disso, Diódoto começou devagar, e sua calma contrastava com a fúria de Cléon: "Eu não culpo aqueles que reabriram o caso dos mitilenianos", disse ele, "nem aprovo os protestos que ouvi contra importantes questões que são debatidas com frequência" — uma alfinetada no discurso abrasador de Cléon. Em vez disso, Diódoto baseou seus argumentos em torno da importância do debate livre e aberto, alertando seu público sobre como "a pressa e a paixão" eram os dois maiores obstáculos a um "bom conselho".

Para Diódoto, o argumento contra a execução em massa não dependia da culpa ou inocência dos mitilenianos. Ele admitiu que eles realmente se revoltaram contra Atenas — mas também argumentou que apenas os oligarcas conspiradores deveriam ser punidos. Era uma questão de conveniência, de pragmatismo político: matar *todos* os homens mitilenianos não serviria aos "interesses" dos atenienses. Seria uma "enorme tolice", segundo ele, negar aos rebeldes de outras cidades em revolta "a esperança do arrependimento e de uma expiação precoce do seu erro". E acrescentou que não havia nenhuma evidência de que uma execução em massa serviria como impedimento de insurreições futuras.

O tranquilo Diódoto conhecia seu público — e o que este precisava ouvir. Ele também sabia da importância de uma argumentação racional e, criando o padrão adequado para a conversação, eloquentemente desviou a conclamação de vingança de Cléon: "O bom cidadão deve triunfar não por impor o medo em seus oponentes, mas por vencê-los com justiça pela argumentação."

"E ele venceu Cléon", observa um autor. A assembleia votou de novo — e, dessa vez, a decisão pendeu ligeiramente em favor de Diódoto. Então, escreveu Tucídides, um segundo trirreme com novas ordens foi "enviado às pressas" a Lesbos, cujos remadores receberam "vinho e bolos de cevada" e "grandes promessas se conseguissem chegar a tempo". Felizmente, a embarcação chegou ao porto no instante em que Paches lia o decreto original que viera no primeiro trirreme. O massacre foi evitado por questão de minutos.

Milhares de vidas inocentes foram poupadas. Tudo graças a um único argumento apresentado em Atenas que levou Diódoto a vencer uma discussão por ser excelente na arte de debater, persuadir e falar em público. Ele não só sabia como elaborar um argumento fundamentado, mas também como se comportar sob pressão. Sabia como tocar o coração, a mente e o âmago da identidade de seu público. Sabia como lidar com os ataques dos seus oponentes e escolher o momento certo para revidar. E, quando revidou, Diódoto soube muito bem como usar os pontos fracos de Cléon a seu favor. Sabia como começar por baixo e terminar vitorioso.

O objetivo deste livro é lhe apresentar todas as ferramentas e táticas que Diódoto e todos os grandes oradores e debatedores do mundo empregaram. Assim, você também poderá sobrepujar todos os argumentos. Mesmo quando milhares de vidas *não* dependerem disso.

.......

Todas as pessoas do planeta — homens, mulheres ou crianças —, em alguma ocasião já *tentaram* vencer uma discussão. Seja na seção de comentários do Facebook, nos corredores de mármore do Congresso ou durante a ceia de Natal. Quer tenham massacrado seu adversário ou se afastado cabisbaixos, a essa altura todos começam a pensar nas coisas que poderiam e deveriam ter dito. Não há quem não tenha passado por isso. Não conseguimos evitar a ânsia, a necessidade e — sim — o desejo humano de argumentar.

Mas a discussão, em si, tende a ter má reputação. Ela recebe a culpa de tudo, desde a polarização política à separação marital. Em seu clássico livro de 1936, *Como fazer amigos e influenciar pessoas*, Dale

Carnegie escreveu: "Cheguei à conclusão de que existe apenas uma maneira neste mundo de tirar o máximo proveito de uma discussão — evitá-la. Evite-a como o faz com cobras e terremotos."

Discordo da conclusão de Carnegie — se ele ainda estivesse vivo, talvez pudéssemos debater esse assunto.

Prefiro não evitar discussões. Em vez disso, procuro-as. Corro em direção a elas. Eu as saboreio e aprecio.

Na verdade, passei minha vida inteira discutindo. Minha carreira se baseia nisso — primeiro, como colunista de opinião editorial e especialista em TV no Reino Unido; depois, como entrevistador político para a Al Jazeera English; e atualmente na condição de âncora para a MSNBC nos Estados Unidos. Já discuti com presidentes, primeiros-ministros e espiões do mundo todo. Já discuti na Casa Branca; no escritório do primeiro-ministro britânico; na... embaixada saudita!

Em termos filosóficos, acho que a argumentação e o debate são a alma da democracia, bem como a única maneira garantida de chegar à verdade. Os argumentos podem nos ajudar a resolver problemas, descobrir ideias que nunca consideraríamos e (embora com relutância) lidar com nossas discordâncias em prol de um acordo. Existem também óbvios benefícios práticos em saber como argumentar e falar em público. Essas são habilidades interpessoais vitais que o ajudarão a progredir em sua carreira e aprimorar vários aspectos de sua vida. Quando temos a habilidade e a capacidade de mudar a opinião das pessoas, há poucas coisas que não conseguimos realizar. Ou, para citar Winston Churchill: "De todos os talentos concedidos ao homem, nenhum é mais importante do que o dom da oratória. Aquele que o tem exerce um poder mais duradouro do que o de um grande rei."

Mas quando chega a hora, uma boa discussão, feita de boa-fé, também pode ser bem *divertida*. Eu realmente *gosto* de discordar dos outros, de encontrar furos em suas afirmações e de expor as falhas de sua lógica. Talvez isso faça com que eu seja algo atípico, mas acho que discordar tem um valor intrínseco. Estou no mesmo campo que o ensaísta francês do século XIX Joseph Joubert, que supostamente fez a seguinte observação: "É melhor debater uma questão sem chegar a uma conclusão do que chegar a uma conclusão sobre uma questão sem debatê-la."

Aprendi essa lição cedo. Pode-se dizer que fui criado em um lar argumentativo. Para deixar bem claro: nós, a família Hasan, amamos discutir! Meu pai questionava e provocava minha irmã e eu à mesa do jantar, em longas viagens de carro e em férias no exterior. Ele nunca deixava de participar de uma discussão por causa dos méritos ou deméritos de determinada questão. Foi ele quem me ensinou a questionar tudo, a ser curioso e cético, a não aceitar nada cegamente e a saborear cada desafio e objeção.

Em fins da década de 1980, quando os muçulmanos britânicos estavam denunciando o notório romance islamofóbico de Salman Rushdie, *Os versos satânicos*, com alguns deles chegando a queimar exemplares nas ruas das cidades britânicas do norte, meu pai comprou um, o leu de capa a capa e o guardou em um lugar de destaque da estante. Quando seus amigos muçulmanos o visitavam em casa, seus olhos se esbugalhavam. "Por que... por que... você comprou esse livro?", perguntavam. "Porque não podemos dizer que algo é ruim se nunca o lemos", respondia meu pai, com calma.

Poderíamos dizer que meu pai é a personificação da máxima descrita por John Stuart Mill em seu clássico tratado filósofo *Sobre a liberdade*:

> Aquele que está ciente apenas do seu lado de uma questão, sabe muito pouco sobre ela. Seus motivos podem ser bons, e ninguém talvez tenha conseguido refutá-los. Mas se ele também não conseguir refutar os motivos do lado oposto, se nem sequer souber quais são eles, não terá base para preferir qualquer opinião.

Cresci sabendo o valor de poder "refutar os motivos do lado oposto" e, assim, aprendi a me familiarizar com os dois lados de uma discussão. Essa é uma habilidade que levei comigo primeiro para a universidade, onde debati na Oxford Union na companhia dos melhores desse estabelecimento britânico, e depois para uma carreira na mídia britânica e norte-americana, na qual, em anos recentes, conquistei a reputação de ser um dos entrevistadores mais difíceis de encarar da televisão.

.......

Existem milhões de pessoas nos Estados Unidos e no mundo que querem aprender a vencer uma discussão, que desejam aprimorar suas técnicas de debate e dominar a arte da oratória pública em geral — mas que precisam de uma ajudinha.

Talvez você seja uma delas. Mas por que ler especificamente este livro para obter essa ajuda? Admito que já existem muitos outros por aí sobre como argumentar, debater ou dar palestras, escritos por acadêmicos, autores renomados e coaches de debates. De fato, você verá que citarei muitos deles nas páginas e capítulos à frente. Mas este livro se baseia em meu conjunto singular de experiências: desde meus dias de escola, debatendo com pessoas como o futuro primeiro-ministro Boris Johnson e o ex-primeiro-ministro paquistanês Benazir Bhutto, aos destaques da minha carreira entrevistando alguns dos maiores nomes do mundo da política, das finanças e, sim, de Hollywood.

Portanto, este é o motivo nº1: precisei aprender cada técnica de debate deste livro para me posicionar na frente da câmera e questionar líderes mundiais.

Mas há um motivo ainda maior: embora realmente já existam diversos livros por aí que se concentram especialmente na arte da persuasão, negociação ou de como chegar a um acordo, este livro não é um deles. Em termos simples, ele o ensinará a *vencer*.

Assim, o objetivo deste livro é servir como um guia prático — para advogados que desejam triunfar no tribunal; para executivos corporativos que querem dominar a sala de reuniões; para candidatos políticos que pretendem concorrer a um cargo e vencer seus debates na TV; para professores e palestrantes que aspiram deixar suas lições bem compreendidas; para alunos cujo propósito é se destacar em competições de oratória e debate ou em Simulações da ONU; para cônjuges que... bem, já deu para entender.

Meu objetivo é transformar você, leitor, independentemente de seu histórico ou habilidades, em um campeão dos debates, em um mestre da retórica, em um vencedor na arte da argumentação.

Na primeira seção deste livro, que trata dos fundamentos, mostrarei como cativar um público, distinguir entre pathos e logos e se tornar um ouvinte e um orador melhor. Explicarei por que o humor costuma ser a chave para vencer um debate e também elaborarei uma defesa contra o maligno argumento ad hominem.

Na segunda seção, apresentarei a você truques e técnicas comprovadas pelo tempo — desde a "Regra dos Três" à "Arte das Tiradas" e o "Gish Galoper" — e mostrarei como usá-los como armas no mundo real. Você aprenderá a reconhecer o valor de uma tríade e o poder da sincorese — e verá como Rambo contribui para o mundo dos argumentos e dos debates.

A terceira seção se concentra no trabalho que você precisará realizar nos bastidores para garantir que estará pronto para encarar um grande público. Vou ensiná-lo a aumentar sua confiança, a ensaiar seu discurso e a pesquisar para obter argumentos. Para mim, não há nada — *nada!* — mais importante do que prática e preparação.

Por fim, temos a conclusão, ou o "Gran Finale". Como fazer um encerramento? Como deixar seu público desejando mais? Eu lhe apresentarei diversas formas de concluir bem uma fala — e com os ouvintes do *seu* lado.

Este livro está repleto de histórias dos bastidores e exemplos dos meus próprios debates — que vão desde a Oxford Union na Inglaterra a Kiev na Ucrânia. Compartilharei alguns segredos de meus ataques televisionados com pessoas como Erik Prince, John Bolton, Michael Flynn, Douglas Murray, Slavoj Žižek, Steven Pinker e Vitali Klitschko, entre muitos outros. Também abordarei algumas lições sobre a arte da retórica ensinadas por mestres que vão do filósofo grego Aristóteles ao comediante britânico John Cleese e à pop star de Barbados, Rihanna.

As pessoas costumam me perguntar: "O que você faz realmente pode ser ensinado?"

A resposta simples é: sim.

A longa é: sim, se tiver o professor certo e estiver disposto a ouvir, aprender e dedicar tempo para isso.

Todo mundo pode vencer uma discussão.

Permita-me lhe ensinar como.

# PARTE UM
# OS FUNDAMENTOS

# 1

# CONQUISTANDO UM PÚBLICO

Elaborar uma apresentação sem um público em mente é como escrever uma carta de amor e endereçá-la "a quem possa se interessar".

— Ken Haemer, especialista em design

Era uma noite fria de inverno na área rural do sudoeste da Inglaterra, em fevereiro de 2012. Eu havia sido convidado a fazer parte do principal painel político da BBC Radio 4, o *Any Questions?* Este programa é transmitido ao vivo para um público que pode fazer perguntas aos participantes, normalmente uma mescla de políticos e especialistas.

Naquela noite, estávamos na pequena cidade de Crewkerne — que tem uma população de 7 mil pessoas — e, ao subir no palco da Escola Comunitária Wadham, virei-me para examinar as pessoas ali presentes. O lugar estava cheio, mas precisei de apenas três palavras para descrever aquele público: *idoso, branco* e *conservador*.

Dirigindo-me a David Lammy, outro participante que era membro do Partido dos Trabalhadores Negros do Parlamento, sussurrei: "Talvez nós sejamos as únicas pessoas não brancas e abaixo de 40 anos aqui."

Quando o programa começou, também começaram os argumentos políticos controversos. Uma das maiores notícias naquela semana era o destino do religioso extremista Abu Qatada, um jordaniano que buscava asilo e era chamado de "embaixador espiritual de Osama bin Laden na Europa", e que estava preso no Reino Unido há dez anos sem julgamento. A coalizão conservadora do governo queria deportar Abu Qatada para a Jordânia — apesar do receio de que ele provavelmente seria torturado pelas autoridades quando voltasse para Amã. E, apenas na segunda pergunta da noite, alguém da plateia se levantou e fez o seguinte questionamento, sem quaisquer rodeios: "O governo britânico deveria ignorar a instrução da Corte Europeia de Direitos Humanos e simplesmente deportar Abu Qatada para a Jordânia?"

Minha mente girava a mil por hora. Sentado bem no centro do palco, eu estava na berlinda. Sabia que milhões de pessoas acompanhavam pelo rádio, muitas das quais concordariam com minha posição liberal: Abu Qatada deveria ser julgado no Reino Unido, não torturado na Jordânia. Mas como convencer os leitores conservadores do *Daily Mail* que me encaravam em Crewkerne? Como fazer com que concordassem com meu argumento?

Quando aquela pessoa fez a pergunta, o público aplaudiu fervorosamente. Parecia que todos queriam que Abu Qatada sumisse! Eu sabia que se simplesmente citasse relatórios da Anistia Internacional ou os artigos da Convenção Europeia de Direitos Humanos, perderia o público. Em vez disso, precisava adaptar meus argumentos liberais de costume e apelar para o que sabia que esse público específico valorizaria e apreciaria — ou seja, a tradição e a história da Inglaterra.

Assim, quando o entrevistador Jonathan Dimbleby me pediu para responder a essa pergunta provocativa do auditório, eu disse que era um "absurdo" afirmar que Abu Qatada não deveria ser julgado na corte britânica. E expliquei por quê.

> A maior questão para mim são os princípios. Quando estava na escola — e estamos em uma — aprendi sobre a Carta Magna; sobre julgamentos com júri; sobre habeas corpus; sobre a liberdade de expressão. A "gloriosa história da liberdade" deste país. E acho inacreditável que, vinte anos depois, esse seja o impacto nocivo da "Guerra ao Terror", nocivo a ponto de eu precisar voltar a um programa como este e a estúdios de TV para debater com certos jornalistas e dizer: "Ei, calma aí, o que aconteceu com essas liberdades? Por que abandonamos de repente essas liberdades que fizeram com que este se tornasse um grande país?"

O público aplaudiu. Ao evocar a Carta Magna, a primeira declaração de direitos da Inglaterra, consegui me conectar com as pessoas. Como havia conquistado sua total atenção e apoio, segui em frente.

> Independentemente do quão detestável e desagradável Abu Qatada pode ser, a ideia dos direitos humanos é que as pessoas detestáveis e desagradáveis são as que mais precisam deles e da proteção da lei, porque se não as estendermos a elas, [os direitos humanos] deixam de fazer sentido.

É assim que se defende um argumento na frente de um público cético. Devemos ser adaptáveis e ágeis, e para fazer isso precisamos conhecer nosso público e satisfazer suas expectativas.

Conquistei a maior parte daquela plateia em Crewkerne, aparentemente contra todas as possibilidades, não porque seus habitantes gostavam de mim ou concordavam com minha visão política, mas porque consegui entender quem eles eram, seus pontos de vista e o que queriam — ou *precisavam* — ouvir para serem persuadidos.

Nem sempre é fácil fazer isso — mas não é um bicho de sete cabeças.

.........

Neste capítulo, descreverei as três principais maneiras de conquistar um público ao vivo — seja ele composto por membros da nossa família sentados na sala de estar, uma multidão de centenas de pessoas em um auditório ou até milhões de pessoas o assistindo em casa pela televisão.

Lembre-se: sempre que houver uma assistência presente, simplesmente *não podemos* nos dar ao luxo de ignorá-la ou achar que ela já está do nosso lado. O público é a chave. Mesmo quando nos envolvemos em um debate de um para um, *o público* são as pessoas descritas como "juiz e júri". São aquelas que estamos tentando convencer, persuadir e fazer com que concordem com nossos argumentos.

Como fazer tudo isso? Como conquistá-lo?

## CONHEÇA SEU PÚBLICO

Acima de tudo, precisamos conhecer a origem do nosso público. Suponha que estamos em um debate competitivo e queremos saber o que se passa na mente do juiz ou dos membros do público cujos votos desejamos. Isso significa que, para sermos bem-sucedidos em "conhecer nosso público", precisaremos fazer algum esforço antes de entrar em cena, antes de começar a falar na frente de uma multidão.

Primeiro, descubra quem estará no público. Estes são os tipos de perguntas que costumo fazer aos organizadores de cada evento aos quais sou convidado a palestrar:

- *Qual é o tamanho do público?*
- *Ele é composto por que tipo de pessoas?*
- *Quais são, em linhas gerais, os dados demográficos? São jovens ou idosos? Estudantes ou profissionais? Políticos ou apolíticos? Homens ou mulheres? Brancos, negros ou pardos?*

Tudo isso importa, porque quando temos uma descrição detalhada dos membros do nosso público em potencial, podemos nos concentrar na linguagem e ajustar nossos argumentos.

Por exemplo, se eu estivesse me dirigindo a um grupo de alunos do ensino médio ou universitários, provavelmente não faria referências a eventos da minha infância, que ocorreram bem antes de eles terem nascido. E, definitivamente, evitaria falar com eles de forma condescendente ou arrogante. Por outro lado, se estivesse falando com um grupo de adultos ou de pessoas mais velhas sobre um assunto sério, evitaria fazer referências a filmes ou memes que talvez lhes sejam desconhecidos.

O principal benefício de conhecer nosso público é que isso nos dá a habilidade de modificar a *linguagem* que usamos para defender uma posição.

Ao tentar convencer alguém a aceitar um argumento ou comprar algum produto, também é preciso mudar *a forma* como apresentamos nosso discurso, dependendo de quem estiver ouvindo. Segundo o orador empresarial Ian Altman, não podemos adotar uma abordagem "tamanho único". Devemos ser ágeis e conseguir apresentar argumentos diferentes para públicos diferentes.

Tudo, desde variar o tom e o volume a diversificar o conteúdo e a ênfase, é importante. Pense nisso da seguinte maneira: não apresentaríamos ideias ao nosso cônjuge do jeito como as apresentaríamos a um executivo corporativo. Ajustaríamos nosso *tom* — forte ou suave, sério ou conversativo, com mais ou menos paixão. Algo tão importante quanto é o *volume*, dependendo de se estamos nos dirigindo a cinco pessoas em uma pequena sala de conferências, a quinhentas pessoas em um auditório universitário ou a 5 milhões de pessoas que estão nos assistindo em casa pela televisão.

É necessário fazer esses ajustes, mesmo quando estamos tentando defender o mesmo argumento na frente de cada um desses públicos diferentes. E essas estratégias constituem a parte mais difícil de falar em público: adaptar-se. Sempre que nos colocamos sob os holofotes — em sentido figurado ou literal —, precisamos ser flexíveis. Esteja disposto a personalizar sua apresentação — e até a adaptar seus argumentos — sejam quais forem as pessoas que deseja conquistar.

Você provavelmente sabe como convencer seus filhos ou seu parceiro a fazer alguma coisa, não é? Isso porque já conhece essas pessoas melhor que qualquer outra. Se aprendermos o máximo possível sobre os indivíduos do público a quem nos dirigimos e tentamos persuadir ou convencer, veremos que tudo ficará mais fácil.

Para deixar bem claro: não quero que você *mude* completamente seu argumento ou que diga às pessoas apenas o que elas querem ouvir. O que estou dizendo é que precisamos apresentar nossos argumentos de tal modo que as pessoas se sintam confortáveis para aceitá-los após os ajustarmos especificamente para seus interesses e identidades. Tal como Ian Altman observa, seria um grande erro dizer a mesma coisa a pessoas diferentes e em lugares diferentes.

Consideremos a questão da imigração. Não estou sugerindo que deveríamos ser a favor da imigração ao nos dirigirmos a um público liberal, e contra ela ao nos dirigirmos a um público conservador. Estou dizendo que se nos dirigirmos a um público de direita ou conservador sobre a questão da imigração e estivermos tentando convencê-lo a ser a favor da imigração, talvez não faça sentido citar, digamos, Barack Obama ou Alexandria Ocasio-Cortez. Em vez disso, seria melhor citar um conservador de destaque, como Ronald Reagan, em seu famoso discurso de 1980 a favor da imigração no Liberty State Park em Nova Jersey.

Poderíamos dizer: "Não sou eu quem está dizendo isso. Lembram-se de como Ronald Reagan elogiou os imigrantes na frente da Estátua da Liberdade por trazerem 'consigo a coragem, a ambição e os valores de família, comunidade, trabalho, paz e liberdade' e por ajudarem 'a fazer com que os Estados Unidos se tornassem um grande país novamente'?"

Por mudar nossa abordagem e encontrar uma linguagem em comum, tornamos uma questão imediatamente mais palatável.

Assim, lembre-se: mencione fatos, números e citações que apoiem seus argumentos e sejam interessantes para o público específico à sua frente. Isso também vai além da política — além de republicanos versus democratas ou de Partido Conservador versus Trabalhista. Se o debate envolver fé ou religião com um judeu, um cristão ou um muçulmano, talvez seja bom citar a Bíblia ou o Alcorão para eles. No entanto, se estivermos debatendo com um ateu, não faz sentido citar nenhum livro sagrado, não é?

No verão de 2014, fui convidado para fazer um discurso no World Affairs Council of Greater Houston, no Texas, sobre a questão da integração muçulmana na Europa e nos Estados Unidos. Fiz minha pesquisa com antecedência e descobri que estaria me dirigindo a um público não apenas de liberais, mas também de conservadores: pessoas mais céticas em relação à minha mensagem. Dessa forma, certifiquei-me de temperar minha fala com referências a jornalistas e fontes de notícias de direita — fortalecendo meus argumentos de por que era um mito sugerir que os muçulmanos não conseguiam se integrar ao ocidente.

"Não sou eu quem diz isso", falei (uma frase sempre útil ao nos dirigirmos a um público cético). "Há apenas duas semanas, no jornal *Daily Telegraph*, Fraser Nelson, o maior jornalista e colunista britânico conservador de direita e editor da revista de direita *Spectator*, publicou um artigo intitulado 'Os Muçulmanos Britânicos Estão Realmente Entre Nós — E Têm Orgulho Disso'. Nelson escreveu o seguinte: 'A integração dos muçulmanos já pode ser vista como uma das maiores histórias de sucesso da Inglaterra moderna.'"

As pessoas ficaram de orelhas em pé quando ouviram a palavra *conservador* e as referências a publicações como *Telegraph* e *Spectator*. Elas não esperavam por isso, e consegui obter sua total atenção.

Os organizadores também haviam me antecipado que o público do evento incluiria alguns judeus. Assim, decidi contar a seguinte história (verdadeira) do Reino Unido.

> Vejam o que aconteceu no ano passado, quando a pequena comunidade judia de Bradford, no norte do país, lidava com o fechamento de sua sinagoga histórica, construída pela primeira vez em 1880. Havia goteiras, e os poucos fiéis restantes não podiam pagar pelo conserto. O presidente da sinagoga, Rudi Leavor, decidiu vendê-la; a compra estava quase sendo concluída, o que faria com que o imóvel fosse transformado em um bloco de apartamentos de luxo, quando, do nada, a sinagoga foi salva após uma campanha de arrecadação de fundos liderada pela mesquita local. Zulfi Karim, o secretário do Conselho de

> Mesquitas de Bradford, que estava por trás da campanha, agora se refere a Leavor, que havia fugido de uma Europa ocupada pelos nazistas para o Reino Unido durante a Segunda Guerra Mundial, como seu "irmão recém-encontrado".

Lá da tribuna, eu podia ver os olhos deles se arregalando e sorrisos inesperados surgindo em seus rostos. Eles cutucavam e acenavam com a cabeça uns para os outros em sinal de aprovação.

Conhecer nosso público é de vital importância, mas esse é apenas o primeiro passo. É o que precisamos fazer antes de subir no palco ou nos posicionar na frente da câmera ou atrás da tribuna. O próximo passo tem a ver com o que precisamos fazer quando já estamos lá.

## PRENDA A ATENÇÃO DO PÚBLICO

Tenho algumas más notícias. Talvez você já tenha ouvido falar, porque viralizou, que os peixinhos-dourados só conseguem se concentrar em algo por 9 segundos. Mas, conforme um estudo realizado por pesquisadores da Microsoft, o ser humano médio perde "a concentração após 8 segundos". Temos *muito* pouco tempo para prender a atenção de um público antes que as pessoas se distraiam e comecem a pensar no que haverá no jantar ou, o que é mais provável, a navegar no Instagram.

Vivemos em uma era online, na qual todos, em toda parte, estão ligados no smartphone praticamente em tempo integral. A palestra pode durar por 20, 30 ou 40 minutos, sim, mas se as pessoas a quem falamos se distraírem ou — pior — ficarem *entediadas* logo no início, o restante da apresentação será um grande desperdício de tempo. Para nós e para elas.

Independentemente de estarmos fazendo uma apresentação em uma sala de reuniões ou apresentando argumentos a um grupo de amigos, é preciso começar de uma forma bastante clara, direta e original. Como salientado por um grupo de especialistas em comunicação, queremos evitar observações mecânicas, banalidades vazias e velhos clichês:

- "Obrigado pelo convite."
- "Estou feliz de estar com vocês aqui hoje."
- "Como vocês estão?"

Não. Não. *Não.*

Precisamos cativar a atenção do público no primeiro minuto; de preferência, nos primeiros 10 ou 20 segundos.

Como?

### 1. Faça uma boa introdução

Algo inesperado, provocador e até contraditório. Para citar o lendário Dale Carnegie: "Comece com algo interessante em sua primeira frase. Não na segunda. Nem na terceira. Na Primeira! P-R-I-M-E-I-R-A! Primeira!"

Veja como Jamie Oliver, o célebre chef que faz campanhas alimentares, começou seu TED Talk em 2010.

> Infelizmente, nos próximos 18 minutos da nossa conversa, 4 norte-americanos vivos agora estarão mortos por causa do alimento que ingerem. Meu nome é Jamie Oliver. Tenho 34 anos. Sou de Essex, Inglaterra, e nos últimos sete anos venho trabalhando incansavelmente para, do meu jeito, salvar vidas. Não sou médico; sou um chef, e não posso contar com equipamentos caros ou com medicamentos. Uso a informação, a educação.

Você não se ajeitaria na poltrona para ouvir mais?

### 2. Comece com uma pergunta

Os especialistas em comunicação dizem que o ideal é começar com uma pergunta "provocante". "Começar com uma pergunta gera uma lacuna de conhecimento: *uma lacuna entre o que os ouvintes sabem e o que não sabem*", acrescenta Akash Karia em seu livro *How to Deliver a Great TED Talk* [sem publicação no Brasil]. "Isso gera curiosidade porque há nas pessoas o desejo inerente de preencher essas lacunas de conhecimento."

James Hansen, ex-cientista da NASA, sabe que não é o melhor dos oradores, mas ele conseguiu usar essa qualidade de prender a atenção de seu público em um TED Talk de 2012 sobre mudança climática. Como? Começando com as seguintes perguntas:

> O que sei que me levou — eu, um reticente cientista do Meio-oeste — a ser preso protestando na frente da Casa Branca? E o que você faria se soubesse o que sei?

Você não gostaria de ouvir as respostas a essas boas perguntas? Não desviaria os olhos de seu iPhone para isso?

### 3. Comece com uma história

De preferência, uma história pessoal. Você ganhará alguns bônus se for engraçada, capaz de fazer as pessoas rirem e relaxar — e prestar atenção — desde o início. Contar histórias ajuda a atrair a atenção das pessoas instantaneamente porque não há quem não goste de uma boa trama. Ademais, nosso cérebro foi feito para se apaixonar por uma boa história — uma que atice nossa imaginação e conquiste nossa empatia logo no início.

O empreendedor Ric Elias fez isso em seu TED Talk de 2011 com uma recordação bastante pessoal de um voo terrível.

> Imagine uma grande explosão ao subir 1000 metros no ar. Imagine um avião cheio de fumaça. Imagine um motor fazendo claque, claque, claque, claque, claque, claque, claque. É assustador. Bem, eu estava em um assento especial naquele dia. Estava no 1D.

Você não é instantaneamente hipnotizado e levado para um avião no céu?

Dê bastante atenção à sua primeira frase se quiser que o público continue atento ao que você disser a seguir, seja lá o que for. Surpreenda-o com uma frase impactante, com uma pergunta irresistível ou com uma história visceral. Você verá as pessoas deixando de de lado seus telefones para olhá-lo — e a sala será sua.

Obviamente, porém, chamar a atenção das pessoas é uma coisa. Mantê-la é outra. Como fazer isso?

## CONECTE-SE COM O PÚBLICO

Lembre-se de que o objetivo é fazer com que o público fique do nosso lado, em especial em um debate. A questão não está em fazer nosso oponente mudar de ideia, e sim aqueles nos assistindo e ouvindo na plateia. Isso é especialmente verdadeiro se o debate for competitivo no qual o público decidirá o resultado — e isso se aplica a qualquer ambiente, seja em um talk show na TV ou à mesa durante a ceia de Natal.

Para obter a atenção do público e mantê-lo do nosso lado, precisamos nos *conectar* com ele. Isso requer argumentos que dialoguem com suas crenças, o que, como já vimos, depende de conhecermos bem nosso público. Mas mesmo depois de termos feito o dever de casa — verificado fatos, encontrado fontes, preparado contra-argumentos —, há algumas estratégias importantes que devemos usar ao argumentar.

### 1. Faça contato visual

Procure olhar as pessoas nos olhos ao falar com elas. Procure também fazer contato visual com todo o auditório. Não permita que uma parte do público se sinta deixada de lado.

Como a coach de oratória Fia Fasbinder destacou, o contato visual "faz com que o público se sinta ouvido e o envolve na nossa apresentação". Fasbinder acrescenta que isso é "o equivalente não verbal de dizer o nome de alguém em voz alta".

Tente ao máximo evitar o fenômeno da "morte por apresentação". Ou seja: *não* leia seu esboço ou os slides de PowerPoint. Lembre-se: seu público poderia ler seu esboço ou seus slides sozinho se quisesse. Você poderia distribuir cópias impressas dos pontos principais e ir para casa tirar uma soneca! O público veio para vê-lo — e, para citar o coach de oratória Craig Valentine, ele deseja ser "visto por você". Assim, mantenha seus olhos fixos nas pessoas o maior tempo possível.

Mas — e devo enfatizar este ponto! — quando estiver olhando para o público, por favor, não tente imaginá-lo nu. Muitas pessoas — citando Winston Churchill erroneamente — dizem que essa é uma boa maneira de se dirigir a um público grande e lidar com o nervosismo. Dizem que é uma maneira de empoderar o orador e lidar com um senso de "vulnerabilidade" no palco, tal como escreve Fasbinder. Elas estão erradas.

Nunca conheci ninguém que tenha dito que isso realmente funcionou. Ademais, meus amigos e familiares costumam estar na assistência — e isso provavelmente acontecerá com você. Meus pais costumam sentar na primeira fileira. Por que eu gostaria de imaginá-*los* nus? Como isso me ajudaria a manter o foco ao discursar?

Em vez de fazer isso, procure se preparar bem e com antecedência, de modo a não precisar ler os slides e se sentir confortável o suficiente para olhar para a assistência sem entrar em pânico. A ideia é chegar ao ponto de conseguir olhar as pessoas nos olhos, como em uma conversa individual. E, como na maioria das conversas, não estará na direção correta caso seu Plano A for imaginá-las nuas.

## 2. Faça elogios

O que fazemos quando nossa intenção é cair nas boas graças de uma pessoa ou conquistá-la? Fazemos elogios. Somos legais com ela. Fazemos com que ela se sinta especial.

O mesmo se aplica à assistência. Os elogios podem ser uma das ferramentas mais simples e poderosas para envolver a assistência — ou qualquer outro grupo de pessoas!

Não consigo contar em quantas cidades dos Estados Unidos já fui convidado para palestrar ou debater e comecei dizendo que *aquela* cidade específica era a minha favorita do país.

Em Detroit, Michigan, em uma visita que fiz vindo do Reino Unido há quase uma década, disse ao público que tudo o que sabia sobre a grande Motor City era graças ao detetive Axel Foley. Todos riram e aplaudiram. "*Esse britânico de sotaque engraçado conhece* Um Tira da Pesada *e essa referência a Detroit?*", pensaram eles ao se ajeitarem para me ouvir falar sobre alguma questão política obscura.

Quando visitei o Canadá em 2017 e 2018, disse aos habitantes liberais de Toronto que compareceram a meus eventos que eles tinham muita sorte de viver em um país onde a maconha era legalizada, que aceitava refugiados sírios e que era o lar de Justin Trudeau — considerando que havia acabado de vir dos... Estados Unidos de Trump. A conexão foi instantânea.

É claro, parte público saberá o que estamos fazendo, mas não terá nenhum problema se fizermos tudo direito. O ponto é adaptar nossos elogios para refletir nossa real familiaridade com o lugar ou com a plateia — e como seus membros veem a si mesmos.

## 3. Torne as coisas pessoais

Não existe maneira melhor de influenciar ou estimular um público — instantânea, poderosa e autenticamente — do que nos abrirmos para ele com uma história pessoal.

Para deixar bem claro: não estou dizendo que devemos contar longas histórias sobre nossas férias em família ou mostrar fotos de bebês no palco. Estou dizendo que podemos compartilhar um recorte biográfico importante, o que sentimos no momento ou fazer uma piada autodepreciativa. Essa é uma forma comprovada de nos conectarmos com uma assistência composta por pessoas que não conhecemos — e de estabelecer a base para *persuadi-las*.

A dura realidade é que as pessoas não se conectarão com nossos argumentos isoladamente, mas, segundo o coach de oratória Bas van den Beld, *definitivamente* "se conectarão conosco" — com a pessoa que está apresentando esses argumentos. Ao compartilhar uma história reveladora ou uma falha pessoal, permitimos que as pessoas na plateia se identifiquem conosco. Mostramos que *nós* não somos diferentes *deles*.

Lá estava eu falando na Oxford Union em 2013, em um discurso que venceu o debate e que, posteriormente, se tornou viral e — na época em que este livro estava sendo escrito —, aproximava-se de 10 milhões de visualizações no YouTube. A moção era "A Câmara acredita que o islamismo é uma religião de paz", e foi assim que decidi tornar as coisas pessoais para o grupo de alunos amontoados no auditório. Ao me aproximar da conclusão, eu disse:

> Permitam-me apenas dizer o seguinte: pensem no que significaria o contrário dessa moção. Se votarem "não" hoje, pensem no que seria o contrário dela. Que o islamismo não é uma religião de paz; é uma religião de guerra, de violência, de terror, de agressão. Que as pessoas que seguem o islamismo — eu, minha esposa, meus pais aposentados, minha filha de 6 anos, que 1,8 milhão de concidadãos britânicos que aqui residem, 1,6 bilhão de pessoas ao redor do mundo, seres humanos como vocês — seguem, promovem e acreditam em uma religião de violência. Vocês realmente acreditam nisso? Acham que esse é realmente o caso?

O toque pessoal foi inserido ali — quando falei sobre mim mesmo, minha família, minha filha —, levando-os a tomar uma decisão pessoal em tempo real. A essa altura, eles já estavam me ouvindo falar há 10 minutos, e (alerta de spoiler) não houve nenhum ato de violência, agressão ou terrorismo no palco. Eu fazia com que aplicassem a moção não apenas a um fulano qualquer, mas a *mim* e aos milhões de outros muçulmanos com os quais eles compartilhavam o país.

Obviamente, podemos usar o toque pessoal em questões mais leves. Quando apareci no programa humorístico *Late Night with Seth Meyers* da NBC em 2018, falei sobre minha outra filha para argumentar sobre um ponto importante relacionado com a presidência — e conseguir umas boas risadas ao me conectar com um público que não me conhecia.

> EU: Trump faz com que George Bush pareça um cara legal. Aliás, faz com que todo mundo pareça legal! Acho que não deveríamos baixar tanto o nível a ponto de dizer: "Oh, Trump foi a um funeral e não tuitou nada, nem insultou ninguém, nem babou, então está agindo como um presidente." Se o critério for esse, eu tenho uma filha de 6 anos em casa, e ela está pronta para o Salão Oval.
>
> SETH MEYERS (rindo): Bem, gostaríamos de conhecê-la. Ela parece incrível.

Para nos conectarmos com nosso público, ele deve se relacionar conosco. *Conosco.* Não apenas com nossos argumentos.

.........

Então é isso. Conheça seu público; prenda sua atenção desde o início; e conecte-se plenamente com ele. Esses são os três passos simples para conquistá-lo.

Por falar nisso, precisamos conquistá-lo se quisermos vencer uma discussão. É difícil dar ênfase demais ao poder e ao impacto de ter as pessoas da assistência do nosso lado, saber que elas concordam conosco, vê-las balançar a cabeça em aprovação às nossas declarações. Isso nos dá uma vantagem sobre nosso oponente.

Do meu ponto de vista, o público é o equivalente ao que os estrategistas militares chamam de "multiplicador de força" — um elemento adicional que aumenta o efeito do poder que podemos usar, ao mesmo tempo em que limitamos o poder de nosso oponente.

Frequentemente, investimos todo nosso tempo e energia em derrotar o oponente em uma discussão. Mas, ao fazer isso, ignoramos o público — cujos membros determinam quem venceu e quem perdeu. Algo que também é frequente, segundo o autor Jay Heinrichs, é investirmos toda nossa energia em elaborar um discurso que parece bom para nós — em vez de ser bom para um grupo de estranhos.

Quão importante é o público? Permita-me concluir com esta citação do diretor cinematográfico Billy Wilder. "O público nunca está errado", observou ele. "Um membro individual dele pode ser um imbecil, mas milhares de imbecis juntos no escuro — isso é gênio crítico."

# 2

# SENTIMENTOS, NÃO (APENAS) FATOS

Ao lidar com pessoas, precisamos nos lembrar de que não estamos lidando com criaturas lógicas. Estamos lidando com criaturas emotivas.

— Dale Carnegie, autor

O lendário colunista político norte-americano Roger Simon a chamou de "pergunta que acabou com uma campanha presidencial". Foi "a mais polêmica já feita em um debate presidencial".

Ele estava se referindo a uma pergunta feita por Bernard Shaw, um âncora da CNN, no segundo e último debate presidencial entre o vice-presidente George Bush e Michael Dukakis, governador de Massachusetts. Os candidatos estavam em Los Angeles, em outubro de 1988, e Shaw já era bem conhecido como um entrevistador contundente e direto. Mas a pergunta que ele havia redigido na noite anterior, às 2h da manhã, em seu quarto de hotel do Holiday Inn, lhe garantiria um lugar na história dos debates.

Veja como esse veterano dos noticiários deu início ao debate naquela noite em LA.

> SHAW: Durante os próximos 90 minutos, faremos perguntas aos candidatos seguindo o formato elaborado e acordado pelos representantes das duas campanhas. Contudo, não haverá restrições no que se refere às perguntas que meus colegas e eu poderemos fazer esta noite, e os candidatos não sabem quais são las. Conforme acordado entre os candidatos, a primeira pergunta será feita para o governador Dukakis. O senhor terá 2 minutos para responder. Governador, se Kitty Dukakis fosse estuprada e assassinada, o senhor seria a favor de uma pena de morte irrevogável para o assassino?

Houve um choque perceptível na sala de imprensa. O público presente ficou atônito. Parecia que essa pergunta pessoal e provocante havia cruzado um limite invisível. Os telespectadores que acompanhavam o debate pela televisão, abismados, queriam ver a expressão no rosto de Kitty Dukakis naquele momento. Mas, como Simon observou no *Politico* em 2007, "concordou-se que, durante o debate, seria proibido registrar as reações dos familiares dos candidatos. Assim, a câmera continuou focada em Dukakis".

E o candidato presidencial democrático se recompôs para responder à pergunta capciosa de Shaw.

> DUKAKIS: Não, Bernard. Não seria. E acho que o senhor sabe que sempre fui contra a pena de morte. Não vejo evidências de que ela sirva como dissuasora, e acho que existem métodos melhores e mais eficazes de lidar com crimes violentos. Fizemos isso no meu estado. E esse é um dos motivos pelos quais tivemos a maior queda nos indicadores de criminalidade e o menor índice de assassinatos entre todos os estados industriais dos Estados Unidos. Mas precisamos nos esforçar

> para fazer o mesmo no país inteiro. Precisamos nos esforçar para travar uma guerra de verdade, não uma de fachada, contra as drogas. E isso é algo que gostaria de liderar, algo que não fizemos ao longo de muitos anos, embora o vice-presidente alegue estar à frente nessa guerra. Temos muito a fazer nessa questão — dobrar o número de agentes antidrogas, lutar aqui e no exterior, trabalhar com nossos vizinhos neste hemisfério; gostaria de fazer uma reunião com eles assim que possível, depois de 20 de janeiro, para travarmos essa guerra. Mas também precisamos lidar com a educação para a prevenção contra as drogas aqui no país. E essa é uma das coisas que espero liderar pessoalmente como presidente dos Estados Unidos. Fomos muito bem-sucedidos em meu estado. Conseguimos alcançar os jovens e suas famílias e ajudá-los a dar início à educação e prevenção contra as drogas no ensino fundamental. Então podemos travar essa guerra, e podemos vencê-la. E podemos fazer isso organizando nossas forças, fornecendo um verdadeiro apoio para o estado e aos agentes que impõem a lei, mas que não vêm recebendo esse apoio, e fazer isso de maneira a diminuir a violência nesta nação ajudará os jovens a se manter longe das drogas, acabando com essa avalanche de drogas que vem se infiltrando no país, tornando possível que nossos filhos e famílias cresçam em ambientes seguros e decentes.

Esta foi uma longa resposta, com 2 minutos e 360 palavras [em inglês]. Mas acha que está faltando alguma coisa? Pois é. Faltou emoção!

Essa resposta foi terrível, *terrível.* Nas primeiras duas frases, talvez parecesse impressionante o fato de Dukakis manter a compostura. Mas isso rapidamente se foi, dando lugar a algo muito diferente. Ninguém na plateia precisava ouvir o governador reafirmar sua posição sobre a pena de morte pela centésima vez. E definitivamente não precisavam ouvir uma resposta seca e ensaiada sobre a queda no índice de crimes em Massachusetts ou planos para uma "reunião com o nosso hemisfério" para falar sobre drogas.

O que o público estava ansioso para ver e ouvir era a reação de seu futuro líder! Como *ele* se sentiria se sua esposa fosse violentamente estuprada e morta? E o que ele diria a Shaw, que veio de supetão com uma pergunta pessoal?

Onde estava a paixão ou a raiva? Onde estavam as emoções? Onde estava Dukakis, a pessoa por trás de todos os seus argumentos?

Durante aquela campanha de 1988, ninguém estava questionando a capacidade de raciocínio do candidato democrata ou sua gestão de políticas. Mas, para citar Richard Cohen, colunista do *Washington Post*, dias após o debate, o público *estava* questionando "a paixão, a humanidade e a disposição [de Dukakis] de dizer quem ele era como pessoa". O candidato não vivia à parte de tudo e de todos. Ele poderia ter respondido fazendo referência a seu pai idoso, vítima de um assalto violento; ou a seu irmão, Stelian, "morto em um atropelamento no qual o motorista fugiu sem prestar ajuda". Mas ele não fez isso.

"Eu queria que a pergunta servisse como um estetoscópio para Dukakis, para descobrir o que ele sentia sobre essa questão", explicou o próprio Shaw mais tarde em uma entrevista. "Bush estava atacando Dukakis severamente no que se refere à sua posição, acusando-o de ser muito leniente em relação ao crime. Parecia que muitos eleitores viam e ouviam Dukakis, mas não o sentiam. Fiz aquela pergunta para ver se havia algum sentimento."

Não havia. Isso lhe custou caro. Simon observou que o índice de aprovação de Dukakis caiu 7% no dia após o debate. "Era uma questão dos valores e emoções de Dukakis", assentiu Susan Estrich, sua gestora de campanha. "Essa era a questão que estava em jogo naquele ponto da campanha. Quando ele respondeu em termos políticos, soube que havíamos perdido a eleição."

Contudo, anos depois, quando Dukakis refletiu sobre sua resposta, mostrou-se renitente: "Confesso que talvez ainda não tenha entendido... não achei que foi tão ruim."

Este capítulo explicará porque essa resposta, de fato, foi *tão* ruim.

.........

Hoje, escuta-se bastante a expressão "os fatos não ligam para seus sentimentos". A ideia é que a verdade é *a verdade*, e, quer acreditemos nela ou não, os fatos não mentem. Mas no campo do debate, as coisas não são assim tão simples. Todos aqueles que já tentaram fazer um amigo mudar de ideia e chegaram a lugar nenhum aprenderam isso muito bem. Talvez tenhamos todos os fatos em mãos, um argumento inegável — e ainda assim não fazer diferença. As pessoas são teimosas, desconfiadas, reativas, superconfiantes, ficam entediadas e têm medo de mudanças — tudo de uma só vez.

É claro, os fatos podem *não* se importar com nenhum desses sentimentos, mas pense no seguinte: nossos sentimentos raramente se preocupam com os fatos.

Se quisermos vencer uma discussão, convencer uma plateia ou fazer uma apresentação que realmente convença alguém... os fatos por si sós não serão suficientes. Para que as pessoas fiquem do nosso lado, precisamos fazer com que elas se importem. Precisaremos de fatos, números e argumentos sólidos. Mas também de uma abordagem que vem sendo utilizada há mais de mil anos: apelar para o coração das pessoas, e não apenas para a cabeça.

## SEMPRE USE O PATHOS

Aristóteles já estava muito à frente nesse campo. Em seu notório tratado *Retórica*, publicado há mais de 2 mil anos, esse antigo filósofo grego desenvolveu o que acreditava ser as três principais maneiras de um orador engajar um público. Ele os chamou de três provas ou "modos" de persuasão: ethos, pathos e logos.

O *ethos* se baseia no "caráter" e "credibilidade" do orador. A palavra *ética*, tal como observado pela coach de oratória online Gini Beqiri, vem de *ethos*. Nessa questão, Aristóteles escreveu: "A persuasão é obtida por intermédio do caráter pessoal do orador se o discurso for feito para nos fazer considerá-lo crível." Quando um profissional, como um médico, recorre à sua experiência — "Você devia se vacinar. Como médico, estudo isso há anos, e sei que é seguro." —, esse é um argumento centrado no ethos.

O *pathos* se baseia em emoções e sentimentos humanos: medo, raiva, alegria e assim por diante. Beqiri observa que as palavras *empatia* e *simpatia*, vêm de *pathos*. Aristóteles disse que, em argumentos baseados no *pathos*, "a persuasão pode vir por meio dos ouvintes, quando o discurso mexe com suas emoções. Quando estamos satisfeitos e receptivos, nosso critério não é o mesmo de quando nos sentimos magoados e hostis". Se aquele mesmo médico recorresse às emoções, tentando nos convencer valendo-se do medo ou da compaixão, seu argumento se basearia no pathos: "Você devia se vacinar. Se não, poderia acabar como Kevin e Misty Mitchem, um casal de Virgínia que não se vacinou e que, tragicamente, morreram com quinze dias de diferença, deixando órfãos seus quatro filhos."

O *logos* se baseia na lógica e na razão, em fatos e números. De fato, a própria palavra *lógica* vem de *logos*, a palavra grega para "razão". Segundo Aristóteles, quando usamos o logos, "a persuasão é obtida através da própria fala, quando provamos a verdade ou uma aparente verdade por meio de argumentos persuasivos apropriados para o caso em questão". Quando o médico menciona estudos e estatísticas, ele baseia seus argumentos no logos: "Você devia se vacinar. Diversos estudos mostram que as vacinas contra a Covid-19 diminuem em 90% o risco de hospitalização e morte."

Em nossos discursos, apresentações, debates e argumentos, tendemos a nos basear no logos acima de tudo. Exaltamos o uso da razão e da lógica e de estatísticas e dados — e por um bom motivo. Queremos que nossos argumentos tenham fundamento em verdades inquestionáveis. Mas quando tentamos convencer as pessoas a mudar de ideia, não é o bastante. A mente humana não funciona assim.

De fato, é nesse ponto que difiro do grande Aristóteles. Ele tendia a dar o mesmo peso aos três modos de persuasão. Mas a verdade é que, quase sempre, o pathos vence o logos.

Para deixar claro: não estou sugerindo que os fatos não sejam importantes ou que não devam fundamentar argumentos. Eles são — e devem ser. E, no próximo capítulo, veremos como usar os fatos da melhor forma para desenvolver argumentos fantásticos.

Porém, mesmo quando temos todos os fatos, eles não exercerão nenhum impacto a menos que também incorporemos sentimentos. O pathos não vence o logos só quando o assunto é influenciar o público, mas ele também é a melhor maneira de *transmitir* o logos para as pessoas. É o veículo perfeito. Um estudo após o outro mostra que se recorrermos às emoções de nosso público, a probabilidade de conquistarmos sua mente será maior.

## A CIÊNCIA DA PERSUASÃO

Você se lembra da série original do *Star Trek*? Antes que surgissem todas as sequências e derivados? Havia dois personagens principais naquele programa: o comandante Spock, o vulcano ultralógico e super-racional; e o capitão Kirk, o humano destemido e passional. Muitos de nós, ao prepararmos um discurso ou uma apresentação, optamos por escolher a abordagem de Spock. Concentramo-nos nos fatos, nas estatísticas e nos dados, quando, na realidade, deveríamos canalizar o capitão Kirk, recorrendo às emoções do público.

Por que fingir sermos vulcanos quando não somos? Somos humanos. Nós nos baseamos em nossas reações, emoções, sentimentos e instintos. E isso não é só ficção científica. É ciência *de verdade*.

Em anos recentes, cada vez mais evidências dos campos da neurociência e da psicologia cognitiva vêm mostrando que o comportamento e crenças humanas são guiadas mais pelas emoções, como as de Kirk, do que pela racionalidade ao estilo vulcano. Os sentimentos afetam nossas tomadas de decisão de diversas formas — a rapidez com que o fazemos, além do quanto conseguimos nos lembrar de fatos e números nesse momento. E eles fazem isso por nos influenciar em um nível subconsciente. O estrategista de marcas Douglas Van Praet argumenta que, talvez sem percebermos, costumamos mais sentir do que pensar no processo para adotar determinada posição ou ponto de vista.

Grande parte do trabalho pesado acadêmico sobre sentimentos em vez de fatos foi realizado pelo renomado neurocientista luso-americano António Damásio, que lidera o Instituto do Cérebro e da Criatividade na Universidade do Sul da Califórnia. Ele disse: "Os seres humanos não são máquinas de pensamentos nem de sentimentos, mas máquinas de sentimentos que pensam."

No seu aclamado livro *O erro de Descartes: Emoção, razão e o cérebro humano*, Damásio escreveu sobre os pacientes que examinou e que haviam sofrido danos no córtice pré-frontal do cérebro, afetando o processamento emocional. Ele descobriu que a falta de emoções fazia com que fosse difícil para eles tomar até as mais simples decisões. Damásio conta a história de um paciente chamado, no livro, de "Elliot", um homem de família, com um emprego corporativo, que foi submetido a uma cirurgia para remover um tumor benigno da região do lóbulo frontal do cérebro.

A operação foi um aparente sucesso, deixando Elliot com as habilidades de fala, memória e aritmética intactas. Seu QI era alto. Contudo, nos anos seguintes, a vida e carreira de Elliot desmoronaram. Quando começou suas sessões com Damásio, Elliot não conseguia manter um emprego, sua esposa o havia deixado e ele estava "vivendo sob a custódia de um de seus irmãos". Damásio descobriu que Elliot havia perdido a habilidade de mostrar empatia pela dor dos outros; havia se tornado um "espectador não envolvido" e passivo de sua própria vida. Ele não conseguia tomar *nenhuma* decisão — grande ou pequena.

Elliot se tornou um "Sr. Spock da vida real", disse um autor de escrita científica. Contudo, apesar de não demonstrar "a mínima emoção", para citar Damásio, ele não conseguia tomar decisões melhores ou mais *racionais*. Em vez disso, "a frieza do raciocínio de Elliot o impedia de atribuir valores diferentes a opções diferentes, igualando as alternativas de sua tomada de decisões". Segundo Damásio, "podemos resumir o dilema de Elliot como *saber, mas não sentir*".

Damásio concluiu que "a razão pode não ser tão pura quanto a maioria de nós acredita". Emoções e sentimentos talvez não sejam "intrusos na fortaleza da razão", e sim "indispensáveis para a racionalidade". São vitais para orientar e influenciar nossas decisões.

.........

Ninguém se baseia apenas na lógica e na razão para guiar suas decisões. Podemos incluir muitos fatos e dados, mas Damásio e seus colegas neurocientistas dizem que *precisamos* de uma dose de emoção para descer do muro e tomar uma decisão.

Assim, o que isso significa quando o assunto é persuasão e debate? Quando queremos vencer uma discussão, procuramos guiar nossos ouvintes para tomar uma decisão. Queremos que *nos* escolham, em vez de escolherem nosso opositor. E *essa* escolha exige recorrer aos sentimentos e às emoções. O coração guia a cabeça. E se for coração *contra* cabeça, posso lhe garantir que a lógica pura perderá nove de cada dez vezes.

A pergunta, então, é: Como alcançar o coração? Como nos conectar com o público em nível emocional e apelar para seus sentimentos? Esforcei-me por anos para encontrar o equilíbrio correto, e tenho três lições para compartilhar sobre como dominar o pathos.

## 1. Conte uma história

"Aqueles que contam histórias dominam a sociedade" é uma citação atribuída a Platão, instrutor de Aristóteles.

Os seres humanos sempre se sentiram cativados por boas histórias, por um arco narrativo sólido; por um início, um meio e um fim. Como vimos anteriormente, o cérebro do ser humano não evoluiu apenas para absorver fatos crus. Ele foi programado para ouvir e contar histórias.

Na verdade, como o neurocientista Uri Hasson, da Universidade de Princeton, explicou em seu TED Talk de 2016, nosso cérebro se "alinha" com outro quando ouvimos a mesma história. Ele chama isso de "acoplamento de cérebro para cérebro". Em seu livro intitulado *TED: Falar, convencer, emocionar*, Carmine Gallo observou que Hasson usou imagens de uma ressonância magnética funcional (ou fMRI) em seu laboratório para registrar varreduras cerebrais de diversas pessoas enquanto elas contavam ou ouviam histórias. Eis como Joshua Gowin, um especialista em cérebros, discorreu mais tarde, enquanto revisava os resultados da pesquisa de Hasson:

> Quando a mulher falava inglês, os voluntários entendiam a história, e seus cérebros entravam em sincronia. Quando ela ativava a ínsula, uma região emocional do cérebro, os ouvintes faziam o mesmo. Quando o córtex frontal dela era ativado, o deles também era. Por simplesmente contar uma história, a mulher conseguiu plantar ideias, pensamentos e emoções no cérebro dos ouvintes.

Contar histórias exerce ou não exerce grande poder e influência?

Durante milênios, os seres humanos vêm compartilhando histórias uns com os outros várias vezes por dia sem perceber, em geral, que estão fazendo isso. O psicólogo evolucionário Robin Dunbar revelou, segundo Cody C. Delistraty, da *Atlantic*, que 65% de nossas conversas diárias consiste em contar fofocas!

Assim, não é nenhuma surpresa que contar histórias seja um poderoso método de persuasão. Em um estudo de 2007, Deborah Small, professora de marketing e psicologia de Wharton, e dois coautores descobriram que as pessoas acabavam doando mais dinheiro para a caridade depois de ouvir e ver uma história sobre uma "vítima identificável" *individual*, em vez de uma que descrevia várias "vítimas estatísticas" na mesma condição. Uma história sobre uma única criança com um nome, um rosto e que precisa de ajuda tem um impacto muito maior e direto em nosso nível de empatia do que uma história sobre *milhões* de pessoas anônimas, sem rosto e em situação de necessidade. Esse é um bom resumo de como o pathos prevalece sobre o logos.

E por que isso acontece? Histórias que "são concretas (em vez de abstratas), pessoais e apresentadas na forma de narrativa tendem a evocar mais emoção", explicou-me Small. "Focar os problemas de um único indivíduo atende a todos esses critérios." Permite-nos entender e até *sentir* a dor com a qual um indivíduo precisa lidar, ao passo que uma enxurrada de estatísticas é muito mais difícil de imaginar em nível pessoal. Segundo a NPR, como o professor Hasson observou, uma boa história "ativa" as regiões das emoções no cérebro em harmonia com quem está contando a história; se o orador falar sobre o medo ou a inspiração que sentiu em um momento de luta, "espelhamos" isso. E sentimos também.

Assim, da próxima vez que quiser persuadir uma plateia, conte histórias repletas de emoção sobre pessoas específicas. Diga-lhes por que deveriam se importar! Em 2019, por exemplo, participei de um debate em Londres realizado pela organização sem fins lucrativos Intelligence Squared sobre a Arábia Saudita e seus casos de abuso dos direitos humanos. Poderia ter começado meu discurso falando sobre o Ocidente cortando laços com Riade, citando relatórios longos e detalhados de grupos de direitos humanos, abordando diversas cláusulas da lei internacional dos direitos humanos ou mencionando o número de execuções realizadas naquele país. Todos fatos inegáveis. Todas evidências importantes do meu argumento geral criticando o governo da Arábia Saudita.

Mas essa abertura arriscada teria sido seca, tediosa e densa demais para aquele público. Eu sabia que precisava chegar ao coração dos ouvintes desde o início. Assim, comecei contando histórias reais sobre cidadãos sauditas que sofreram bastante nas mãos de seu governo autoimposto.

> Boa noite, senhoras e senhores. Dirijo-me a vocês hoje para argumentar a favor da moção. Ao fazer isso, vários nomes e rostos passam pela minha mente. Pessoas que contam comigo e com vocês para falar em nome delas aqui, neste debate, para lhes dar, com seus votos, uma voz. Loujain al-Hathloul, por exemplo, uma jovem ativista dos direitos das mulheres que foi presa em 2014 por tentar dirigir seu carro na Arábia Saudita. Ao ser solta, ela foi morar nos Emirados Árabes Unidos, onde, em março, foi sequestrada no acostamento, algemada, colocada a bordo de um jato particular e levada de volta para a Arábia Saudita contra sua vontade. Hoje, com 29 anos, ela continua presa por ter a audácia de defender o direito das mulheres de dirigir. De acordo com sua irmã, enquanto falamos hoje, Loujain está sendo mantida na solitária, onde foi espancada, afogada, eletrocutada, sexualmente assediada e ameaçada com estupro e assassinato.
>
> Israa al-Ghomgham também tem 29 anos. Ela é uma jovem ativista que luta pelos direitos humanos xiitas e que foi presa com seu marido em 2015 por realizar protestos pacíficos, não por algo violento. Ainda assim, os promotores sauditas

pretendem decapitá-la. Se conseguirem, ela será a primeira ativista que defende os direitos humanos femininos a ser morta pelos sauditas. Executada. Segundo a Human Rights Watch, Israa não foi acusada ou condenada por nenhum ato de violência e, cito, por nada "similar a algum crime".

O blogueiro Raif Badawi fez 35 anos de idade atrás das grades no mês passado. Ele não vê seus filhos há sete anos. Foi sentenciado, pelo "crime" de apostasia, a dez anos na prisão e mil chicotadas, das quais já teve de suportar cinquenta. Sua saúde deteriorou na prisão, e sua esposa acha que ele não sobreviverá a outra sessão de chicoteamento. Chicoteamento!

Amal Hussein tinha 7 anos de idade. Uma garotinha de Iêmen, da mesma idade da minha filha, que não representa nenhuma ameaça para ninguém. Ela estava lá, naquela angustiante foto do *New York Times* do último novembro, com seu corpo magro e braços que pareciam dois palitos. Ela morreu uma semana depois daquele relatório. Literalmente morreu de fome. Nós, no Ocidente, vimos a foto dela, com aqueles olhos assombrosos! Mas nós, no Ocidente, não fizemos nada para ajudá-la. Nem ajudamos o outro 1,8 milhão de crianças desnutridas no Iêmen, que passam fome por causa de um bloqueio imposto pela Arábia Saudita.

E ainda há Jamal Khashoggi. Jamal esteve comigo nos camarins da Al Jazeera English [canal de TV de notícias] em março e me perguntou, em tom de brincadeira, se estávamos seguros na cidade enquanto o príncipe herdeiro saudita estava lá. Menos de sete meses depois, ele estava morto, brutalmente assassinado dentro do consulado saudita em Istambul, seu corpo supostamente retalhado por uma serra; e, lembrem-se, inclusive segundo a CIA, assassinado sob ordens diretas do príncipe herdeiro saudita Mohammed bin Salman.

Senhoras e senhores, não nos esqueçamos dessas pessoas esta noite: Loujain, Israa, Raif, Amal, Jamal; pessoas que morreram de fome e que foram assassinadas, desmembradas, torturadas, espancadas, chicoteadas, presas e sexualmente assediadas nas mãos de nosso aliado, nosso grande amigo, o Reino da Arábia Saudita.

Nomes. Rostos. Biografias. Isso fez com que fosse impossível se distrair ou ignorar. (E, caso esteja se perguntando, vencemos o debate.)

O simples compartilhamento de histórias com o público é tão poderoso que não há como *enfatizá-lo* ainda mais.. "Como espécie, somos viciados em histórias", escreveu Jonathan Gottschall, um professor de inglês, em seu livro *The Storytelling Animal*, de 2012 [sem publicação no Brasil]. Ele acrescenta que as histórias "representam para o ser humano o que a água representa para os peixes". Jennifer Aaker, professora de marketing da Universidade Stanford, chegou mesmo a quantificar nosso gosto pela narrativa, relatando que "as histórias são até 22 vezes mais memoráveis do que apenas fatos".

Independentemente do quão sério ou técnico o assunto em questão talvez seja, precisaremos contar com boas histórias e narrativas cativantes para defender um argumento. Caso não tenha nenhuma história para contar, pense em como o assunto que você está discutindo — política, legislação, religião, física, *não importa* — afeta a vida de pessoas reais. Indivíduos com nome e idade; amigos e família; esperanças e sonhos. Fale sobre eles. Conte a história *deles*.

E se ainda não tiver nenhuma história para contar, pense em compartilhar um evento ou experiência de sua vida. Não tenha medo de tornar as coisas pessoais.

Por exemplo, por ser muçulmano e filho de indianos que emigraram para o Reino Unido, costumo participar de debates sobre integração, assimilação e multiculturalismo. Durante essas ocasiões, nunca deixei de usar minha história e minhas experiências de vida. Nunca deixei de tornar as coisas pessoais para fortalecer meus argumentos. Em 2011, envolvi-me em uma discussão acalorada no programa *Question Time* da BBC sobre o futuro do multiculturalismo no Reino Unido. Poderia ter citado diversos estudos acadêmicos sobre o sucesso do modelo do multiculturalismo. Ou falado sobre migrantes em geral que estavam se estabelecendo no Reino Unido e construindo uma vida para si mesmos e para seus filhos. Mas queria usar uma história pessoal para tornar meu argumento mais tangível para o público do estúdio:

> Acho que sou um produto do multiculturalismo... Meu pai veio para este país em 1966. Ele costumava escrever várias cartas para jornais com seu ponto de vista sobre os acontecimentos do dia, e costumava receber uma "cama de cachorro"[1] pelo correio em resposta. Do meu ponto de vista, 45 anos depois, o filho dele pôde se sentar aqui, no *Question Time* com David Dimbleby e um ministro conservador para dizer que tenho orgulho de ser britânico, asiático e muçulmano, e acho que esse é um testemunho do sucesso do multiculturalismo neste país.

Realmente podemos nos conectar com os que nos ouvem em um nível emocional profundo, caso sintam que conseguem entender pelo que *nós* passamos — se puderem ser incentivados a vestir *nossa* pele. Isso não é apenas uma crença popular. Também se baseia na ciência. Pesquisadores liderados por Kurt Gray, psicólogo e diretor do Centro para a Ciência do Entendimento Moral, na Universidade da Carolina do Norte, realizaram quinze experimentos diferentes que descobriram que nossos oponentes em um debate "respeitam mais as crenças morais quando elas se baseiam em experiências pessoais, não em fatos". Gray e seus coautores se referiram a isso como "o poder das experiências pessoais que gera respeito".

Assim, qual é a primeira regra para nos conectar com outras pessoas a nível emocional? Contar-lhes uma história envolvente. Talvez a sua. Para resumir: concentre-se em sua experiência e no que você *sentiu*. E seus ouvintes farão o mesmo.

## 2. Escolha suas palavras com cuidado

"Nossa linguagem será apropriada se expressar emoção e caráter", escreveu Aristóteles em *Retórica*. "Para expressar emoção, precisaremos usar a linguagem da ira [indignação, tiradas raivosas] ao falar sobre algo ultrajante; a linguagem da aversão e da relutância discreta para pronunciar uma palavra ao falar sobre a impiedade ou a impureza;

1. Recipiente formado com pelotas de papel feitas com jornal reciclado, utilizado para absorver as necessidades fisiológicas de um cão. [N. da T.]

a linguagem da exultação para um conto de glória; a da humilhação para um relato de piedade e assim por diante em todos os outros casos."

Para fazer as pessoas se engajarem emocionalmente, precisaremos usar uma *linguagem* que interaja com suas emoções. Queremos encontrar maneiras de chamar a atenção do público: estimulá-lo, inspirá-lo e, em última instância, convencê-lo. Valendo-nos das palavras, tentamos mudar a forma como essas pessoas se sentem. E cada palavra que escolhermos será importante.

Digamos que, em fevereiro de 2022, estivéssemos falando a um público sobre a Ucrânia e a invasão ilegal da Rússia a esse país. Digamos que queríamos persuadir o público a apoiar e simpatizar com os ucranianos.

Poderíamos dizer:

> A Ucrânia foi invadida pela Rússia.
>
> Ou poderíamos dizer:
>
> Ucranianos indefesos e inocentes estão sendo bombardeados e atacados por agressores russos.

Essas duas declarações são fatos, mas uma está carregada de pathos, e a outra não. A primeira é distante e abstrata — referindo-se apenas a nações —, ao passo que a segunda nos leva a considerar o povo envolvido e suas experiências. (Obviamente, até a primeira declaração foi banida na Rússia; Putin tinha tanta consciência do poder da escolha das palavras que, na Rússia, por lei, a guerra só podia ser referida como uma "operação militar especial".)

Nem sempre damos tanta consideração a cada palavra que escolhemos, mas elas têm imenso poder. Ao elaborar um argumento, procuramos palavras que invoquem o pathos e os sentimentos. É a isso que muitos líderes mundiais recorreram, vez após vez, ao longo da história — convencendo nações a darem seu apoio à vida, à liberdade, ao livre-arbítrio, à igualdade, à verdade, à justiça e assim por diante.

Essas técnicas também têm um lugar claro em palcos menores. Se estiver em um debate e achar que seu oponente está enganando o público, não descreva o que ele diz apenas como uma falsidade ou algo inexato — diga que é *mentira*! Não descreva sua própria posição em termos de ser válida ou correta — diga que é *verdade*! Queremos substantivos com letras maiúsculas, adjetivos vívidos e verbos ousados. Precisamos de uma linguagem decisiva se quisermos sensibilizar nossos ouvintes.

Em 1988, George H. W. Bush entendeu isso de um modo que Michael Dukakis não entendeu. Este candidato democrata a presidente deu uma longa resposta que pecou em convicção e paixão. Em contraste, foi assim que seu oponente republicano respondeu quando lhe fizeram a mesma pergunta sobre a pena de morte:

> Bem, Bernie, acredito que grande parte desta campanha tem a ver com a questão dos valores. E, nessa questão em particular, sou bem diferente de meu adversário. Veja bem, acredito que alguns crimes são tão terríveis, brutais e revoltantes, em especial aqueles que resultam na morte de policiais, aqueles bem violentos, que acredito na pena de morte, e acho que ela funciona como dissuasora, e acredito que precisamos dela. E fico feliz que o Congresso tenha aprovado essa lei sobre as drogas e que ele finalmente tenha tomado uma decisão no que se refere a esses chefões das drogas. Então, temos apenas uma honesta diferença de opinião: eu sou a favor dela e ele não.

Bush fez uma pausa. Mas perceba seu uso de "valores" no início. Note seu uso de linguagem emotiva: "*tão terríveis, brutais e revoltantes*". Observe a brevidade da resposta de Bush, em contraste com a de Dukakis, e o quão decisivo ele foi no fim: "*eu sou a favor dela e ele não*".

O candidato republicano usou o pathos para deixar seus ouvintes a par de sua posição e de como se sentia a respeito. Foi alguma surpresa para alguém que Bush tenha vencido o debate — e a eleição em si?

### 3. Mostre, não se limite a falar

Em seu ensaio de 1897 intitulado "The Scaffolding of Rhetoric", o jovem Winston Churchill escreveu que o orador "é a personificação das paixões da multidão. Para poder inspirá-la com alguma emoção, ele mesmo deve se deixar levar por ela. Quando quiser estimular a indignação da multidão, seu próprio coração estará repleto de raiva. Antes de levá-la às lágrimas, ele mesmo precisará chorar. Para convencê-la, ele terá de acreditar".

Fatos, em si, não bastam para convencer um público, e palavras também não. Não por si sós. Em geral, precisamos *mostrar* nossas emoções; precisamos *compartilhá-las* com nossa assistência.

A sabedoria convencional diz que sempre devemos permanecer tranquilos, calmos e sob controle. E, em um capítulo posterior, explicarei porque, em geral, esse é um ótimo conselho. Não há vantagem em ficarmos agitados durante uma discussão ou em perdermos o controle emocional.

Mas isso não significa suprimi-las por completo. É preciso mostrar que somos seres humanos de verdade — o que implica revelar nossas emoções, não ocultá-las. Quando outros veem como nos sentimos, fica mais fácil nos conectarmos com eles.

Assim, caso formos apaixonados por um assunto específico, tudo bem mostrarmos entusiasmo: elevar um pouco o tom da voz, gesticular com as mãos, sorrir ou dar risadas. Para um assunto mais sombrio, não reprima demonstrações de arrependimento ou tristeza: um tom de voz mais triste ou baixo, pausas mais longas e uma respiração mais profunda.

Se a situação exigir, não receie até demonstrar um pouco de raiva. Pessoas reais têm sentimentos reais. Há algo mais autêntico do que uma indignação moral ou uma raiva justa?

Em 2013, em um debate sobre o islamismo e a paz, cheguei pronto para fazer um discurso escrito com antecedência. Eu o treinei no trem, no trajeto de Londres para Oxford, mais cedo naquele dia. Contudo, quando ouvi os três oradores da oposição brandindo argumentos repugnantes e dissimulados sobre o islamismo e os muçulmanos — ao sentarem na minha frente, perante centenas de pessoas na câmara da Oxford Union —, fiquei furioso. Deixei de lado grande parte das observações que preparei e canalizei minha raiva. Em especial, deixei claro desde o início *por que* a idiotice preconceituosa deles me deixou tão irado.

> Seus argumentos desta noite formam um conjunto espantoso de discursos. Uma mistura de citações, fatos e números escolhidos a dedo. Para benefício próprio. Seletivos. Uma coleção de distorções, deturpações, interpretações errôneas e citações fora de contexto.

E você se lembra como eu disse que esse discurso terminou? Fiquei com raiva e levei as coisas para o lado pessoal:

> Vocês realmente acreditam nisso? Acham que esse é realmente o caso?

Eu realmente acredito que, ao ter expressado meus sentimentos e levado as coisas para o lado pessoal, consegui conquistar aquele público. Os argumentos de meus oponentes eram revoltantes e insultuosos, mas se eu optasse por uma resposta fria, não emocional, não teria conseguido focar o que era tão irritante naquele ataque. Às vezes, precisamos de um pouco de "Como ousa, senhor?".

Entretanto, a pergunta que persiste é quando canalizar essa fúria e como equilibrá-la. Em uma disputa de gritos, ninguém vence. Então, precisamos escolher o momento certo, e estarmos prontos para dar suporte efetivo a nossos sentimentos. Qual é o melhor momento? Em minha opinião: quando achar que um apelo emocional parece genuíno. Mas também concordo com Aristóteles, para quem a introdução e a conclusão de um discurso são os pontos mais importantes e memoráveis para fazer um apelo emocional ao público. Comece com emoção *e* termine com emoção.

Por outro lado, se formos monótonos e sem emoção durante o discurso inteiro, é melhor estarmos preparados para perder. Já vimos o perigo disso com Dukakis — e costuma acontecer com uma frequência surpreendente no cenário político.

Um dos livros que mais influenciaram minha abordagem da retórica e do debate foi *O cérebro político*, de Drew Westen. Westen é professor de psicologia e psiquiatria na Universidade Emory e um ex-consultor de democratas do Congresso. Tal como Hasson em Princeton,

Westen usou ressonâncias magnéticas do cérebro para estudar como respondemos a argumentos, e sua tese central era que os debates políticos são vencidos e perdidos não no campo das políticas, mas no das emoções. Ele escreveu: "O cérebro político é um cérebro emocional." Seus estudos revelaram, vez após vez, que os eleitores estão muito mais propensos a votar em um candidato de quem gostam, em vez de em um candidato com o qual concordam.

Todavia, causa espécie que muitos políticos ainda não entenderam plenamente essa realidade. Westen observa que os republicanos costumam vencer porque "eles praticamente têm o monopólio no mercado das emoções", ao passo que os democratas ingenuamente continuam "apostando no mercado das ideias". Isso os deixa irritados, pois fazem propostas políticas citando números apenas para perder por falta de inspiração. Mas a simples verdade é que os conservadores do Ocidente sabem como convencer e estimular sua base de apoiadores.

Contudo, aquele "monopólio" republicano nem sempre se vale de ações virtuosas. Como o experiente pesquisador e estrategista republicano Frank Luntz escreveu em um memorando de 2002, que se tornou notório hoje e descrevia como os conservadores deveriam lidar com (desviar?) a questão da mudança climática: "Uma história convincente, mesmo que imprecisa em termos fatuais, pode ser emocionalmente mais convincente do que uma recitação seca da verdade."

Infelizmente, Luntz estava certo. Mas o mais triste é que, se os oponentes de Luntz não perceberem que eles *também* precisam de pathos, então "a história convincente, mesmo que imprecisa em termos fatuais" continuará roubando a cena.

O pathos é uma parte essencial da equação. Precisaremos dele se quisermos vencer uma discussão. Mas ele é apenas *parte* da receita para a vitória. Afinal, uma história convincente, *apoiada por fatos,* tem muito mais poder do que uma história mal costurada.

Em resumo, os sentimentos nos ajudam a fazer nossos fatos envolverem o público. Eles ajudam os ouvintes a retê-los. E podemos garantir que nos conectaremos com o público em nível emocional — contando histórias, usando a linguagem apropriada e sabendo o momento de demonstrar nossas emoções. Mas quando se trata de fatos versus sentimentos, *cuidado*: os sentimentos costumam vencer.

Assim, *não* permita que essa luta injusta aconteça. Certifique-se de ter os recursos para alcançar tanto o coração como a mente dos ouvintes.

# 3

# MOSTRE SEUS RECIBOS

Não estamos falando sobre papeizinhos translúcidos que listam gastos. Estamos falando sobre provas, evidências, confirmação.

— Revista *Slate*

Em 2002, Diane Sawyer, da ABC, garantiu uma rara entrevista com a falecida ícone pop Whitney Houston. Essa entrevista foi mencionada em manchetes do mundo todo depois que Sawyer fez uma pergunta um tanto incômoda à premiada cantora sobre alegações de uso de drogas. E, em resposta, Houston disse algo que se tornou uma expressão utilizada até hoje:

DIANE SAWYER: Aqui diz um vício em drogas de US$730 mil. Isto é uma manchete.

WHITNEY HOUSTON: Como é?! Setecentos e trinta mil? Quem me dera... De jeito nenhum. Quero ver os recibos. Do traficante de quem eu comprei US$730 mil em drogas. Quero ver os recibos.

Essa frase acabou se tornando um meme da internet e uma das minhas filosofias pessoais. Se quisermos convencer um público, derrubar o oponente ou provar que *nós* estamos certos e ele errado, é necessário estar preparados. Precisamos mostrar nossas evidências. Nossas provas. Nossos *recibos*.

## FATOS SÃO TEIMOSOS

Admito: hoje é muito difícil defender argumentos baseados na razão, na lógica e nas evidências. Pois parece que, para um número cada vez maior de pessoas, fatos não são importantes. Evidências são ignoradas. Recibos não têm valor. Lembra-se da atualmente notória referência da ex-conselheira de Trump, Kellyanne Conway, aos "fatos alternativos"? Ou da ridícula afirmação do advogado de Trump, Rudy Giuliani, de que "a verdade não é verdade"?

Em anos recentes, testemunhamos um ataque em escala total e mundial à verdade, à razão, à realidade em si. Em 2018, a RAND Corporation criou o termo *Decadência da Verdade* para se referir ao que chamou de "diminuição do papel dos fatos e da análise na vida pública dos norte-americanos". Dois anos antes, a expressão *post-truth* [pós-verdade] se tornou a palavra do ano do *Oxford English Dictionary*, definida como "relacionada ou denotando circunstâncias nas quais fatos objetivos exercem menos influência em moldar a opinião pública do que recorrer às emoções e às crenças pessoais".

Michiko Kakutani, crítica literária e autora do best-seller *A morte da verdade*, de 2018, escreveu que vivemos em um mundo "onde as fake news e as mentiras são produzidas em escala industrial por fábricas russas de trolls, emitidas em um fluxo sem fim da boca e do Twitter do presidente dos Estados Unidos e enviadas pelo mundo afora por meio de contas de redes sociais na velocidade de um raio".

Em tal ambiente, fica fácil sentir que as evidências já não são importantes — que é impossível desenvolver um argumento bem fundado que tem o poder de influenciar as pessoas. Mas não estou disposto a abrir mão da importância dos fatos — ou da confirmação deles. Ainda não.

Em 2017, um estudo com mais de 10 mil pessoas, publicado no periódico *Political Behavior*, descobriu que, "em geral, os cidadãos seguem informações fatuais, mesmo quando essas vão de encontro a seus compromissos ideológicos". Segundo o estudo dos autores, se apresentados de maneira correta, os fatos "prevalecem". Ou como o Pew Research Center relatou em 2018, com base em seus próprios e abrangentes dados, ainda não estamos "totalmente indiferentes quanto ao que é fatual e ao que não é".

Ufa! Fatos (ainda) são importantes. É como a famosa declaração de John Adams, pai fundador dos EUA: "Os fatos são teimosos; e independentemente de quais sejam nossos desejos, inclinações ou o que diga nossa paixão, eles não podem alterar a condição dos fatos e das evidências." Adams fez essa observação em um tribunal, na frente de um juiz e de um júri, ao defender soldados britânicos envolvidos no Massacre de Boston em 1770. Embora fosse patriota — e logo se tornaria um revolucionário —, Adams estava comprometido com as evidências, mesmo que elas se opusessem às suas políticas.

Juízes e júris ainda se importam com os fatos. A grande maioria dos ouvintes e públicos que encontraremos, também. E o mesmo deveria se dar com você.

Confiança, carisma, eloquência, a capacidade de contar boas histórias... tudo isso só vai até certo ponto. Como vimos, o pathos costuma prevalecer sobre o logos, mas as emoções são quixotescas. Precisamos de uma sólida base fatual para nossa discussão — caso contrário, seremos trucidados por alguém que consegue ligar as emoções *e* as evidências. Para vencer a discussão, precisamos de ambos: dos sentimentos *e* dos fatos.

O próprio António Damásio, o neurocientista responsável por grande parte de nossa compreensão das emoções e das tomadas de decisão, concorda. Ele "não acredita que o conhecimento sobre os sentimentos deveria nos tornar menos propensos à verificação empírica". É tal como ele explica em *O erro de Descartes*:

> Estarmos cientes da relevância dos sentimentos nos processos da razão não sugere que esta seja menos importante do que os

> sentimentos nem que deveria assumir uma posição secundária em relação a eles ou que deveria ser menos cultivada. Ao contrário, avaliar o papel generalizado dos sentimentos nos dá uma oportunidade de aprimorar seus efeitos positivos e reduzir seu dano em potencial.

Voltando para Aristóteles, o pathos não é suficiente. "Pense no pathos, no logos e no ethos como as três rodas de um triciclo", explicou o consultor de comunicação corporativa Paul Jones. Precisamos dos três para influenciar as pessoas e levá-las à ação. Segundo Jones, o pathos, em especial, "nos *abre* a porta. Mas após entrarmos, se não as convencermos, *sairemos* por ela".

Como convencê-las? Com o *logos*: a lógica, a razão e — especialmente — as evidências.

Todas as culturas e civilizações da história da humanidade — desde Aristóteles e além! — entenderam a necessidade do discurso e dos argumentos baseados na razão e nas evidências. Na verdade, até as pessoas de fé, que muitas vezes são consideradas irracionais, de fato são ensinadas pelas religiões a valorizar a importância de corroborar pontos de vista. O Alcorão Sagrado diz: "Mostrai a vossa prova se estiverdes certos." A Bíblia Sagrada diz: "Mas ponham à prova todas as coisas e fiquem com o que é bom."

A importância de elaborar um argumento lógico e fundamentado em evidências é universal. Assim, a tarefa em mãos é aceitar o logos e aprender a usá-lo. Temos de aprender a organizar nossas evidências, citar nossas fontes e dar suporte a nossos argumentos.

Observe que precisamos ir além de apenas *reunir* evidências. Estudar e pesquisar são passos essenciais na elaboração de qualquer argumento, e mais adiante neste livro mostrarei como se preparar adequadamente.

Outra coisa bem diferente é lembrar de todos esses fatos e números no calor da discussão. Para vencer, é necessário dispor de provas fatuais e contundentes — *e* conseguir usá-las contra nosso adversário *em tempo real.*

*É assim* que combinamos fatos e sentimentos. E é assim que convenceremos o público. Afinal, ele quer ver os recibos. Quer saber que podemos provar nossas afirmações e discordâncias. E quer nos ver fazer isso com fatos de verdade, não "alternativos"!

Então, como mostrar nossos recibos — de uma forma clara, concisa e convincente? Veja a seguir três lições sobre como apresentar evidências e vencer os adversários.

## 1. Encontre os recibos

Permita-me dizer o óbvio: não podemos *mostrar* um recibo se não *tivermos* nenhum. A primeira tarefa é obtê-los; encontrar fatos, números e citações utilizáveis para fortalecer nosso argumento e minar o do oponente. É preciso vasculhar para descobrir. E, o que é essencial, temos de manter em mente que o opositor terá respostas prontas para os questionamentos mais óbvios. Assim, os melhores recibos se encontram mais no fundo nos arquivos.

Em outubro de 2020, enquanto divulgava o livro de memórias de sua passagem na Casa Branca de Trump, *The Room Where It Happened* [sem publicação no Brasil], o ex-conselheiro de segurança nacional John Bolton aceitou o convite para comparecer ao meu programa, no Peacock, o canal de streaming da NBC. Francamente, de início, fiquei surpreso quando Bolton concordou em ser entrevistado por mim. Mas, por outro lado, esse falcão bigodudo e republicano da política estrangeira é um daqueles conservadores confiantes que parecem apreciar combates retóricos e confrontações. Graduado na Yale Law School e ex-membro do clube de debate da Yale Political Union, Bolton serviu nas administrações de Ronald Reagan, George W. Bush e Donald Trump. Ele gosta de discutir — e costuma vencer, em especial contra entrevistadores despreparados ou inseguros.

Portanto, passei vários dias me preparando para o confronto com Bolton. Escrevi diversas perguntas sobre a Guerra do Iraque (que ele aprovava), sobre o acordo nuclear com o Irã (ao qual se opunha) e sobre sua desavença com Trump (o que acho que demorou para acontecer). Também soube que ele já tinha sido questionado diversas vezes sobre esses tópicos, de modo que teria respostas e defesas prontas para eles.

O que ele não esperava de minha parte era questionar sua relação antiga com o MEK. O *M-E-o quê?* O MEK, ou Mujahedin-e-Khalq, um grupo de oposição iraniano exilado que, certa vez, foi considerado uma organização terrorista pelo governo dos EUA. O MEK é obcecado em derrubar os aiatolás no Teerã e gastou milhões incentivando e estreitando laços com políticos que são a favor de uma mudança de regime no Ocidente.

Como parte da busca por recibos, localizei, assisti e transcrevi um discurso que Bolton, então um cidadão comum, fez em uma reunião de ativistas do MEK em Paris, no verão de 2010 — quando o grupo ainda constava da lista oficial de "organizações terroristas estrangeiras" do Departamento de Estado. Vasculhei suas memórias na Casa Branca à cata de quaisquer referências ao MEK. Não havia nenhuma. Analisei gravações e transcrições de TV, rádio e entrevistas impressas que ele fizera nos dias e semanas anteriores, procurando por menções de sua ligação com o MEK. Não encontrei nada.

Nadinha. Zero. Neca.

Então me certifiquei de estar bem preparado para essa questão espinhosa quando Bolton viesse para meu programa. E lhe perguntei se ele podia me explicar isso.

> EU: Quanto de sua antipatia com relação ao Irã tem a ver com geopolítica; quanto tem a ver com o fato de que o senhor teve uma longa associação com um grupo chamado MEK, que já foi um grupo terrorista banido pelo Departamento de Estado enquanto o senhor trabalhava lá? O senhor não mencionou isso em seu livro. Eu o li. Não há nenhuma menção ao MEK. Acho que o senhor ganhou dezenas de milhares de dólares com vários discursos. Assim, minha pergunta é: quanto isso influencia sua política sobre o Irã?
>
> BOLTON: O senhor bem sabe que ganhei dezenas de milhares de dólares para discursar em universidades liberais dos Estados Unidos. Isso tem a ver com quão baixo alguém pode chegar. O fato é que Hillary Clinton, talvez alguém que o senhor apoie,

tenha tirado o MEK da lista de organizações terroristas dos EUA. O que acha disso?

EU: Ela o tirou da lista em 2012. O senhor estava em contato com ele em 2010, quando ainda era um grupo banido.

BOLTON: Não, veja, isso... isso... o senhor está errado sobre esse fato...

EU: Não, o senhor estava lá, em Paris, em 2010, discursando em uma reunião do MEK quando, segundo o Departamento de Estado, ele ainda era um grupo terrorista banido.

BOLTON: Ninguém pode comprar minha opinião, e o senhor pode ignorar isso se quiser... e agora, senhor, já estamos conversando há 20 minutos, mas o senhor disse que essa entrevista duraria apenas 15.

Existe uma sensação melhor do que conseguir responder com calma a alguém que, com toda a confiança, proclama que "você está errado sobre esse fato", demonstrando-lhe que os fatos *realmente* estão do nosso lado?

Bolton, apesar de todos os seus pecados e falhas, age com inteligência e confiança, mas não havia nada que pudesse fazer quando lhe mostrei os recibos. Recibos inquestionáveis, inegáveis e invencíveis. Eles obrigaram que sua arrogância padrão se transformasse em uma posição defensiva hesitante. E ele exigiu que a entrevista acabasse antes do tempo. (O produtor estava me informando do tempo em meu ponto de ouvido, e definitivamente *não* fazia 20 minutos que estávamos conversando!)

Os recibos não dão fim só a entrevistas; dão fim a carreiras. Em fevereiro de 2020, a senadora Elizabeth Warren veio de Nevada para seu nono debate na corrida presidencial democrática, pronta para acabar com a reputação de um rival que estava a seu lado no palco do debate no Paris Theater, em Las Vegas.

> Então, eu gostaria de falar sobre a pessoa contra quem estou concorrendo, um bilionário que chama mulheres de "gorduchas" e "lésbicas com cara de cavalo". E não, não estou falando de Donald Trump. Estou falando do prefeito Bloomberg.
>
> Os democratas não vão vencer se tivermos um candidato com um histórico de sonegação de imposto de renda, assédio de mulheres e apoio a políticas racistas, como redlining[1] e stop-and-frisk[2].
>
> Vejam bem, apoiarei seja quem for o candidato democrático. Mas entendam: os democratas correrão um grande risco se simplesmente trocarmos um bilionário arrogante por outro.
>
> Este país trabalhou pelos ricos durante um bom tempo, deixando os demais na lama. É hora de ter um presidente que priorize as famílias trabalhadoras, que esteja disposto a se prontificar e lutar por elas. É por isso que estou nesta corrida presidencial, e é assim que vencerei Donald Trump.

Ela veio preparada. Tinha os recibos. Tinha citações. *Acabou* com ele.

Os assessores de Warren davam vivas e aplaudiam na sala verde, nos bastidores, conforme ela apresentava os recibos no palco — um deles até abraçou uma cadeira! Quando a chefe voltou para cumprimentá-los depois do debate, um deles colocou um notebook na frente dela e lhe mostrou um acréscimo à página do Wikipédia para Michael Bloomberg: "Falecimento: 19 de fevereiro de 2020. Causa da morte: Senadora Elizabeth Warren."

A resposta completa de Warren durou apenas 59 segundos, mas foi o suficiente para caracterizar Bloomberg, o ex-prefeito de Nova York, como alguém detestável, similar a Trump, e que tentava comprar uma forma de ser o candidato democrático para presidente. Segundo o

1. Prática discriminatória na qual alguns serviços não são oferecidos a potenciais clientes de bairros nos quais investir seria classificado como "perigoso" e cujos habitantes, na maioria, incluem um número significativo de minorias raciais e étnicas e residentes de baixa renda. [N. da T.]
2. Prática da polícia de temporariamente deter, interrogar e, às vezes, revistar civis e suspeitos na rua em busca de armas e contrabando, sendo que negros e hispânicos são detidos com uma frequência muito maior. [N. da T.]

*Guardian*, nos dias após o debate, "Bloomberg, que se deu conta de que houvera pouco engajamento nas sondagens de voto em estados como Flórida e Tennessee, pareceu nunca mais se recuperar". Nem duas semanas depois da apresentação dos recibos de Warren no palco de debates em Las Vegas, Bloomberg abandonou a corrida presidencial.

Para deixar bem claro: Warren não improvisou naquela noite. A senadora de Massachusetts foi campeã de debate no ensino médio em Oklahoma e ganhou uma bolsa de estudos de debate para a Universidade George Washington. Mais tarde, ela deu aulas na Harvard Law School. E antes do primeiro debate em Las Vegas, passou uma semana inteira se preparando com sua equipe para conseguir confrontar Bloomberg na TV ao vivo.

Posteriormente, um dos assessores de Warren me disse que aquela resposta "foi totalmente preparada, praticada e executada à perfeição. Ela a sabia de cor".

## 2. Crie seus recibos

A preparação para uma discussão requer reunirmos bastantes recibos com antecedência. Mas as oportunidades não desaparecem quando o debate começa. Também podemos criar nossos recibos durante a argumentação.

Como assim? Durante o debate, atente para as ocasiões em que é possível minar as declarações de seu adversário apresentando como recibos algo *que ele mesmo tenha dito antes*. Procure identificar contradições em seus argumentos e destaque quaisquer inconsistências da parte dele. Fazer isso em tempo real pode colocá-lo na defensiva.

Mesmo tendo nos preparado bastante, às vezes é possível dar uma guinada em um debate criando nossos próprios recibos. Em 2014, em uma gravação de *Head to Head* para o Al Jazeera English, na Oxford Union, entrevistei Otto Reich, um ex-agente da administração de Reagan que apoiara abertamente os Contras, os violentos rebeldes da Nicarágua, durante a década de 1980. "Tenho certeza de que [os Contras] assassinaram pessoas", admitiu-me ele relutantemente no início da entrevista. E acrescentou: "Na guerra, essas coisas acontecem." Mais tarde na entrevista, porém, ele ficou hesitante quando comecei a questionar sua conexão com os rebeldes.

> EU: O senhor já admitiu que alguns desses grupos que apoiava assassinavam pessoas. Está dizendo que isso nunca pesa em sua consciência? Nunca o incomoda? Está totalmente em paz com isso?
>
> OTTO REICH: Não, mas também lhe disse que o senhor está fazendo uma falsa equivalência moral.
>
> EU: É uma pergunta muito simples: O que os Contras fizeram o incomoda? Sim ou não?
>
> REICH: Eu já disse que sim. Se eles assassinaram pessoas...

Percebeu o "se" ali? Era hora de mostrar o recibo — um de instantes atrás, que tirei dele na frente de um auditório com centenas de pessoas.

> EU: Não "se"; o senhor disse que eles assassinaram pessoas, Otto. Não tem "se". O senhor mesmo disse isso. Está gravado.
>
> REICH: Sim, se eles assassinaram pessoas, minha consciência pesa.
>
> EU: Está bem. Bom, foi difícil tirar isso do senhor.

A beleza da criação de um recibo a partir de algo que nosso opositor disse antes é que o público o ouviu dizer a mesma coisa. Não há discussão sobre ele ter ou não dito algo, ou se a fala dele foi tirada de contexto. Os membros do público são testemunhas — e eles tendem a acenar com a cabeça quando mostramos o recibo ao oponente. Em geral, sem onde se esconder, ele começa a hesitar e gaguejar.

Em março de 2016, em meu programa *UpFront* do Al Jazeera English, entrevistei o embaixador saudita nas Nações Unidas, Abdallah Al-Mouallimi, na missão permanente dos sauditas na ONU.

Falamos sobre a terrível guerra civil na Síria e a respeito do apoio da Arábia Saudita aos rebeldes anti-Assad. Os sauditas queriam ver um governo eleito na Síria se o presidente Assad fosse tirado do poder? "Bem, sim", respondeu o embaixador, "esse é o processo que esperamos que aconteça na Síria".

Então perguntei a Al-Mouallimi por que ele era "a favor de um governo eleito na Síria, mas não na Arábia Saudita". Ele não gostou da pergunta, afirmando que o povo saudita estava "feliz" e "contente" com seu sistema de governo.

> AL-MOUALLIMI: O que estou dizendo é que se houvesse uma forma de perguntar às pessoas comuns na rua, de forma anônima e privada...
>
> EU: E existe. Chama-se "eleição".
>
> AL-MOUALLIMI: Bem, [pausa] uma eleição nos padrões da democracia ocidental não necessariamente...
>
> EU: Não, nos padrões do que deseja na Síria.
>
> AL-MOUALLIMI: Sim, bem. [Pausa] Nem isso é a solução para [pausa] um sistema de governo.

Eu havia criado o recibo. Coloquei o embaixador na defensiva. E consegui fazer uma entrevista singular, engajadora e viral.

Ah, e também consegui sair vivo da missão saudita.

### 3. Use seus recibos na hora certa

Uma vez reunidos todos os recibos, a grande pergunta é: O que fazer com eles? Não podemos simplesmente apresentá-los no debate sem planejamento. Isso não costuma funcionar. O ideal é verificar o momento certo, surpreendendo o oponente. Nos capítulos seguintes, veremos como essa regra também se aplica a "tiradas" e "armadilhas".

Em 2016, tive uma conversa com Slavoj Žižek, um filósofo esloveno e marxista orgulhoso. Žižek compareceu ao *UpFront* para falar sobre seu livro *Refugees, Terror and Other Troubles with the Neighbors* [sem publicação no Brasil]. Žižek costuma ser visto como um homem de esquerda, mas à medida que lia seu livro, me incomodei com seu repetido uso de argumentos de direita em relação aos imigrantes muçulmanos que moram no Ocidente.

Decidi desafiá-lo. Trouxe meus recibos comigo para a entrevista e esperei pelo momento certo.

> EU: O senhor disse "os refugiados vêm de uma cultura que é incompatível com as noções de direitos humanos da Europa Ocidental".
>
> ŽIŽEK: Será que eu disse exatamente isso mesmo...?
>
> EU: O senhor disse exatamente isso na página 107 de seu livro.
>
> ŽIŽEK: O que eu disse?
>
> EU: O senhor disse que "os refugiados vêm de uma cultura que é incompatível com as noções de direitos humanos da Europa Ocidental".

Perceba como entreguei esse recibo. Primeiro, simplesmente o citei, sem uma fonte exata. Quando ele questionou a citação, prossegui exatamente com as mesmas palavras e com o número da página na qual elas apareciam! Esse é um padrão ideal — atiçar a dúvida ou a curiosidade do oponente e então apresentar uma evidência inegável. Esse é "o momento certo".

Žižek é um filósofo profissional e um intelectual público; basicamente, ele é um cara muito bem letrado e superinteligente. Com certeza é mais inteligente do que eu. Mas consegui desestabilizá-lo porque estava preparado, tinha recibos e os apresentei na hora certa.

A gratificação postergada costuma ser a chave da apresentação de recibos. Talvez *desejemos* apresentar todas as evidências que temos logo no início, mas, em geral, é melhor esperar pelo momento certo, aquele em que fazer isso exercerá o maior impacto e minará o argumento do opositor.

Em março de 2021, entrei em uma discussão no Twitter com Dan Crenshaw, um congressista republicano importante do Texas, sobre a questão da imigração e da situação na fronteira meridional dos EUA. Crenshaw dizia que a administração de Biden era responsável por uma "crise" na fronteira porque havia revertido diversas políticas severas da administração de Trump.

Essa discussão na rede social se transformou em uma discussão ao vivo na TV depois que o congressista concordou em comparecer ao meu programa de domingo à noite na MSNBC. Antes do programa, conversei com vários advogados, ativistas e analistas políticos que trabalham com imigração para me certificar de que meus fatos estavam corretos. Minha equipe da MSNBC e eu preparamos gráficos e tabelas que seriam colocadas na tela durante a entrevista. Lembre-se: os melhores recibos tendem a ser aqueles para os quais podemos apontar ou apresentar fisicamente, quer estejam em mãos ou na tela. Afinal, os recibos comuns do dia a dia costumam ser coisas físicas: pedaços de papel.

Assim que a entrevista começou, decidi começar a citar números e estatísticas a Crenshaw. "Deixe-me colocar alguns números na tela", disse-lhe, ao mencionar como as detenções na fronteira vinham aumentando, mês após mês, desde o início da pandemia no começo de 2020. "A verdade é que Joe Biden não herdou números decrescentes. Ele herdou nove meses consecutivos de aumento na fronteira. Está bem aí, na tela."

"Bem, não sei de onde o senhor está tirando seus dados", respondeu Crenshaw, antes de começar um discurso de 60 segundos no qual ele (falsamente) acusou Biden de incentivar migrantes a se mudarem da América Central para os Estados Unidos, enquanto também lamentava a rescisão das políticas de fronteira da era Trump.

Eu sabia que meus números eram confiáveis. Meus dados vinham do Serviço de Alfândegas e Proteção das Fronteiras dos Estados Unidos (CBP). Então, esperei um minuto até ele terminar de falar, e mostrei meu recibo.

"O senhor disse: 'não sei de onde o senhor está tirando seus dados.' Vejamos o gráfico novamente", prossegui. Então acrescentei: "Esses números vêm do CBP."

Crenshaw não soube como responder a isso. Ele não voltou a questionar os números, mas tentou me atacar por insinuar que não havia um "grande aumento" de migrantes nem uma "crise" na fronteira. Ele também mencionou uma vaga ligação telefônica na qual conversou com "um dos ex-chefes do CBP" — talvez se esquecendo de que o plural de "relato" não é "dados".

O *Columbia Journalism Review* chamou minha entrevista com Crenshaw de "desmascaramento". Uma manchete do The Wrap, um site de notícias de entretenimento, disse que "dei uma aula" ao congressista republicano. O vídeo tem mais de 1 milhão de visualizações no Twitter. E estou convencido de que o destaque alcançado por essa entrevista cabe àquela fala, ao recibo claro e direto: "Esses números vêm do CBP."

Outra entrevista na qual eu pude apresentar recibos de verdade — na minha mão, por falar nisso! — e mostrá-los no momento certo foi na conversa com Erik Prince, ex-chefe da Blackwater [uma empresa de segurança privada]. Em uma entrevista para o Al Jazeera English na Oxford Union em 2019, pressionei Prince, um aliado do então presidente Donald Trump e irmão mais jovem da então Secretária da Educação [no Brasil, equivale ao cargo de Ministra da Educação] Betsy DeVos, sobre suas aparições perante o Conselho Especial Robert Mueller e do Comitê de Inteligência da Câmara dos Representantes. Ele afirmou ao comitê que não teve nenhum "papel oficial ou não oficial na campanha de Trump". Então, durante nossa entrevista perante um público ao vivo em Oxford, perguntei a Prince por que ele deixou de notificar o Comitê de Inteligência da Câmara dos Representantes sobre uma reunião com Donald Trump Jr. e outros na Torre Trump em agosto de 2016.

> EU: Por que o senhor deixou de notificar o Congresso sobre essa reunião, considerando a grande importância dela para a investigação?

Erik Prince: Eu notifiquei, como parte da... parte das investigações. Definitivamente, falei sobre as reuniões, as muito poucas que tive.

Eu: Não no depoimento no Congresso que o senhor deu à Câmara dos Representantes. Nós verificamos; o senhor não falou nada sobre a reunião de agosto de 2016 na Torre Trump. Eles lhe perguntaram especificamente sobre os contatos que tinha, e o senhor não respondeu isso.

Prince: Acho que ninguém me fez essa pergunta.

Eu: Perguntaram-lhe: "O senhor teve alguma comunicação ou contato formal com a campanha?" E o senhor respondeu: "Além de escrever documentos e colocar placas de quintal, não." Foi isso o que o senhor disse. Aqui está a transcrição da conversa.

Nesse ponto, o confiante Prince começou a gaguejar e hesitar. Suas próprias palavras o encurralaram. Eu literalmente imprimi partes de seu depoimento no Congresso e as trouxe comigo para mostrar a ele na entrevista. Eram meu sustentáculo — e minha prova. E também tinha escolhido palavras mágicas para subsidiarem esse recibo mágico: "Eis a transcrição da conversa." Como ele poderia se defender disso sem sair correndo do palco?

.....................

Recibos podem aumentar nossa confiança e diminuir a do adversário. Quando mencionamos fatos sólidos a ele, e temos as fontes para nos apoiar, não precisamos de paixão ou ira, nem precisamos erguer a voz ou de um tom animado. Os fatos falam por si sós. Os recibos fazem todo o trabalho.

Considere esta entrevista que realizei com Steven Pinker, o aclamado psicólogo experimental de Harvard, figura pública intelectual e autor de best-sellers. Em 2018, Pinker compareceu no *UpFront* para promover seu livro *O novo Iluminismo*, que defende o argumento otimista de que os seres humanos evoluíram para melhor como nunca antes, graças à razão, à ciência e ao pensamento baseado em evidências. Trata-se de um argumento que ele sustenta com base em um punhado de dados de ciências sociais e uma multidão de notas de rodapé. Mas eu tinha meus próprios recibos para apresentar em resposta.

> EU: Tomemos a pobreza mundial. Um dos capítulos de seu livro fala sobre a prosperidade. O senhor defende que o mundo está mais próspero e menos pobre do que nunca, recorrendo a dados que mostram que o número de pessoas que vivem em extrema pobreza, tal como definido pelo Banco Mundial hoje em US$1,90 por dia, caiu de 2 bilhões em 1990 para 700 milhões em 2015. O senhor afirma que o mundo caminha para se tornar de classe média. Mas o senhor obviamente sabe — e sei que o senhor sabe, por ser uma pessoa bem inteligente e qualificada — que existem diversos estudos e muitos acadêmicos segundo os quais a pobreza é uma medida arbitrária, imprecisa; que, na verdade, para citar um artigo acadêmico recente de um antropólogo da LSE [London School Economics]: "Cerca de 4 bilhões de pessoas continuam na pobreza hoje em dia; cerca de 2 bilhões ainda passam fome, mais do que nunca antes na história."
>
> PINKER: A mudança dos números é totalmente irrelevante. É claro que a definição de extrema pobreza será arbitrária. Se elevarmos os requisitos, então mais pessoas serão pobres; se os reduzirmos, menos pessoas. Mas independentemente de qual limite estabeleçamos, a direção sempre será para baixo.
>
> EU: Isso não é verdade.
>
> PINKER: É sim.
>
> EU: Na verdade, ao analisar o trabalho feito por Jason Hickel na LSE, se fixarmos o limite em US$5, cerca de 1 bilhão de

indivíduos são acrescentados ao número de pessoas pobres desde 1981. A tendência é exatamente contrária ao fixá-la em US$5 por dia.

Esse foi meu Recibo n.°1, citando uma fonte acadêmica.

PINKER: Em termos da proporção de pessoas em absoluta... na pobreza por esse critério?

EU: Não, simplesmente o número de pessoas. Um bilhão de pessoas são acrescentadas à pobreza total desde 1981.

PINKER: Sim, mas bilhões de pessoas foram acrescentadas ao mundo como um todo. Isso é relevante como proporção.

EU: Mas o senhor também usa números absolutos em seu livro. O senhor disse que caiu de 2 bilhões para 700 milhões.

Esse foi o Recibo n.°2, citando o próprio livro dele.

PINKER: Eu fiz essa observação ao menos segundo a definição mais amplamente aceita de extrema pobreza; é interessante que os números absolutos também caíram. Mas o ponto principal é a proporção, porque mais pessoas foram incluídas, então tudo aumenta.

EU: O senhor disse "amplamente aceita". Esse é o ponto. O senhor não reconhece isso no livro, não há ressalvas, onde diz... por exemplo, o professor Lant Pritchett, um colega seu de Harvard, um economista desenvolvimentista que estuda essas coisas, disse que o limite de pobreza não deveria ser US$1,90; deveria ser US$12, US$15 por dia, e quando fazemos essa simples alteração estatística, toda a visão de pobreza muda, e os argumentos de seu livro basicamente caem por terra, não é?

Esse foi o Recibo n.°3, citando outro professor de Harvard, um verdadeiro especialista sobre pobreza mundial, a esse professor de Harvard, que não é especialista.

Três argumentos de Pinker. Três contra-argumentos meus — e cada um deles com recibos. E, por sua vez, todos esses recibos incluíram outros especialistas na conversa — da minha parte. Quando permitimos que os recibos falem, criamos um coro de fontes do nosso lado, todas atuando em desfavor do oponente. E se o outro não tomar cuidado, suas próprias palavras podem se voltar contra ele.

Steven Pinker, Slavoj Žižek, John Bolton são interlocutores inteligentes e experientes. Mas se tivermos recibos, não precisaremos nos sentir intimidados pelo intelecto, pelas qualificações ou pela confiança de um opositor. Esses recibos se tornarão uma arma inquestionável. E poderão até se tornar nossa marca registrada.

No outono de 2019, em uma gravação ao vivo de meu antigo podcast, *Deconstructed*, perante um público em Washington, DC, comecei perguntando a uma de minhas convidadas, a congressista Ilhan Omar, por que ela estava apoiando Bernie Sanders em vez de Elizabeth Warren nas primárias democratas da eleição presidencial.

É claro, eu tinha contexto suficiente para incluir na conversação. Em uma entrevista comigo, apenas um ano antes, ela se opusera a Sanders. Assim, perguntei-lhe por quê. Ela não havia dito que talvez a candidatura de Sanders tenha sido uma "oportunidade perdida", e que ela sempre se considerou "parte do partido Warren"?

A congressista ouviu minha pergunta, deu um grande sorriso e encarou a assistência. "Mehdi sempre traz os recibos", disse ela, tirando gargalhadas do público.

E trago mesmo. E para vencer todas as discussões, você deveria fazer o mesmo.

# 4

# FIQUE DE OLHO NO JOGO... E NO JOGADOR

Apenas um idiota ignoraria argumentos ad hominem.

— Tom Whyman, filósofo

Como o incrivelmente desqualificado Donald J. Trump, um ex-astro de um reality show da TV e um incorporador de imóveis fracassado, derrotou dezesseis rivais na corrida para se tornar o candidato presidencial republicano de 2016? Eles não eram dezesseis incompetentes (nem todos, ao menos). Eram grandes figuras do partido na época: senadores, governadores, líderes empresariais e até um candidato que era irmão de um ex-presidente e filho de outro.

Trump os venceu nos debates por ser mais inteligente que eles? Por apresentar políticas melhores? Por ter levantado mais dinheiro?

Ou foi... provocando-os e diminuindo-os com apelidos infantis?

Marquinhos. Ted Mentiroso. Jeb Cansado. Rand Esquisitão.

As táticas de Trump foram ridicularizadas em quase todos os círculos políticos e midiáticos. Na época, um especialista criticou duramente Trump pelo seu “uso de ataques mordazes e ad hominem”, referindo-se a ele como "campeão de debates do pátio escolar". Outro disse que ele "aperfeiçoou a arte do ataque ad hominem" e "insultou até chegar ao topo do Partido Republicano". O então candidato presidencial foi visto como um estranho desbocado, um controversista sem limites.

Bem, não estou questionando essa descrição dele, mas e se eu lhe dissesse que as táticas malignas de Trump não são tão diferentes daquelas empregadas por um dos oradores mais respeitados e bem-sucedidos da história da humanidade?

Na Roma Antiga, o estadista, advogado e retórico Marco Túlio Cícero se destacou pelos insultos dirigidos a seus rivais. Ele foi um assassino de caráter por excelência, com um "dom para a injúria", observou o autor Sam Leith. Como a historiadora clássica Valentina Arena destacou, em uma famosa discussão, Cícero chamou seu oponente, Piso, sogro de Júlio César, de *belua* ("monstro"), *bustum rei publicae* ("pira funerária da comunidade"), *carnifex* ("açougueiro"), *furcifer* ("canalha"), *maialis* ("porco castrado") e *inhumanissimum ac foedissimum monstrum* ("o monstro mais terrível e desumano"). Arena acrescentou que Cícero também zombava da aparência física do opositor, incluindo suas "bochechas cabeludas e dentes descolorados". (Positivamente trumpiano!)

A expressão latina *ad hominem* significa literalmente "à pessoa" — assim, um argumento ad hominem é aplicado ou dirigido contra a pessoa. Outra historiadora clássica diz que a verdade é que os xingamentos e os argumentos verbalmente abusivos faziam parte do modo de vida da Roma Antiga; eram métodos "arraigados e aceitos" na oratória e nos debates políticos.

Hoje em dia, porém, esses ataques ciceronianos são vistos como além dos limites, uma área proibida na discussão do dia a dia e no debate formal. Os argumentos ad hominem são encarados quase que universalmente como muito *ruins*.

Em esportes como futebol ou basquete, os jogadores são ensinados a jogar limpo, isto é, ao disputar um lance de jogo, visar a bola, não o jogador adversário — mas assim que começássemos a atingir, de propósito, outros jogadores, isso seria jogar sujo. Seríamos punidos. Em clubes de debate do ensino médio nos EUA e em cursos de faculdade ao redor do mundo, encontraremos professores que incentivam os alunos a agir da mesma maneira. Os alunos são ensinados a diferenciar seu oponente dos argumentos dele.

O raciocínio por trás disso faz total sentido. Em teoria, os méritos de uma pessoa são *irrelevantes* caso seu argumento faça sentido. Um argumento só precisa que sua conclusão corrobore sua premissa; pode-se dizer que o orador não passa de um mensageiro. É como muito bem observado pelo acadêmico Michael Austin, autor do best-seller *Reading the World* [sem publicação no Brasil]: "Se Adolph Hitler dissesse que o mundo era redondo, isso não o tornaria plano."

Assim, praticamente todos os manuais introdutórios de filosofia, lógica ou retórica colocam os argumentos ad hominem no capítulo sobre falácias lógicas. Ou seja, eles são *literalmente erros de raciocínio.* Essa é a sabedoria convencional. Ela diz que atacar o oponente em vez de seu argumento é (1) um exemplo do que se conhece como "falácia informal", na qual se chega a uma conclusão usando premissas falsas; (2) um reconhecimento implícito de que o argumento não possui bases sólidas e cuja intenção é atacar o opositor; e (3) um sinal de grosseria e desrespeito gratuitos em relação ao interlocutor.

Eu não discordo, em essência, desses três pontos. Eles são intrinsecamente válidos — e bastante verdadeiros. Mas eu responderia simplesmente fazendo a pergunta do filósofo Tom Whyman: "Se os argumentos ad hominem são ilegítimos, *por que são tão úteis*?"

Veja bem, sim, em teoria, poderíamos atacar os méritos do próprio argumento e não a pessoa que o propõe. Porém, no mundo real, visar tanto o jogo como o jogador pode ser uma tática muito eficaz e, muitas vezes, necessária. Ela pode desacreditar nosso oponente *e* seu argumento ao mesmo tempo. Pode conquistar um público cético e *nos* dar a vantagem. E — vou lhe contar um segredo bem guardado — não necessariamente se trata de um argumento falacioso.

Se você tiver uma objeção ancorada em um ideal de conduta contra comprar briga com os outros, talvez seja melhor pular para o próximo capítulo. Mas se quiser vencer uma discussão usando todos os meios necessários, continue lendo.

## VISE O ETHOS DO OPONENTE

Lembra-se do ethos — o último dos três "modos de persuasão" de Aristóteles? Como o grande filósofo explicou em seu *Retórica*, "a persuasão é obtida por intermédio do caráter pessoal do orador quando o discurso é feito para nos fazer considerá-lo crível". Ele destacou muito bem que tendemos a acreditar "em homens bons mais plenamente e com mais prontidão do que em outros: em geral, isso acontece independentemente da questão, e decerto acontece quando não se pode ter certeza de algo e quando as opiniões estão divididas". Aristóteles prosseguiu, dizendo não ser verdade que "a bondade pessoal revelada pelo orador não contribui em nada para seu poder de persuasão; ao contrário, seu caráter quase pode ser classificado como o meio mais eficaz de persuasão que ele tem".

Para aqueles que dizem "vise o jogador, não a bola", Aristóteles também poderia estar lhes dando um alerta. Se o caráter e a reputação de uma pessoa são "o meio mais eficaz de persuasão", então seria perigoso ignorá-los. Se não estivermos dispostos a criticar a credibilidade do nosso opositor, lhe cedemos uma vantagem logo de cara.

Pense nisso. Se nosso oponente leu o *Retórica* de Aristóteles e entende a importância dos três modos de persuasão, então ele se esforçará para convencer o público de seu ethos, de sua credibilidade pessoal, como uma forma de dar substância a seu argumento. Por que *não* desejaríamos lançar um ataque contra esse ethos? Por que essa não seria a *chave* para sermos bem-sucedidos em vencer a discussão?

Até Michael Austin, que escreveu um manual best-seller de introdução à retórica, concordou de maneira discreta:

> Eu geralmente não abordo essa questão no primeiro ano de faculdade, mas o fato é que os argumentos *ad hominem* costumam ser a resposta mais apropriada e lógica às afirmações de outra pessoa. Isso é verdade porque a maioria dos argumentadores se baseia no próprio caráter, experiência e credibilidade ao fazer uma afirmação. Se alguém baseia uma afirmação

em um argumento *pro hominem* (o que costumamos chamar de "recorrer à autoridade"), então o argumento *ad hominem* se torna uma resposta necessária e adequada.

O que isso significa? Que se nosso oponente for mais ou menos decente, fará menção à sua experiência e perícia e contará histórias pessoais para ganhar a confiança do público. Nesse meio tempo, o que estamos fazendo? Deixaremos tudo isso passar sem questionar? Não é um bicho de sete cabeças. Queremos que o público confie e acredite em nós — não em nosso opositor. E isso significa que não podemos simplesmente deixá-lo vencer. Precisamos estabelecer nossa própria credibilidade e questionar a do outro.

E, para tal, é necessário usar argumentos ad hominem — as falácias lógicas e as boas maneiras que se danem! Mas como saber quando sacar essas armas pesadas? E como usá-las sem que o tiro saia pela culatra? Para entender como atacar o ethos do adversário, é melhor começar entendendo os tipos básicos de *argumentum ad hominem* — e por que, a meu ver, eles são totalmente legítimos.

A seguir, veremos as três formas mais comuns de ad hominem.

## 1. Ad hominem: abusivo

Podemos chamar esse de "especial de Trump": um argumento, tal como o nome sugere, baseado no abuso verbal e xingamentos. Ele, implacável e constantemente, destaca alguma falha de caráter, real ou imaginária, do oponente.

Quantas vezes Trump chamou Hillary Clinton de "corrupta" — sem nenhuma evidência real! — durante a campanha presidencial de 2016? E isso deu ou não deu certo? Agora pense em Joe Biden, na campanha eleitoral de 2020, rotulando Trump de "racista". (Embora, para ser justo, havia bastante evidência para essa acusação!)

Os críticos diriam que esse argumento era uma falácia — porque, quer Hillary fosse "corrupta" ou Trump "racista", os argumentos deles sobre cuidados infantis ou diminuição dos impostos precisavam se basear em seus próprios méritos.

Eles estão errados. Como Bruce Thompson, um filósofo e especialista em falácias informais, reconheceu, é possível defender o ad hominem abusivo nesse caso.

> Pessoas que forneceram informações confiáveis e exatas no passado provavelmente também o farão no futuro; pessoas que basearam seus argumentos em informações sem fundamentos ou imprecisas no passado provavelmente não são dignas de serem ouvidas agora. Quando a qualidade de um argumento se baseia na precisão e confiabilidade de supostos fatos, e quando não é conveniente checarmos esses fatos por conta própria, não seria uma falácia levar em conta a reputação da pessoa que os está mencionando.

O ad hominem abusivo tem tudo a ver com a reputação do oponente. Tem tudo a ver com seu ethos. Se a pessoa no outro lado não for uma pessoa boa ou honesta, se já se mostrou não confiável ou falso no passado, isso deverá afetar como o público considerará seu argumento atual. Então, *diga isso*!

## 2. Ad hominem: circunstancial

Esse tipo de argumento ataca o oponente dizendo que sua afirmação é motivada por suas próprias circunstâncias ou situação pessoal — talvez devido a algum viés oculto ou conflito de interesses.

Os exemplos disso são *abundantes*. E se um estudo que sugere que a mudança climática não é tão ruim quanto imaginávamos... viesse de empresas de combustível fóssil? Isso poderia ativar alguns sinais vermelhos. E se uma "mãe comum" na TV, falando contra a teoria crítica da raça nas escolas fosse... uma ex-colaboradora do partido republicano? Surpresa! Talvez algo diferente esteja acontecendo.

Os críticos diriam que um argumento ad hominem circunstancial é uma falácia porque se um estudo desses fosse financiado por empresas de combustível fóssil, isso não o tornaria automaticamente incorreto. As afiliações políticas da mãe não negariam a possibilidade de que realmente pode haver um problema com a teoria crítica da raça nas escolas. (Não há, mas isso é um assunto para outro livro!)

Contudo, os críticos se enganam aqui — ou ao menos estão sendo absolutistas. Afinal, o objetivo do ad hominem circunstancial não é desconsiderar terminantemente um argumento, mas se certificar de que é necessária uma análise mais aprofundada da pessoa que o está utilizando. O filósofo David Hitchcock escreveu que o objetivo é se certificar de que estamos atentos a possíveis vieses. Para evitar a ingenuidade ou sermos enganados.

Gostaria de destacar aqui que uma obsessão com as falácias informais ignora a realidade da natureza humana. Nós, seres humanos, temos a tendência de intuitivamente suspeitar de conflitos de interesses. Em 2018, um estudo coescrito pelo psicólogo Ralph Barnes, da Universidade Estadual de Montana, concluiu que "alegações de conflito de interesses podem influenciar tanto quanto as alegações inquestionáveis de fraude" quando o assunto é se as pessoas estão dispostas ou não a acreditar em afirmações feitas por cientistas. De fato, esse estudo revelou que apontar um conflito de interesses é uma maneira tão eficaz de desacreditar a afirmação de um cientista quanto questionar a "base empírica" dela.

### 3. Ad hominem: tu quoque

Esse tipo de argumento tem tudo a ver com a hipocrisia. *Tu quoque* literalmente significa "você também". Um argumento tu quoque ataca o opositor focando palavras e ações dele que contradizem ou levam as pessoas a duvidar das afirmações que ele está fazendo. Esse tipo de argumento questiona como o oponente pode defender determinado ponto de vista e/ou posição se nem ele os segue ou consegue seguir.

No constante debate sobre o aborto, por exemplo, aqueles que são pró-escolha pessoal nos Estados Unidos gostam de mencionar "uma notória lista de homens republicanos que são publicamente contra o aborto, mas que, privadamente, apoiaram mulheres que escolheram fazer abortos", tal como relatado no *Guardian* em 2018.

Os críticos diriam que esses legisladores republicanos — incluindo Tim Murphy, o republicano de Pensilvânia pró-vida que se demitiu do Congresso em 2017 após descobrirem que ele havia pedido à sua amante para fazer um aborto — realmente são grandes hipócritas. Entretanto, os pedantes da lógica nos lembrariam que a hipocrisia é irrelevante para qualquer argumento sobre se a vida começa na concepção, se o feto sente dor ou sobre a data apropriada de viabilidade.

Novamente, porém, os críticos não estão conseguindo entender a questão central. A ideia do tu quoque, nesse caso específico, seria fazer um legislador republicano tentar responder por seu comportamento inconsistente. Seria realmente desarrazoado pedir a uma pessoa para explicar por que seus atos não correspondem às suas palavras? E quem se importa se uma conclusão foi obtida de forma lógica e dedutiva quando o objetivo do tu quoque é verificar como agimos em relação às nossas crenças *na vida real*. Se exigirmos que os demais sigam regras que nós não seguimos ou não conseguimos seguir, talvez haja um problema com essas crenças. No mínimo, vale a pena colocar nosso oponente "sob os holofotes" e convidá-lo a "explicar" a inconsistência.

Guarde seu manual de lógica. Precisamos tratar o *argumentum ad hominem*, tal como dito pelo filósofo Alan Brinton, "primariamente, como um fenômeno *retórico* em vez de lógico acima de tudo". A retórica é a arte da persuasão, e devemos enxergar a utilidade dos argumentos ad hominem através dessa lente, em vez de nos "concentrar de forma tão limitada nas relações entre premissas e conclusões".

Cada um dos três tipos comuns de ad hominem ocupa um lugar útil no conjunto de ferramentas dos grandes debatedores. Mas é preciso aplicá-los da maneira correta. Exagerar no uso do ad hominem para invalidar uma conclusão será, de fato, uma falácia. Em vez disso, podemos incorporá-los à nossa argumentação como um todo. Se usarmos um argumento ad hominem para levantar a questão do viés, questionar a credibilidade do opositor ou colocá-lo na defensiva, então essas serão estratégias retóricas legítimas e apropriadas utilizadas há séculos, desde as antigas Grécia e Roma. Elas passam longe da condição de falácias.

Novamente, isso não é tão complicado. O fato de que um argumento ad hominem *pode* ser uma falácia não significa que ele *é* uma falácia.

E isso não é apenas minha opinião. O filósofo canadense David Hitchcock, professor emérito na Universidade McMaster, argumentou em um amplo ensaio sobre esse assunto que "não existe isso de falácia ad hominem". Por quê? Porque questionar o ethos do interlocutor às vezes é uma *garantia*. Como Hitchcock conclui: "Uma estratégia que às vezes é legítima e às vezes é um erro não é uma falácia."

Entendeu? Os guardiões da sabedoria convencional estão errados. Até os grandes filósofos dizem que não há nada de errado com os argumentos ad hominem *abusivos*, *circunstanciais* e *tu quoque*, desde que sejam usados de forma correta: não para atacar o logos de um argumento, mas para questionar o ethos. A credibilidade é um recurso de qualquer discussão, e se a credibilidade de seu oponente não for uma garantia, não deixe de questioná-la. E não permita que ninguém o convença do contrário. (Notou meu argumento pro hominem aqui?)

## PLANO DE ATAQUE

Até então, estabelecemos que os argumentos ad hominem são bons, porém recebem uma má fama pelos motivos errados. Mas como usá-los? Qual é a melhor forma de empregar o *argumentum ad hominem* em um debate ao vivo ou em um confronto do mundo real?

Para começar, para argumentar "contra a pessoa", precisamos saber tudo que pudermos sobre ela. Precisamos estar dispostos a examinar e pesquisar o histórico, a biografia e o currículo de nosso opositor. Precisamos nos familiarizar com suas declarações e ações passadas, e *especialmente* com quaisquer escândalos ou controvérsias com os quais ele se envolveu.

Mais para frente neste livro, abordarei a importância dessa tarefa — apresentando algumas das melhores práticas de pesquisa e investigação. Mas, neste capítulo, suponhamos que já fizemos nossa pesquisa e sabemos que há bases legítimas para um argumento ad hominem.

Então, a pergunta essencial é: Como atacar? Como vencer a batalha contra o ethos — estabelecendo nossa autoridade própria enquanto minamos a do adversário? O melhor plano de ação, do meu ponto de vista, é questionar três aspectos do oponente: seu caráter, suas credenciais e suas afirmações. Se eles caírem por terra, o oponente também cairá.

## 1. Questione o caráter

Haverá muitas ocasiões na vida em que nos depararemos com pessoas vomitando ódio e preconceito. Será que deveríamos só... ignorar? Em uma tentativa piedosa, elevada e orientada por manuais para nos concentrarmos apenas na lógica dos *argumentos* deles? Sério?

Eis um exemplo extremo: você permitiria que alguém reconhecidamente nazista abordasse a questão do, digamos, antissemitismo perante um público sem destacar que essa pessoa é um *nazista*? E se esse nazista fosse um orador inteligente e eloquente, capaz de apresentar um argumento aparentemente lógico e coerente, com fatos e números, sobre por que os temores relacionados com o antissemitismo são exagerados ou irrelevantes? Continuaria se apegando aos méritos do argumento ou abordaria o óbvio?

É claro que você incluiria o *nazismo* do nazista como parte de sua resposta. Talvez os argumentos dele *pareçam* inofensivos no palco; talvez ele tenha regulado o tom justamente para conquistar o público em geral. Mas se você puder mostrar que quando seu opositor não está no palco ele *rapidamente* vai a extremos, isso seria uma coisa importante a se observar! Com esse exemplo, o escritor Allen Versfeld destacou que seu "histórico de declarações antissemitas se torna absolutamente relevante para a discussão, mesmo que isso seja, tecnicamente falando, um ataque ad hominem".

Às vezes precisamos "expor" — ao público! — a má pessoa por trás de um argumento que talvez seja bom. Às vezes, como Versfeld destaca, a pessoa é o problema, então, o argumento deve ser feito *contra a pessoa*.

Não tenha medo de *identificar* quem realmente é seu oponente. Não tenha medo de *definir* quem realmente é seu oponente. Não tenha medo de *caracterizar* seu oponente, não apenas seu argumento.

No entanto, não precisamos lançar um ataque total e aberto contra ele. Há formas mais sutis e inteligentes de questionar o caráter e a moral de um adversário. Um de meus ataques favoritos aconteceu na

Flórida, em outubro de 2018. Em um debate governamental televisado, pediu-se ao candidato democrático Andrew Gillum para abordar a questão do racismo, e ele escolheu falar sobre a campanha racista de Ron DeSantis, seu oponente, no dia seguinte:

> Antes de mais nada, DeSantis conta com a ajuda de neonazistas no estado. Ele discursou em conferências racistas. Aceitou uma contribuição, que não queria devolver, de alguém que se referiu ao ex-presidente dos Estados Unidos como um "negão muçulmano". Quando lhe pediram para devolver o dinheiro, ele se recusou... Não estou chamando o Sr. DeSantis de racista; estou simplesmente dizendo que os racistas acham que ele é racista.

Ai! DeSantis pode ter ganhado essa corrida eleitoral para governador com uma margem bem estreita, mas nunca conseguiu se recuperar desse ataque de caráter — bastante legítimo e relevante! — da parte de Gillum.

## 2. Questione as credenciais

Em qualquer debate, de qualquer nível, todos os oradores que já leram alguma página de Aristóteles saberão da importância de suas credenciais — sua experiência, autoridade e qualificações. E recorrerão ao próprio ethos desde o início.

Mas é interessante que se o oponente decidisse *atacar* essas credenciais, isso seria considerado falácia — a "falácia das credenciais", para ser exato. Essa ideia segue a lógica de que, no fim das contas, um argumento não *depende* de um conjunto de credenciais ou qualificações, de modo que seria uma falácia desconsiderar um argumento só porque a pessoa que o defende não tem as credenciais apropriadas.

Isso não deixa de ser verdade, se nos basearmos apenas em evidências, fatos e estatísticas concretas para defender um argumento. Mas *assim* que nosso opositor pede ao público para confiar em suas credenciais — então não seria errado atacar.

Michael Austin, o acadêmico e especialista em retórica, acaba com a barreira entre falácia e jogo limpo:

> Não seria falácia refutar diretamente as afirmações durante a fala. Se alguém apresenta um argumento estatístico abstrato sobre a eficácia de certo procedimento médico, então sua evidência deve poder se sustentar por si só. No entanto, quando alguém diz "confie em mim, sou médico", então a integridade e todo o histórico escolar dele se tornam completamente relevantes à questão em pauta.

Quer gostemos, quer não, o público quase sempre se conecta com a credibilidade ou com as credenciais do orador. É por isso que os médicos e cientistas saturaram os meios de comunicação durante a pandemia; por que generais aposentados dominaram os noticiários na TV a cabo durante a invasão da Rússia à Ucrânia; por que advogados e, em especial, ex-procuradores estavam sendo entrevistados e citados na mídia norte-americana ao longo dos dois julgamentos de impeachment de Trump. Essas pessoas eram vistas (e com razão) como especialistas em seus campos, especialistas no tópico em questão, e os telespectadores em casa tendiam a confiar no critério *deles* em vez no de um repórter ou estudioso aleatórios.

Mas se as credenciais dessas pessoas forem desapontadoras, questione-as. Quão boas são essas qualificações para início de conversa? Que relevância têm para o assunto em questão? Elas exageram ou passam uma ideia errada de si mesmas?

Ademais, essas objeções podem ser apresentadas com educação. Não é preciso xingar ou menosprezar ninguém. Faça uma série de perguntas para estabelecer, na frente da assistência, que seu oponente não deve ser levado a sério: *O que exatamente você sabe sobre isso? Quando você se tornou um especialista nesse assunto? Que qualificações você tem para julgar essa questão?* Se ele não conseguir respondê-las, seu público começará a duvidar do verdadeiro mérito por trás de todas essas credenciais.

De fato, o que eu fiz quando me deparei com três oponentes anti-islâmicos raivosos em um debate sobre o islamismo e paz na Oxford Union em 2013? Simples. Questionei suas credenciais:

> Algo que achei bastante curioso esta noite foi que estamos debatendo sobre o islamismo, e a oposição que se pronunciou é constituída de uma graduada em direito, um graduado em história moderna e um graduado em química. Admiro todos eles por seu intelecto e capacitação, mas não temos ninguém que seja, de fato, um perito no islamismo, um estudioso do islamismo, um historiador do islamismo, alguém que fala árabe, nem sequer um especialista em terrorismo ou em segurança, ou um pesquisador para falar sobre o que os muçulmanos acreditam ou pensam. Em vez disso, temos pessoas que vieram até aqui e apresentaram esse ponto de vista, essas opiniões abrangentes.

Quando disse isso, meus oponentes — a ativista Anne Marie Waters, o jornalista Daniel Johnson e o cientista Peter Atkins — ficaram sem reação. Eles literalmente ficaram sem resposta!

## 3. Questione as afirmações

O que quero dizer com essa terceira instrução, *questione as afirmações*? Não me refiro à *substância* das afirmações do opositor. Isso não seria um argumento ad hominem. Refiro-me a questionar seu *histórico* de afirmações passadas.

À medida que a pandemia da Covid-19 se espalhava, por exemplo, muitos especialistas com boas credenciais fizeram afirmações *terríveis* — e não apenas uma vez, mas duas, três ou mais vezes. Em fevereiro de 2022, entrevistei a Dra. Monica Gandhi, uma médica infectologista da Universidade da Califórnia, São Francisco, em um programa transmitido à noite no Peacock [um streaming de vídeo]. Àquela altura da pandemia, ela estava sendo alvo da ira e da crítica dura de muitos de seus colegas e epidemiologistas em razão de seu histórico de predições superotimistas sobre o "fim" da pandemia — a ponto de sorrir ao diminuir a seriedade das variantes da Covid-19 dizendo "que variantes que nada" apenas semanas antes da chegada da Delta nos Estados Unidos. Mas ela continuava gerando audiência recorrendo à sua formação como médica e fazendo projeções esperançosas. Assim, decidi questionar todas as afirmações superotimistas, deficientes e falsas dela em uma única e épica pergunta:

> Dra. Gandhi, uma das maiores críticas contra a senhora centra-se em suas contínuas predições bastante otimistas, que nunca se concretizam. Eu gostaria de falar sobre algumas delas. Assim, peço que aguarde, e depois a senhora poderá comentar.
>
> A senhora disse o seguinte em fevereiro, um mês antes do início da terrível segunda onda na Índia, que matou centenas de milhares, se não milhões, de pessoas: "A população da Índia... já está imune."
>
> Em março, antes das variantes Delta e Omicron chegarem aqui, nos EUA, a senhora afirmou: "Eu genuinamente gostaria de me desculpar, de todo meu coração, por qualquer um que continua tentando assustá-los com as variantes."
>
> Em maio, a senhora deu não um, mas sete motivos pelos quais não precisamos de vacinas de reforço.
>
> Também em maio, a senhora disse que até 15 de junho, a população da Califórnia, seu estado, "estaria imune".
>
> Em junho, a senhora declarou que não precisávamos encarar o Delta como uma "perdição", e em julho, garantiu: "O que sabemos sobre a variante Delta é tranquilizador."
>
> Em setembro, a senhora disse: "Acho que estamos no fim... até meados de outubro, estaremos em uma condição administrável."
>
> E em dezembro, a senhora afirmou: "A Omicron não lotará hospitais em área vacinadas." Mas lotou.
>
> Em que ponto, Dra. Gandhi, a senhora diz: "Talvez eu devesse parar de fazer predições perigosamente errôneas"?

Ela tentou defender seu histórico, mas, no fim, reconheceu: "Sim, acho que depende de... sim... sinto muito. Tentarei não fazer mais predições." Foi difícil reconhecer isso! Mas, alerta de spoiler: desde então, ela continuou fazendo predições sobre a pandemia.

Há muitos especialistas e comentaristas que cometeram grandes erros de julgamento em questões de importância mundial, resultando em consequências muito ruins. E muitos deles continuam fazendo isso, sem encarar as consequências, ainda recorrendo à sua experiência. Por que deveríamos deixar isso passar? Por que deveríamos ignorar seu histórico terrível e nos concentrar apenas na suposta *lógica* de cada argumento individual? A certa altura, uma tendência é uma tendência, e seria tolice fingirmos o contrário.

Portanto, use as afirmações anteriores de seu oponente contra ele. Ele tem um passado, registros, um histórico — que nos mostra como seus critérios se sustentam em relação à realidade. Se nesse histórico houver muitas falhas e erros de critério — previsões ou discórdias terríveis, uma após a outra —, então chame a atenção para isso!

Já venho empregando essa tática contra um *periódico*. Em outubro de 2013, compareci ao *Question Time* [um programa de TV da BBC] na semana depois que o jornal *Daily Mail* do Reino Unido publicou um artigo sobre Ed Miliband, um judeu refugiado da Bélgica e o falecido pai e líder do Partido Trabalhista. A manchete era "O Homem Que Odiou a Inglaterra". Esse foi um ataque grotesco, com uma "pontada de preconceito antissemita", para citar meu amigo Jonathan Freedland, do *Guardian*.

Quentin Letts, um colunista de longa data do *Daily Mail* também participava do painel do *Question Time* daquela noite em Birmingham. Obviamente, ansiava defender seu empregador no ar e o artigo em questão. "Foi totalmente inadequado?", perguntou Letts. "Acho que não." Mas quando chegou minha vez de falar, não deixei de fora nada que fosse inadequado. Virei-me para o público no estúdio e disse:

> Permita-me lhe fazer esta pergunta: Quando se refere àquele que odeia a Inglaterra, ou àquele que tem um mau legado, quem *o senhor* acha que tem um mau legado? Um homem que puxou o saco dos nazistas, que se tornou amigo de Joseph Goebbels e elogiou Hitler na preparação para a Segunda Guerra Mundial — o dono e fundador do *Daily Mail*, Lord Rothermere? Ou um homem que serviu na Marinha Real e arriscou a vida por sua terra adotiva, Ralph Miliband? Quem o senhor acha que odiou mais a Inglaterra? E isso não se limita apenas a Ralph Miliband. Isso ocasionou todo um debate sobre o *Daily Mail*.

Letts tentou me interromper nesse ponto, mas eu tinha apenas começado a argumentar.

> Quentin, deixe-me terminar, e então o senhor pode falar. Esse é um jornal que, em anos recentes, publicou que não havia nada de natural na morte do popstar gay Stephen Gately, que disse que os franceses deviam votar em Marine Le Pen para a Frente Nacional, que atacou Danny Boyle por permitir que um casal inter-racial estivesse na cerimônia de abertura das Olimpíadas e que chamou Mo Farah de "britânico de plástico". Então, vamos debater sobre "quem odeia a Inglaterra" mais. Porque não se trata apenas de um judeu refugiado da Bélgica que serviu na Marinha Real. E sim do *Daily Mail* atacando imigrantes, falando mal de mulheres, manchando a reputação de muçulmanos, minando o Serviço Nacional de Saúde e fazendo insinuações sobre a sexualidade das pessoas.

O público aplaudiu em aprovação enquanto a câmera enquadrava um Letts silencioso e atônito na minha frente. Perceba que, para obter essa reação, não me baseei *apenas* em um ataque limitado. Visei o jogador e o jogo — estabeleci meus motivos de por que o *Daily Mail* estava errado sobre Ralph Miliband e *então* expliquei o que havia de errado com o próprio *Daily Mail*.

Isso é o que torna um argumento ad hominem mais eficaz. Queremos desmantelar as menções do opositor às suas afirmações de autoridade — ethos — e *também* apresentar um argumento que se ancora em seus méritos — logos. Essa combinação é tão poderosa que o pathos praticamente acontece por conta própria.

Claro, Aristóteles disse que os três devem trabalhar em harmonia, e por um bom motivo. O logos e o pathos ganham o destaque, mas o ethos é mais discreto, silenciosamente servindo como o "meio mais eficaz de persuasão". Sinta-se à vontade para fortalecer seu ethos perante o público. Mas como ganhar vantagem sobre o oponente nesse terceiro campo fundamental? *Argumentum ad hominem*.

## CUIDADO COM O CONTRA-ATAQUE

Não vou fingir que o argumento ad hominem não é uma estratégia arriscada. Se vamos atacar, seremos atacados. Porque Jesus estava certo: aqueles que vivem pela espada, costumam morrer pela espada. Se quisermos atacar o caráter, as credenciais (ou a falta delas) ou o histórico de más afirmações do adversário, precisamos nos preparar para quando ele *nos* contra-atacar.

Por exemplo, depois de comparecer no *Question Time*, eu sabia que o *Daily Mail* viria atrás de mim. Era inevitável. Afinal, era o *Daily Mail*! Assim, no dia seguinte, o jornal vazou um trecho de uma carta que eu tinha escrito para o veículo há três anos pedindo uma oportunidade para escrever nele.

*Vejam: Hasan, o hipócrita!*

Quando as coisas começam a esquentar para o nosso lado, como *devemos* responder? Como nos preparar para o ataque?

Há várias formas de lidar com um ataque contra nosso caráter ou histórico. Primeiro, podemos recorrer à velha sabedoria convencional e dizer que o nosso oponente se vale de um argumento ad hominem! Uma possibilidade é caracterizar tais ataques como uma falácia lógica ou um golpe baixo. Mas *isso* poderia soar como um golpe baixo, após eu passar tantas páginas defendendo os ataques ad hominem. Mas é uma técnica de defesa que podemos usar se não tivermos escolha. E o fato é que nem todos os ad hominem *são* relevantes. No caso em questão, o fato de que eu tinha escrito uma vez ao *Daily Mail* não muda o que mencionei no *Question Time* perante um público de milhões de pessoas.

Segundo, podemos assumir o que foi dito. Podemos assumir quaisquer ataques a nosso caráter ou histórico. Se dissemos algo errado, idiota ou contraditório no passado, é melhor aceitar, nos desculpar e seguir em frente. Em 2013, não demorei para reconhecer como fiquei "envergonhado" pela carta "bajuladora" que eu remetera ao *Mail* há três anos, quando era um jornalista jovem e ambicioso. Foi justo!

Terceiro, podemos contra-atacar utilizando o argumento ad hominem e chamar isso de autodefesa. Era isso o que Cicero costumava fazer: insultar seus oponentes como uma forma justa de retaliação contra um ataque injusto. Esse orador-mestre sabia disso muito bem: a melhor defesa é o ataque.

.........

Para concluir: o argumento ad hominem é um argumento de alto risco e alto retorno. Se não o usarmos corretamente, o tiro poderá sair pela culatra. Mas se o usarmos corretamente, nosso opositor se sentirá acuado — ou até derrotado. O poder dos ataques ad hominem — sendo este um dos motivos pelos quais incomodam e irritam tantas pessoas! — é a dificuldade de recuperação.

Contudo, o *argumentum ad hominem* é um recurso adicional, não um substituto de um argumento substancial, que se baseia em seus próprios méritos. Não se trata de um ou outro — precisamos visar o jogo *e* o jogador. Cicero, por exemplo, podia muito bem ser um mestre da injúria e dos abusos verbais. Mas não é *isso* que faz com que nos lembremos dele como um grande orador. Ele também foi um debatedor por excelência, que investia tempo e esforço para raciocinar, persuadir e convencer seu público. E você deve fazer o mesmo.

Um último ponto importante: tudo que descrevi e defendi neste capítulo tem a ver com discussões que ocorrem no mundo real. Porém, cuidado: se você estiver em um seminário de filosofia ou em uma turma de pura lógica, usar um argumento ad hominem *será* criticado e, provavelmente, rejeitado. A mesma coisa se aplica a debates na faculdade ou no ensino médio, com regras e regulamentos rígidos sobre o que se pode ou não dizer. Assim, por favor, não "ataque a pessoa" se estiver em algum desses ambientes!

Entretanto, a vida real *não é* um seminário de filosofia *nem* um debate do ensino médio. Na vida real, a credibilidade pessoal do oponente é essencial para o sucesso de um argumento. Assim, não hesite em usar os argumentos ad hominem para derrotar seu opositor — e, por extensão, o argumento dele.

5

# ESCUTE, NÃO FALE (O TEMPO TODO)

Quando alguém falar, escute com atenção.
A maioria das pessoas nunca escuta.

— Ernest Hemingway

Era 15 de outubro de 1992. George H. W. Bush, Bill Clinton, Ross Perot e um público ao vivo estavam reunidos na Universidade de Richmond, em Virgínia, para o segundo debate presidencial. O mais velho, Bush, na posição de presidente republicano, concorria à reeleição, ao passo que Clinton era um governador jovem de Arkansas, um astro em ascensão do Partido Democrata.

Essa noite marcou a primeira reunião organizada da história dos debates presidenciais televisionados dos EUA. Clinton sugeriu o formato, orgulhoso de sua extraordinária habilidade de encantar e se conectar com audiências ao vivo. E a campanha de Bush supostamente concordou depois de concluir que os "eleitores indecisos" da "conservadora Richmond" pegariam leve com o presidente.

No meio do debate, a moderadora Carole Simpson da ABC News convidou uma pessoa da assistência, Marissa Hall, de 25 anos, para fazer uma pergunta aos candidatos a presidente.

MARISSA: Como a dívida pública afetou pessoalmente a vida de cada um dos senhores? E se não afetou, como poderiam com honestidade encontrar uma solução para os problemas econômicos das pessoas comuns uma vez que não sentiram na pele o que as aflige?

Essa não foi uma pergunta tão longa, mas enquanto a mulher falava, o presidente Bush deu uma olhada no relógio. Não uma olhadinha ou uma espiada. Ele ficou encarando o relógio. E dezenas de milhões de norte-americanos, assistindo o debate ao vivo pela televisão, viram-no fazer isso. O presidente não estava nem sequer prestando atenção! Parecia que ele não queria estar ali!

Perot, o empresário bilionário e candidato por um terceiro partido, foi o primeiro a responder a pergunta de Marissa: "Envolver-me nesta eleição afetou minha vida pessoal e meu negócio. É por isso que me importo!" Uma resposta tímida de um aspirante político. Então chegou a vez de Bush responder.

"Bem, acho que a dívida pública afeta a todos, obviamente", começou Bush.

*Todos?* Marissa perguntou como a dívida afetou cada um dos candidatos "pessoalmente". Ela tentou mais uma vez.

MARISSA: Pessoalmente, senhor.

Bush ainda não estava escutando. Ele começou a falar sobre taxas de juros, fazendo com que Carole, a moderadora, o interrompesse.

CAROLE: Ela perguntou "pessoalmente".

MARISSA: No nível pessoal, senhor, como a dívida o afetou?

CAROLE: Ela o afetou pessoalmente?

BUSH: Claro que sim. Eu amo meus netos...

MARISSA: Como?

BUSH: Eu gostaria de pensar que eles poderão pagar por uma educação. Acho que essa é uma parte importante de ser pai. Se a pergunta... talvez eu... tenha entendido errado. Está sugerindo que se alguém tem recursos, então a dívida pública não o afeta?

MARISSA: O que estou dizendo é...

BUSH: Não sei se eu... se me ajudar com essa pergunta, vou tentar respondê-la.

Desse ponto em diante, foi só ladeira abaixo, observa um comentarista, enquanto Bush falava e falava, divagando sobre uma visita que fizera a uma igreja de negros e, mais adiante, levantando a questão da gravidez na adolescência. Por que ele achou que a autora da pergunta desejava ouvir alguma coisa sobre isso permanece um mistério.

Por fim, chegou a vez de Clinton responder. O candidato democrático se levantou, aproximou-se de Marissa — algo que nenhum dos outros dois candidatos fez — e a olhou bem nos olhos.

CLINTON: Diga-me novamente como a dívida a afetou.

MARISSA: Humm...

CLINTON: Você conhece pessoas que perderam seus empregos e seus lares?

MARISSA: Bem, sim, aham.

CLINTON: Bem, eu fui governador de um pequeno estado por doze anos. Vou lhe dizer como ela me afetou. A cada ano, o Congresso e o presidente assinam leis que nos obrigam a fazer mais coisas e nos dão menos dinheiro para fazê-las. Vejo pessoas do meu estado, pessoas de classe média — seus impostos subiram em Washington e seus serviços diminuíram, ao passo que os ricos tiveram redução de impostos. Vi o que aconteceu nesses

> últimos quatro anos quando — no meu estado, quando as pessoas perdem o emprego, as chances de eu as conhecer pelo nome são grandes. Quando uma fábrica fecha, eu conheço as pessoas que a gerenciavam. Quando os negócios vão à falência, eu os conheço.

Viu a diferença? Clinton escutou a pergunta. Ele entendeu o que a pessoa que fez a pergunta queria. E então Clinton conversou com ela mostrando empatia: "Diga-me como a dívida *a* afetou."

Apesar de suas muitas falhas e pecados, Clinton não é apenas um excelente orador público, mas também um ótimo ouvinte; na verdade, é um excelente orador em parte *por ser* um ótimo ouvinte. "O Homem da Esperança" é um mestre da empatia, de formar laços emocionais com cidadãos comuns. Naquela noite em Richmond, o presidente republicano acabou criticando Marissa, ao passo que seu oponente democrata sentiu a aflição dela.

Após o debate, uma pesquisa da CNN/USA Today revelou que 58% dos norte-americanos consideraram Clinton o vencedor daquele debate, em comparação com os 16% que atribuíram a vitória a Bush (e 15%, a Perot). Adivinhe quem se tornou presidente?

Este talvez seja um dos segredos mais bem guardados da retórica: para vencer um debate ou uma discussão, não é necessário apenas saber falar bem, mas também *escutar* bem. De fato, como diz um velho ditado, haja vista que só falamos durante a metade do tempo, escutar bem já é meio caminho andado.

Para ser honesto, porém, quando contei à minha esposa que estava escrevendo um capítulo falando sobre a importância de escutar, ela caiu na gargalhada. Então fez uma pausa e me encarou. "É sério? *Você* está escrevendo sobre a necessidade de ser um bom ouvinte?"

Ela tem razão. Nunca fui um dos melhores ouvintes do mundo. Para ser justo (comigo!), poucos de nós são. Em geral, não percebemos, mas quando alguém está falando, somos muitos os que não prestam atenção. Ficamos distraídos, começamos a planejar o que vamos dizer ou, pior, cortamos a outra pessoa e começamos a falar sem parar. *Achamos* que somos bons ouvintes, mas não somos.

E nessa era dos smartphones, o problema só piorou. Como podemos escutar as pessoas ao redor quando temos um aparelho brilhante no bolso constantemente requisitando nossa atenção? Uma pesquisa recente, relatada no *Insider*, descobriu que os usuários de iPhones destravam seus aparelhos em média oitenta vezes *por dia*. Isso significa seis ou sete vezes a cada hora em vigília ou uma vez a cada dez minutos.

Ainda assim, continuamos a negar nossa capacidade de escuta.

## CONSEGUE OUVIR A DIFERENÇA?

Seja honesto: quando as pessoas falam, você *escuta* o que elas dizem? Ou apenas as ouve?

Ouvir é um processo físico. Sem nos aprofundarmos demais na ciência, os especialistas dizem que ouvir é basicamente o que acontece quando as ondas sonoras alcançam os tímpanos e os fazem vibrar, enviando impulsos elétricos do ouvido para o cérebro. Ouvir é algo que bilhões de pessoas fazem todos os dias sem nenhum esforço. É um processo passivo e "inconsciente". Pense nisto: ao andarmos pela rua, automaticamente *ouvimos* ruídos ao redor — carros, cachorros, pessoas. Mas provavelmente não os estamos *escutando*.

Escutar exige absorver, processar e compreender o que ouvimos. Envolvemo-nos de forma consciente e ativa no processo. Imagine que, ao caminharmos na mesma rua, conseguimos ouvir um carro acelerando à distância vindo rapidamente em nossa direção. Agora estamos escutando. Viramo-nos e reagimos, procurando saber se o motorista perdeu o controle. Os pneus estão cantando? O carro está desviando? Precisamos correr para o outro lado ou estamos seguros nesta calçada? Temos consciência de cada som e dos possíveis perigos que eles representam. Tudo *isso* é escutar.

Em uma crise, escutamos, reagimos e prestamos atenção. Mas na hora de nos comunicar com as pessoas em ambientes comuns, muitos de nós se desligam. Não somos bons ouvintes. Preferimos ser a pessoa que fala. Isso pode acontecer *mais* ainda em um debate. Não escutamos o que a oposição está dizendo, simplesmente esperamos *nossa* vez de falar. Afinal, foi para isso que nos preparamos, pela oportunidade de defender *nosso* argumento, sem interrupções nem impedimentos.

Contudo, como diz um antigo ditado, "abra os ouvidos antes de abrir a boca". Se pularmos uma etapa no meio de um debate ou de uma discussão, teremos muitos problemas. Se não escutarmos o que o opositor diz, como responder de maneira significativa? Como reagiremos ou refutaremos? Se não escutarmos o que ele está dizendo, apenas responderemos o que *achamos* terem sido seus argumentos ou, pior, o que *queremos* que eles sejam. E isso resultará em derrota.

Esse pode parecer um conselho do Departamento das Obviedades. "Escutar o que nosso oponente tem a dizer? É claro, né?! Dã!" Ainda assim, você não acreditaria na quantidade de pessoas que compareceram para um debate, para um painel de discussão ou para uma entrevista ao vivo na TV somente para recitar os pontos ou argumentos que prepararam. Elas não conseguem se adaptar ou responder a novas críticas ou comentários porque não estavam escutando o que seus colegas oradores tinham a dizer.

Por que você faria o mesmo? Tornar-se um bom ouvinte faz parte de ser um bom orador e, acima de tudo, de um comunicador eficaz. Mas o que fazer para *sermos* bons oradores quando estamos estressados e agitados? É mais difícil do que parece.

## ESCUTA CRÍTICA

Os especialistas dizem que existem várias "formas" de escuta — mas as duas nas quais quero me concentrar neste capítulo, para os nossos fins, é a escuta *crítica* e a escuta *empática*.

A escuta crítica tem a ver com ir além de ouvir para nos envolvermos mentalmente com o que está sendo dito. Trata-se de um processo bem dinâmico, no qual absorvemos, compreendemos e avaliamos conscientemente as informações que nos são transmitidas por um orador em tempo real. "É verdade ou mentira?" "Faz sentido ou não?" "Posso confiar ou acreditar no que estou ouvindo?"

Precisamos ser ouvintes críticos quando nosso professor nos dá o feedback de uma redação que escrevemos. Precisamos ser ouvintes críticos quando nosso chefe nos diz o que havia de errado com um relatório que fizemos. E precisamos ser ouvintes críticos quando nosso oponente coloca um argumento.

Não é fácil. Muitos aceitam automaticamente as informações e até as opiniões que recebem sem questionar. Se alguém nos disser que viu nosso primo no jogo de futebol, por que não acreditaríamos nele? Temos, instintivamente, a tendência a acreditar no que ouvimos. Mas não podemos — ou, ao menos não deveríamos — fazer isso em um debate. Precisamos avaliar de maneira crítica a verdade, a veracidade e a lógica interna de tudo o que o opositor diz — em *tempo real*. Mas a que exatamente devemos atentar? E como transformar a escuta crítica em uma vantagem tática?

Existem três erros principais que requerem atenção plena — três maneiras pelas quais a escuta crítica ajudará a vencer uma discussão:

1. **Afirmações falsas:** Uma delas, fácil e óbvia, capaz de derrotar um oponente em um debate é identificar uma falsidade ou inexatidão em seu argumento. Se ele disse algo que não é verdade e identificarmos isso, então sua credibilidade, e a de seu argumento, ficam instantaneamente prejudicados. A escuta crítica possibilita acompanhar as várias afirmações e conexões feitas pelo opositor e, então, evidenciar quaisquer erros ou invenções gritantes (e não tão gritantes assim!) da apresentação dele. Não posso lhe dizer quantas vezes percebi uma mentira ou meia-verdade em um debate ao vivo, uma que mais ninguém no palco ou no painel conseguiu identificar em virtude da falta de atenção ao que estava sendo dito. Assim, a pergunta é: Preparamos nossa lista de fatos? Estamos prontos para refutar ou expor o oponente?

2. **Argumentos falaciosos:** A escuta crítica pode ser útil para encontrar falhas nos (supostos) fatos e afirmações do adversário; ela pode ajudar a revelar falácias e contradições em meio às afirmações dele. Sempre devemos ter o cuidado de procurar

fraquezas em seus argumentos. Podemos tentar esboçar e manter em mente os pontos-chave da argumentação e então atacar aquele(s) que pareça(m) inconsistente (s). "Acabei de ouvi-lo dizer algo nas observações concludentes que contradiz o que ele disse agora a pouco nas observações de abertura?" Escute criticamente e avalie mentalmente o que seu oponente diz. Então, quando chegar sua vez de falar, estará pronto para atacar.

3. **Concessões:** A escuta crítica também pode nos auxiliar se estivermos com problemas. Ao reconhecer que o oponente tem um bom ponto ou um argumento forte, algo irrefutável, então o desequilibre com o que chamo neste livro de "golpe de judô", o qual explicarei mais à frente: conceda. Essa é uma ótima estratégia caso nosso opositor não esteja preparado. Entretanto, não podemos fazer uma concessão sem ter *escutado* a questão enquanto ela é apresentada! É necessário sempre prestar bastante atenção às afirmações, pontos e argumentos do oponente — para fins de defesa e ofensiva.

A escuta crítica é uma ferramenta essencial para o debatedor, mas não é fácil de dominar nem algo natural para muitos de nós. Ela exige esforço para ser alcançada, tal como qualquer outra habilidade. Assim, eis minhas três melhores maneiras de aprimorar nossa habilidade de escutar criticamente.

## 1. Mantenha a mente aberta

Ao argumentar contra um adversário, não infira, sem mais nem menos, que tudo o que ele está dizendo é errado, tolo ou idiota. Não ignore nada sem consideração. Esteja atento a pontos válidos ou frases inteligentes que necessitará abordar ou que terá de conceder em suas próprias observações. Sim, mostre confiança nos argumentos que você coloca, mas mantenha a mente aberta o suficiente para ver os pontos fortes de seu oponente ou as questões nas quais você talvez tenha deixado a desejar.

## 2. Esvazie sua mente

Guarde seu smartphone e desligue seu notebook ao escutar. Não fique sonhando acordado ou, pior, caia no sono enquanto outros estiverem falando ou argumentando. Preste atenção a quem tem o microfone nas mãos. Por um lado, comportar-nos de forma grosseira ou desdenhosa prejudica nossa credibilidade e posição com o público — não queremos ser como George H. W. Bush encarando o relógio. E, tão importante quanto, não queremos deixar de escutar o que está sendo dito. De outra forma, como saber o que precisará ser abordado?

Assim, não se distraia. Desista de fazer várias coisas ao mesmo tempo. Como diz a autora Maria Konnikova, não deixe sua mente ficar entulhada com lixo. Ao escutar criticamente seu oponente e estar pronto para identificar afirmações falaciosas ou falsas, você poderá preparar respostas ácidas e vencer a discussão.

Konnikova cita Sherlock Holmes de *Um estudo em vermelho*, a primeira história de Arthur Conan Doyle sobre o detetive:

> Acho que o cérebro de um homem é originalmente como um sótão vazio, e precisamos mobiliá-lo com os móveis que desejarmos. Um tolo o entulha com todo o tipo de coisas com as quais se depara, de modo que o conhecimento que poderia lhe ser útil se perde ou se confunde no meio de outras coisas, dificultando o acesso a ele. Um homem habilidoso, porém, escolhe bem o que leva para o sótão de seu cérebro. Ele guardará nele apenas as ferramentas apropriadas para realizar seu trabalho, tendo, porém, uma grande variedade delas e na mais perfeita ordem. É um erro achar que esse pequeno cômodo tem paredes elásticas, que podem se esticar à vontade. Se continuarmos fazendo isso, chegará um momento em que, para cada adição de conhecimento, esqueceremos algo que sabíamos antes. Assim, é muito importante não ter fatos inúteis acotovelando os úteis.

### 3. Faça anotações

Os ouvintes críticos se beneficiam de uma mente afiada e de uma boa memória — mas ambas podem ser reforçadas pelo bom e velho hábito de fazer anotações. Algumas das pessoas mais bem-sucedidas do mundo são tomadoras meticulosas de notas. O empreendedor e guru de estilo de vida norte-americano Tim Ferriss brincou que "faz anotações assim como alguns tomam drogas".

O bilionário britânico Richard Branson, que diz que enche vários cadernos de anotações por ano, escreveu sobre uma conferência em Londres na qual dividiu o palco com o bilionário norte-americano Bill Gates. Segundo Branson, relatou a CNBC, enquanto Gates "fazia um discurso de encerramento... tirou alguns papéis do bolso".

"Fiquei encantado ao ver que as anotações de Bill estavam escritas em alguns papéis amassados enfiados no bolso de sua jaqueta", recorda-se Branson. E ele acrescentou: "Apesar de ser conhecido por ser um gênio dos computadores, [Gates] não está acima dos humildes papel e caneta."

E o mesmo deveria se dar conosco. É importante fazer anotações enquanto escutamos os outros oradores. Certifique-se de anotar tudo o que eles disserem que parece importante — ou, talvez, o que eles *deixaram de falar* e que você poderá abordar em suas próprias observações.

Vários estudos de alunos na escola sugerem que aqueles que fazem anotações em meio à fala do professor aumentam o período de atenção e se concentram mais nas aulas. Suas habilidades de escuta aumentam radicalmente! O método empregado para fazer anotações também importa. Um estudo de 2014, com 67 alunos de Princeton, dos psicólogos Daniel Oppenheimer e Pam Mueller, concluiu que "a caneta é mais poderosa do que o teclado": fazer anotações à mão, no papel, é um meio mais eficaz de documentar e processar informações do que fazer anotações no smartphone ou no notebook.

Em 2013, durante o debate na Oxford Union sobre o islamismo e a paz, lembro-me de sentir que estava perdendo a cabeça, ouvindo tantos argumentos falsos e fraudulentos da oposição anti-islâmica. Antes de chegar minha vez de falar, peguei uma caneta emprestada com a pessoa a meu lado e comecei a anotar cada uma de suas ridículas afirmações no verso de meu discurso, o qual já havia sido escrito e impresso. Por exemplo, Anne Marie Waters, a primeira oradora da oposição, declarou, durante sua fala, que a Arábia Saudita foi o berço do islamismo e que, portanto, a versão rígida e, muitas vezes, brutal do islamismo dos sauditas era a autêntica representação dessa fé. Mas enquanto escutava seu longo libelo anotei dois números no papel: 610 e 1932. Quando chegou minha vez de falar, ignorei as observações preparadas com antecedência e olhei para as anotações naquele papel:

> Apenas um fato... você disse que o islamismo se originou na Arábia Saudita. O islamismo foi criado em 610 AD. A Arábia Saudita surgiu em 1932 AD. Você errou só por 1.322 anos! Nada mau.

A multidão dentro da câmara da Oxford Union vibrou de aprovação, ao passo que o ar confiante de Waters parecia ter desaparecido (e com razão). Eu não havia preparado essa frase com antecedência, mas ela se tornou um dos pontos mais memoráveis do debate. Isso foi possível graças à escuta crítica.

São necessários atenção, esforço e trabalho duro para aprimorar nossas habilidades de escuta crítica. Mas quanto mais praticarmos, mas formidáveis seremos como oradores e debatedores.

## ESCUTA EMPÁTICA

Há um segundo estilo essencial de escuta que todo bom debatedor precisa dominar. A escuta crítica é o que devemos fazer enquanto o *opositor* está falando. Já a escuta empática é o que devemos fazer enquanto um *membro da assistência* está falando.

Ao escutar empaticamente, nos conectamos com a pessoa que fala e tentamos ver o mundo com os olhos dela. O objetivo é nos concentrarmos no ponto de vista de quem tem a palavra e entender o que ele quer dizer. Para isso, como escreve a especialista em escuta Ximena

Vengoechea, precisamos dar nossa "total atenção" a essa pessoa, mostrando empatia (*é óbvio!*) e humildade.

Em seu livro best-seller, *Os 7 hábitos das pessoas altamente eficazes*, Stephen R. Covey, o lendário autor e empresário norte-americano, referiu-se à escuta empática como a "forma mais elevada" de escuta. Ele escreveu: "Na escuta empática, escutamos com os ouvidos, mas, o mais importante, também escutamos com os olhos e com o coração."

George H. W. Bush foi o exato oposto de um ouvinte empático no debate presidencial de Richmond em 1992. Sua postura era de alguém que havia entendido ou compreendido as preocupações de Marissa Hall, que lhe havia feito aquela pergunta? Não. Ele estava usando os olhos e o coração, bem como seus ouvidos? O candidato nem sequer olhava para Marissa Hall quando questionado.

De fato, Bush reconheceu, mais tarde, que começou a encarar o relógio naquela noite em Virgínia porque queria desesperadamente que aquele evento terminasse. "Só mais dez minutos dessa porcaria", tal como ele disse a Jim Lehrer, âncora da *PBS NewsHour*, em 1999. "Se fiquei feliz quando tudo aquilo terminou?", perguntou o ex-presidente a Lehrer, retoricamente. "Com certeza."

Bush pode ter se sentido feliz quando o debate acabou, mas o fim do debate também marcou o fim de sua campanha presidencial. O então presidente dos Estados Unidos foi alvo de zombaria e duras críticas após aquele segundo debate presidencial. Ele passou a impressão de estar "entediado" acima de tudo e "desconectado", tal como observou posteriormente um relatório. O empático Clinton, por sua vez, continuou a subir nas pesquisas.

Não cometa o mesmo erro — quer esteja no ensino médio ou no Salão Oval. Não fique olhando o relógio, ou seu iPhone, durante um discurso ou um debate — em especial quando alguém está falando *com você*. Não dê a impressão de que gostaria de estar em outro lugar. Não seja condescendente com os membros da assistência. Esse seria o caminho para a derrota total, e talvez até para o tipo de humilhação pela qual Bush passou.

E para deixar bem claro: não se trata apenas de *dar a impressão* de estar prestando atenção. É preciso realmente tentar ter empatia pela pessoa que está falando ou fazendo uma pergunta. Ela quer ver que entendemos suas preocupações e emoções — e que somos pessoas agradáveis, com quem consegue se relacionar. E *nós* queremos compreender plenamente seus anseios, não apenas pelas palavras proferidas, mas também por seu tom de voz, forma de falar e linguagem corporal.

Eu sei que essa ideia de escuta empática parece fácil, mas, de acordo com a minha experiência, muitas pessoas — inteligentes! — não sabem como escutar assim. E, pior, não conseguem nem reconhecer a importância da escuta empática. Em vez disso, dizem ou se comportam de um jeito que as faz parecer distraídas, impacientes, entediadas... como se tivessem *ouvido* o que foi dito, mas não *escutado* de verdade.

A resposta de Clinton a Marissa Hall em 1992, tal como John Dickerson, correspondente da CBS, observou mais tarde, exemplificou de maneira quase perfeita o mote "fazer, não dizer". Caso ainda não o tenha assistido, incentivo-o a procurar esse vídeo. Você poderá ver e ouvir a apresentação de Clinton. Como Dickerson disse: "Isso foi Bill Clinton *mostrando* que a entendia, que tinha empatia por ela, que tinha respostas para ela."

O ouvinte empático está sempre e "integralmente presente", diz a autora Melody Wilding. Ele oferece sua atenção total e está disposto a se colocar na pele de outros.

Considere Nelson Mandela. Esse falecido presidente sul-africano e ganhador do Prêmio Nobel da Paz fez o que foi considerado um dos discursos de maior consequência do século XX: o discurso antiapartheid de três horas "Estou Preparado para Morrer" que ele fez como corréu no Julgamento de Rivônia em 1964. Contudo, aqueles que o conheciam bem estão convencidos de que era um ouvinte ainda melhor que orador.

Perguntei a Richard Stengel, o ex-editor da revista *Time* que colaborou na elaboração da aclamada autobiografia de Mandela, *Longa caminhada até a liberdade*, a respeito da proficiência do falecido revolucionário como um ouvinte empático.

"Ele era um bom ouvinte especialmente com aqueles que discordavam dele", contou-me Stengel. "Ele realmente queria ouvir os argumentos deles." Por exemplo, quando estava na prisão, Mandela queria tanto falar com os guardas e ouvir seus pontos de vista, que aprendeu sozinho a língua deles, o africâner, incentivando outros prisioneiros negros a fazer o mesmo. "Certa vez, ele me disse que para de fato tocar o coração de alguém, é necessário falar com ele em seu próprio idioma", recorda-se Stengel. Os guardas brancos na Ilha Robben sabiam que seu prisioneiro negro estava verdadeiramente escutando o que eles tinham a dizer.

Mandela mostrou empatia como ouvinte não apenas graças à bondade de seu coração, mas também porque não desconhecia o quão eficaz isso era como ferramenta de persuasão. "Acho que é sábio persuadir as pessoas a fazer coisas e fazê-las pensar que isso foi ideia delas", destacou ele.

Durante a infância, o pai de Mandela foi um assessor de Jongintaba, rei de Thembu. Quando seu pai morreu, Mandela se tornou o guardião do rei, observando atentamente o modo como Jongintaba governava. Mais tarde, ele contou a Stengel e outros como o rei organizava suas reuniões na corte, com todos os assessores "reunidos em círculo", e sempre esperava até que o último entre eles se pronunciasse para, então, tomar a palavra.

O próprio Mandela desenvolveu esse hábito com seus camaradas mais próximos do Congresso Nacional Africano e, posteriormente, com os membros de seu gabinete. "Às vezes, eu via seus colegas erguendo a voz, mas ele nunca reagia — apenas escutava e, então, respondia", conta Stengel. "Ele achava que o papel do líder era falar por último, resumir o que foi dito antes e tentar chegar a um consenso."

Lembre-se: não precisamos escutar empaticamente nosso oponente em um debate — embora até isso possa nos dar algum insight, em especial se cogitamos dar um golpe de judô, como conceder um ponto. Em outro ambiente, porém, provavelmente será do nosso interesse usar a escuta empática. Essa é a única forma de entender as coisas a fundo e descobrir quando estamos errados ou precisamos mudar de tática.

Por certo, nem sempre será fácil agir da maneira correta. Falo por experiência. Assim, seguem-se três estratégias que acho úteis para a prática da escuta empática:

1. **"Continue presente":** Deixe claro para o orador, e para a assistência, que *você* está concentrado no teor da fala. "Silencie seu monólogo interno, deixe seu dispositivo de lado e fixe a atenção na outra pessoa", orienta Ximena Vengoechea, autora de *Listen Like You Mean It: Reclaiming the Lost Art of True Connection* [sem publicação no Brasil]. Certifique-se de que sua atenção esteja 100% *fora* de si mesmo.

2. **Faça contato visual:** Nunca é demais enfatizar a importância do contato visual como forma de mostrar empatia e criar laços emocionais profundos. Isso mostra interesse no que a pessoa tem a dizer, e que estamos atentos e nos *importamos*. Quando olhamos diretamente para a pessoa e ela retribui da mesma forma, não importa quantas outras pessoas há no entorno. E a pesquisa apoia a importância do contato visual. Um estudo com médicos e pacientes descobriu que o contato visual tinha uma "relação significativa com a percepção que o paciente tinha da empatia do médico". Outro estudo com oradores públicos verificou que "os participantes tendiam a acreditar mais no que era dito se o orador estivesse olhando diretamente para eles, em comparação com um orador que evitava olhar para a assistência". Surpresa!

3. **Faça as perguntas certas:** Faça perguntas a seus interlocutores que *lhes* permitam "conduzir a conversa", e então levante questões que mostrem que você escutou suas respostas. Ao fazer isso, acrescenta Vengoechea, dê preferência a perguntas abertas em vez de fechadas, e a aquelas que exijam respostas pessoais e que tenham sido objeto de reflexão, em vez de respostas monossilábicas, como "sim" ou "não". Lembra-se como Clinton respondeu à mulher que o indagou no debate em Richmond? "Diga-me novamente como a dívida a afetou." Isso foi poderoso, especialmente depois da lenga-lenga dos outros dois candidatos. A postura deles ajudou Clinton a se concentrar *e* ajudou Marissa Hall a saber que estava sendo ouvida.

Faça essas três coisas e estará pronto para conquistar um público. Também será um ouvinte melhor para amigos, familiares, entes queridos etc. (Pode dizer a eles para agradecerem a Mehdi.)

## USANDO SEUS OUVIDOS PARA PERSUADIR

Acho que você comprou este livro porque queria aprender a aumentar sua confiança como *orador*, elaborar um discurso ou construir um argumento à prova de balas. Provavelmente não o comprou porque desejava que Mehdi Hasan o ensinasse a ser um ouvinte melhor.

Contudo, a verdade é que não importa se estamos falando em um grande debate público ou fazendo uma apresentação a algumas pessoas no escritório, na escola ou na faculdade, estudo após estudo demonstram que os membros do nosso público — as *pessoas reais* — se conectarão conosco e se tornarão mais abertos às nossas ideias e argumentos se sentirem que *eles* estão sendo ouvidos.

Ser um bom ouvinte — do tipo crítico ou empático — exige uma mistura de paciência, concentração e autodisciplina. É como Stephen Covey observou certa vez: "O maior esforço é daquele que escuta, não de quem fala." E se, como eu, você estiver mais acostumado a tagarelar, então isso poderá exigir *mais* prática. Mas o esforço compensa. Veja como Bush e Clinton foram encarados de forma diferente em Virgínia; pode-se dizer que *escutar* fez com que ele ganhasse a eleição. E veja o quanto Mandela se esforçou para se conectar com os guardas da prisão!

Para expor e dizimar os argumentos do oponente, aprenda a ser um ouvinte crítico. E se quiser se conectar com o seu público, aprenda a ser um ouvinte empático. Afinal, como Dean Rusk, Secretário de Estado dos EUA, disse certa vez: "Uma das melhores formas de persuadir outros é *com nossos ouvidos*, escutando-os."

# 6

# FAÇA O PÚBLICO RIR

Quando conseguimos fazer com que as pessoas riam, elas começam a nos escutar, então podemos lhes falar sobre praticamente qualquer coisa.

— Herb Gardner, autor

Não existe nenhum programa de assuntos atuais na televisão britânica maior do que o *Question Time* da BBC. Durante mais de quarenta anos, milhões de britânicos sintonizaram o canal, semana após semana, para assistir os maiores políticos e especialistas do país discutirem e debaterem as notícias diante de um público ao vivo.

Em janeiro de 2015, fui convidado para participar do painel do *Question Time*. Isso aconteceu na semana seguinte ao ataque terrorista na *Charlie Hebdo*, no qual dois irmãos franceses muçulmanos assassinaram doze pessoas nos escritórios do periódico satírico em Paris. Nas semanas e meses antes do ataque, desenhos ofensivos e racistas do profeta Maomé publicados pela *Charlie Hebdo* ocasionaram rancor e protestos em países de maioria muçulmana.

Eu sabia que os produtores do programa queriam uma voz muçulmana entre os debatedores — e, para ser sincero, queria ser essa voz. Na verdade, me sentia mais do que grato de ter acesso a uma plataforma midiática tão grande, a partir da qual poderia tentar amainar a costumeira islamofobia que surge na véspera de cada ataque terrorista relacionado ao EIIS ou à al-Qaeda. Eu estava ciente de que precisaria lidar com a situação com delicadeza.

Naquela noite, a pergunta de abertura da assistência foi sobre a violência em Paris e os desenhos da *Charlie Hebdo*: "A liberdade de expressão é boa. Mas onde estabelecemos um limite antes de isso se tornar prejudicial e ofensivo?" E, para a resposta de abertura, David Dimbleby, o apresentador, me concedeu a palavra. (Surpresa!)

Comecei deixando claro que fiquei chocado — com o massacre em Paris e com os maníacos homicidas abusando de minha religião para justificar seus crimes.

> Como muçulmano, não vou fingir que os desenhos do profeta Maomé, representado de forma extremamente racista, sexualizada e terrorista não me ofenderam. É claro que ofenderam. Por que não ofenderiam? Mas, como muçulmano, também devo dizer que me ofende e me irrita muito, muito mais o derramamento de sangue inocente em nome do islamismo, em nome de minha religião e em nome de meu profeta.

Então me voltei para a questão mais ampla da liberdade de expressão e do direito de ofender. Em grande parte, debatia-se nas notícias daquela época se outras organizações midiáticas ocidentais, incluindo o Reino Unido, também deveriam publicar desenhos ofensivos do profeta em nome da "liberdade de expressão" e da "solidariedade" com a *Charlie Hebdo*. Achei esse um argumento bizarro. Por que deveríamos continuar ofendendo todos os muçulmanos para atacar um bando de terroristas mortos? Mas como esse era um assunto sensível, e inocentes haviam sido mortos, decidi usar o humor para tentar combater esse raciocínio.

> Sobre a questão específica da liberdade de expressão... temos limites quanto a isso. Algumas pessoas vêm agindo na última década como se tivéssemos o direito absoluto e ilimitado de dizer o que queremos e quando queremos. Isso não é verdade. Existem limites legais e existem limites morais. Esqueçam as coisas que foram banidas. Há coisas que não dizemos por serem de mau gosto ou por decência. Desculpe a expressão, mas temos o direito de peidar em um elevador lotado; mas não fazemos isso, não é? E se acontece, e alguém nos ataca por causa disso, esse ataque é chocante, mas não esperamos que os demais no elevador peidem também em sinal de solidariedade.

Admito que foi uma piada arriscada. Mas o público riu e aplaudiu. De fato, acho que fui a primeira pessoa — e provavelmente a última! — a dizer "peidar" ao vivo na história do *Question Time*. Mas essa analogia jovial, criada pelo jornalista Gary Younge, permitiu-me transmitir esse ponto-chave sobre os limites da liberdade de expressão — e se tornou um momento que todos lembrariam em uma discussão que, de outra forma, seria muito séria.

Como diz o ditado, o riso é o melhor remédio. Entretanto, também é uma das melhores maneiras de se vencer uma discussão, um dos ingredientes cruciais de um bom discurso e uma das poucas estratégias retóricas que sempre será do agrado do público.

Então, faça o pessoal rir. Tente incluir um pouco de humor. E não tenha medo de deixar as coisas mais leves.

## A PSICOLOGIA DO RISO

"O riso é um idioma universal", para citar uma manchete do *Daily Telegraph* — um que todos os seres humanos falam. A ciência é clara sobre quão generalizado é o humor, existindo em todas as culturas humanas. Uma pesquisa da University College London, envolvendo pessoas da Inglaterra e da Namíbia, concluiu que os seres humanos compartilham todas as emoções básicas — em especial a diversão.

Independentemente de onde no mundo você planeja falar, debater ou discutir, saiba disto: o público apreciará um pouco de humor.

A ciência trata dos *benefícios* do riso, tal como escreveu o coach de oratória John Zimmer, que vão desde "a melhora da memória e da função cognitiva" ao aumento de atenção e engajamento. A palestrante de Stanford (e comediante profissional) Naomi Bagdonas, coautora de *Humor, Seriously: Why Humor Is a Secret Weapon in Business and Life* [sem publicação no Brasil], contou ao apresentador de podcast Matt Abrahams que o riso contribui para o engajamento porque, quando rimos, "o centro de recompensa do cérebro é inundado com o neurotransmissor dopamina", que "aumenta a concentração e melhora a retenção em longo prazo". Segundo Bagdonas, "valer-se do humor não só pode deixar nosso conteúdo mais envolvente no momento, como torná-lo mais memorável ao terminarmos".

O riso também funciona como uma "cola social" para o público. Pesquisadoras da Universidade da Carolina do Norte, em Chapel Hill, descobriram que *compartilhar* o riso une as pessoas — o que pode caracterizar *você* como a pessoa que as faz rir. "No caso de pessoas que estão rindo juntas", diz Sara Algoe, psicóloga social e coautora do estudo, "no riso compartilhado, todos veem o mundo da mesma forma, aumentando momentaneamente seu senso de conexão. No fim das contas, a similaridade percebida é uma parte importante da história das relações".

Captou? Se fizermos os membros do público rir, eles gostarão de nós, se identificarão conosco e se lembrarão do que lhes dissemos. Bagdonas observou que, em 2011, Obama incluiu esta tirada cômica sobre burocracia, regulamentos e salmões no discurso sobre o Estado da União — uma ocasião que não costuma ser marcada por risadas.

> O Departamento do Interior está encarregado dos salmões enquanto eles estão em água doce, mas o Departamento do Comércio cuida deles quando estão em água salgada. Ouvi dizer que a situação se torna ainda mais complicada depois que eles são defumados.

Além de essa última frase provocar grandes risadas dos legisladores presentes no Capitólio naquela noite, quando a NPR pediu a seus ouvintes para descrever o discurso de sessenta minutos em três palavras, a que mais citaram foi... *salmão*! Independentemente da identificação partidária, mas graças a uma piada breve e simples do presidente no dia anterior, eles tinham "salmão" em mente.

## OS ANTIGOS FIZERAM MELHOR

Como sempre, quando o assunto é a arte da oratória pública, os gregos e romanos antigos estavam à frente de seu tempo. O acadêmico Steve Sherwood escreveu que uma das citações conhecidas mais antigas sobre a importância da graça e do humor para a retórica vem de Górgias de Leontini, o famoso filósofo grego e educador do século IV AEC. "O orador deve derrotar a seriedade dos oponentes com o riso", aconselhou ele, "e seus risos com a seriedade".

Seu ponto era que o humor pode exercer um grande papel na oratória e no debate — mas deve ser empregado de forma estratégica. O objetivo de ser engraçado não é apenas entreter ou passar o tempo — é chamar a atenção da plateia, fazer com que ela concorde com nossas observações e surpreendê-la no momento certo. Ademais, como bônus, se estivermos em um ambiente formal de debate, o humor pode ser usado para obter uma vantagem sobre o opositor, para provocar risadas *à custa dele* (ou ao menos à custa de seus argumentos).

É como Mary Beard, classicista da Universidade de Cambridge, escreveu: "A ridicularização era a arma padrão nos antigos tribunais, ao passo que é raramente usada nos nossos. Cícero, o maior orador da antiguidade, também tinha a reputação de ser um de seus grandes piadistas; na verdade, segundo alguns cidadãos, ele era engraçadinho até demais para seu próprio bem." Mas Cícero sabia o que estava fazendo. Ele mesmo disse que "por tornar nosso inimigo pequeno, inferior, desprezível ou cômico, obtemos a satisfação cíclica de superá-lo". E esse lendário cônsul e orador romano fazia o que dizia. Mais de

2 mil anos atrás, ele atacou desta maneira um de seus rivais: "Mêmio se acha tão grande que, quando chega ao Fórum, precisa se abaixar para passar pelo arco de Fábio."

Segundo Michael Fontaine, um professor de clássicos da Universidade Cornell e tradutor do tratado de Cícero sobre comédia, o estadista romano usava piadas como "armas de guerra" e como fonte de poder retórico sobre outros. "Seus inimigos diziam: 'Esse cara é um completo fanfarrão. Um palhaço. Ele fica contando piadas e quebrando o protocolo'", diz Fontaine. "Contudo, ele continua vencendo vez após vez."

.........

Pela minha experiência, o humor satisfaz três objetivos principais em um discurso ou debate:

### 1. As piadas estreitam as relações

"Se conseguir fazer você rir comigo", observou certa vez o comediante e ator britânico John Cleese, "você gostará mais de mim, o que fará com que se abra mais às minhas ideias."

Ser engraçado é uma das "melhores maneiras de nos conectarmos" e conquistar um público. Quando fazemos as pessoas rirem, criamos uma conexão com elas — não importando sua idade, gênero... ou afiliações políticas! Ajuda-nos a "estreitar relações", escreveu Esther Snippe da SpeakerHub.

Um público que cai no riso — quer sejam poucas ou muitas pessoas — também é um público *relaxado*. É um público que, além de atento, também está muito mais disposto a nos ouvir e ficar do nosso lado. Pense nisso: se ele estiver rindo e gostando do que falamos, não pode se sentir incomodado e discordar de nossas afirmações.

Lembre-se: o público *quer* ver que temos senso de humor, um lado mais leve, um lado humano, porque é isso que o conecta a nós. Zimmer escreveu que o humor nos "liga" ao público.

Ademais, segundo o coach midiático, este é outro ponto a considerar: se os membros do público estiverem rindo ou sorrindo, isso quer dizer que não estão entediados ou com sono; não estão no celular ou checando seus e-mails. Estão sentados, "prestando atenção", engajados.

Conosco.

## 2. A leveza alivia os ânimos

Sim, eu sei que pode parecer estranho, mas por que usar o humor para falar sobre assuntos sérios? O humor não se aplica apenas a assuntos mais leves? Bem, não necessariamente. Às vezes, usado da maneira certa, como fiz no *Question Time* em 2015, o humor é capaz de ajudar a transmitir uma ideia até nos ambientes mais sérios, pesados e importantes.

Há ocasiões nas quais precisamos fazer um discurso ou debater um assunto que exigirá apresentar ideias contenciosas ou provocantes ao público. Nem sempre o público será receptivo a colocações controversas. Como *reverter isso*? Usar a graça e o humor permite apresentar ideias polêmicas sem que elas pareçam ameaçadoras ou chocantes. Uma boa piada é como uma chave; ela pode abrir uma mente travada, levando as pessoas a considerar ideias sobre as quais nunca refletiriam caso lhes fossem colocadas de modo mais sério.

A acadêmica Jennifer Aaker diz que usar o humor pode ajudar a diminuir ou eliminar tensões no ambiente. Uma de minhas citações favoritas, que costuma ser atribuída a Oscar Wilde, diz: "Se quiser contar a verdade às pessoas, faça-as rir, senão elas o matarão." O riso pode ajudar a bloquear ou desarmar perguntas difíceis do oponente — e até da assistência. E, sim, pode facilitar uma argumentação mais séria de maneira a repercutir favoravelmente na plateia.

Em 2009, Bill Gates fez o que se tornaria um TED Talk muito assistido e discutido sobre mosquitos e malária. Ele discorria sobre uma questão de vida ou morte em um discurso denso, repleto de fatos, números e gráficos. Ainda assim, ele conseguiu dar um descanso ao público e fazê-lo rir um pouco ao abordar o assunto.

> Como a doença só existe em países mais pobres, não recebe muito investimento. Por exemplo, temos mais dinheiro para investir em

> medicamentos para a calvície do que para a malária. Bem, a calvície é algo terrível. E os ricos são afligidos por ela. Daí a prioridade.

A multidão começou a rir. Gates prosseguiu:

> Mas a malária — mesmo o milhão de mortes por ano causadas por ela não refletem seu impacto. Mais de 200 milhões de pessoas sofrem com essa moléstia neste exato momento. Isso significa que não conseguimos corrigir a economia nessas áreas porque a doença atrapalha muito. Como a malária é transmitida por mosquitos, trouxe alguns aqui para que pudessem senti-la na pele. Vou deixá-los voar pelo auditório um pouco. Não há motivos para que apenas os pobres passem por isso.

Gates fez uma pausa após essa piada, e alguns mosquitos realmente começaram a voar pelo auditório. Então, com um verdadeiro timing cômico, ele soltou: "Esses mosquitos não estão infectados." Enquanto a tensão diminuía, o público começou a gargalhar, embora pudessem sentir de repente a seriedade do tema de Gates. Quem diria que o (então) homem mais rico do mundo tinha senso de humor? E que ele sabia como usá-lo para fazer os presentes *sentirem* que esse assunto grave, a malária em países em desenvolvimento, era tão grave assim?

### 3. Não há nada mais doloroso do que o riso

Não tenha medo de zombar do oponente ou de seus argumentos. Foi o que fiz bem no início do meu discurso durante o debate da Oxford Union sobre o islamismo e a paz em 2013, quando ataquei Anne Marie Waters, a oradora principal — ou deveria dizer a *esmaga-islamismo* — da oposição. Ela tentava ser selecionada como candidata parlamentar do Partido Trabalhista nas próximas eleições do Reino Unido, e, diante de mim e de centenas de pessoas na assistência, argumentava em prol de uma moção anti-islã de uma maneira bem de extrema direita. Então não resisti e usei um pouco de zombaria leve e espontânea para caçoar de suas políticas ao iniciar minha resposta

— dizendo que ela se enquadraria melhor em dois partidos políticos britânicos de extrema direita.

> Acho que você está tentando entrar no Partido Trabalhista para se tornar uma parlamentar em Brighton[1]. Se conseguir, e fizer comentários como esses, acho que vão tirar seu chicote. Mas o Partido de Independência do Reino Unido [UKIP] está em voga. Ele vai aceitá-la. Já o Partido Nacional Britânico [BNP] pode ter algo a dizer sobre seus pontos de vista.[2]

Essa foi uma piada feita na hora que fez a assistência rir. E adivinhe: Waters filiou-se ao Partido de Independência do Reino Unido no ano seguinte, em 2014, e depois se aliou com um ex-ativista do Partido Nacional Britânico para fundar um novo partido de extrema direita antimuçulmano em 2018, o For Britain. (Piadas também podem prever o futuro!)

Desde o início, e com o auxílio de uma piada espontânea, consegui minar gravemente a credibilidade da oradora principal da oposição. Quase que de imediato, o público começou a levá-la menos a sério; *ela* foi colocada na defensiva e, de fato, começou a tentar desesperadamente me interromper e importunar. (Obrigado, Górgias e Cícero!)

Em 2020, repeti a tática com Melanie Phillips, colunista de um jornal britânico de direita sobre quem pesava a acusação de fazer comentários homofóbicos ao longo de sua carreira (o que ela obviamente nega). Em um debate da Intelligence Squared em Londres comigo sobre sionismo e antissemitismo, Melanie — a arquiconservadora e defensora dos "valores familiares" — tentou defender Israel de críticas falando sobre o quanto o país é pró-gays.

Ah, que *chutzpah* [ousadia]! Então foi assim que comecei minhas observações em Londres naquela noite.

---

1. Famosa cidade balneária, conhecida por suas diversas comunidades, áreas comerciais, grande e vibrante cenário cultural, musical e artístico e sua grande população LGBT, levando-a a ser considerada como a "capital gay não oficial do Reino Unido". [N. da T.]
2. O UKIP defende uma política populista libertária e eurocética. O BNP é um partido político fascista de extrema direita. [N. da T.]

> Senhoras e senhores, testemunhamos hoje uma proposta profundamente cínica alinhavada por uma combinação de argumentos fracos, distorções, esquivas, acusações falsas e, claro, propaganda descarada pró-Israel. Contudo, ouvir Melanie Phillips vir aqui e apoiar os direitos dos gays em Israel para defender o sionismo valeu o preço do ingresso.

Isso resultou em uma boa risada — mas também serviu como um poderoso lembrete para o público no auditório do quão descarado e hipócrita o outro lado era.

Para deixar bem claro: tenha muito cuidado nessas situações. Tenha certeza de que a piada feita à custa da outra pessoa será eficaz. Se não for, o ridicularizado pode ser *você*!

Apesar disso, e com base em minha experiência, penso que tal expediente costuma compensar o risco. Uma boa piada à custa do opositor vale seu peso em ouro. Porém, é preciso fazê-lo com confiança. A maioria dos comediantes profissionais de stand-up concordaria que a combinação de uma apresentação confiante e presença de palco os ajuda a conseguir risadas de uma forma que seria difícil para meros mortais. (Vou comentar bastante sobre ganhar confiança mais para frente neste livro.)

.........

Para resumir, o humor vem em nosso auxílio de três maneiras: criando um vínculo com o público, abordando um assunto sério e destruindo nosso oponente. No entanto, é preciso estar preparado, e todo cuidado é pouco: segundo o antigo retórico e educador romano Quintiliano, "o humor é arriscado, porque 'graça' rima com 'farsa'".

Portanto, sabendo que o humor *pode* fazer a diferença, como obter o equilíbrio certo? Como garantir que o opositor, e não nós, pareça um tolo? O humor que não dá certo nos prejudica, então precisamos saber o que estamos fazendo. Com esse intuito, listei como agir ou não, inspirado, em parte, em diversos dos maiores coaches de oratória e especialistas em retórica.

## HUMOR NO DEBATE — O QUE FAZER

### 1. Seja autodepreciativo

Tire sarro de si mesmo. Isso *sempre* dá certo. Não daremos a impressão de ser alguém sofisticado, distante e tedioso; ao contrário, segundo Hrideep Barot, isso fará com que as pessoas se identifiquem conosco. No início de meus discursos ensaiados, costumo dizer que Deus não me deu nenhuma outra habilidade ou talento na vida além de uma boca grande, então decidi monetizar isso. Essa é uma frase geralmente bem recebida por um novo público — e tem a vantagem de ser verdadeira. (Não tenho outras habilidades. Sinto muito, mas isso é tudo!)

Durante sua carreira política, Ronald Reagan usou o humor autodepreciativo com maestria, tanto para minar seus oponentes quanto se defender de críticas. Durante o segundo debate presidencial da campanha eleitoral de 1984, ao enfrentar o candidato democrata de 56 anos Walter Mondale, Reagan, com 73 anos, precisou lidar com as preocupações crescentes em relação à sua idade. Como poderia nulificar a diferença de quase duas décadas entre ele e Mondale? Tudo de que precisou foi da piada certa, em uma conversa entre o então presidente republicano e o moderador do debate, Henry Trewhitt, do *Baltimore Sun*:

> HENRY: O senhor já é o presidente mais velho da história. E alguns membros de seu pessoal comentam que o senhor sentiu-se cansado após seu encontro [em debate] mais recente com o Sr. Mondale. Recordo-me que o presidente [John F.] Kennedy precisou passar dias dormindo muito pouco durante a crise dos mísseis cubanos. O senhor não tem nenhuma dúvida em sua mente de que conseguiria trabalhar nessas condições?
>
> REAGAN: Nenhuma. E quero que saiba que não vou usar a idade como um fator nesta campanha. Não vou explorar, para fins políticos, a juventude e inexperiência de meu oponente.

Essa foi *a* declaração sonora daquela noite — e talvez da campanha presidencial inteira de 1984. A multidão dentro do Auditório Municipal de Kansas City, Missouri, incluindo o próprio Mondale, riram bastante. Mais tarde, o candidato democrata reconheceu que Reagan "conquistou o público com ela" e que não conseguiria reverter a situação.

## 2. Seja espontâneo

É bom ter algumas falas preparadas ou histórias engraçadas que já contamos a amigos ou colegas. Mas é ainda *melhor* se conseguirmos reagir em tempo real ao que foi dito ou feito — pensar e fazer piadas "na hora", como diz TJ Walker. O melhor humor é o que vem de forma natural, espontânea e verdadeira. Não tente forçar nada ou introduzir uma piada planejada que só se encaixa pela metade. Deixe que sua graça seja um reflexo de sua personalidade.

Quando entrevistei o tenente-general aposentado Michael Flynn antes da eleição presidencial de 2016 em meu programa do Al Jazeera English, não fazia ideia de que ele se tornaria o assessor de segurança nacional do presidente Trump alguns meses depois nem que seria acusado de endossar conspirações da QAnon[3] e promover a lei marcial! Na época, eu não desconhecia que ele apoiava tropas islamofóbicas de extrema direita e que havia postado um tuíte dizendo que o "medo dos muçulmanos é racional".

Então eu queria questionar a ele e suas declarações antimuçulmanas e, para ser honesto, não tinha a menor intenção de fazer piadas sobre elas. Foi algo espontâneo, do momento — mas funcionou.

> EU: Então, para deixar bem claro para os telespectadores: o senhor não tem medo de muçulmanos? Em geral?
>
> FLYNN: Não, não. Senão nós estaríamos lutando agora.

3. Grupo de extrema direita que dissemina teorias conspiratórias. [N. da T.]

EU: Era sobre isso que eu estava confuso. E o senhor provavelmente venceria. [Pausa] É por isso que eu deveria ter medo do senhor.

Assim como Reagan fez com Mondale, eu até consegui tirar uma risada dele naquele dia. Minha piada foi espontânea e autodepreciativa — trazendo os telespectadores em casa diretamente para meu lado.

### 3. Seja expressivo

Dicas visuais são importantes na oratória pública em geral, mas principalmente para a oratória pública humorística. Então use isso como uma licença para *interpretar* seu humor, sua piada ou sua história engraçada. Não tenha medo de se valer de expressões faciais, gestos ou linguagem corporal para transmitir humor ao público. Às vezes, erguer a sobrancelha ou revirar os olhos pode fazer nosso público rir. Se estivermos contando uma história sobre outra pessoa, talvez possamos fazer uma paródia dela, quem sabe imitando sua voz. (Embora, pensando bem, talvez seja melhor praticar isso na frente de amigos ou membros da família antes, senão as coisas podem dar muito errado!) Assim, que outras expressões físicas poderíamos usar para transmitir para a assistência que essa não é a parte mais séria de nossa fala? Que ela pode ficar tranquila, relaxar e até rir? Talvez seja algo tão simples e silencioso quanto um sorriso.

Ou uma pausa.

Uma pausa cômica.

## HUMOR NO DEBATE — O QUE NÃO FAZER

### 1. Não seja ofensivo

Não conte piadas sobre assuntos controversos, divisivos ou sensíveis, como Barot e Snippe. Não vale a pena. Não somos Ricky Gervais apresentando os Globos de Ouro. Não somos Dave Chappelle apresentando um especial da Netflix. Nosso objetivo não é ir além dos limites da comédia ou adotar algum tipo de posição espirituosa contra o "politicamente correto".

Nosso objetivo é conquistar o público. Assim, certifique-se de que seu humor seja apropriado para ele, não o irritando desnecessariamente ou ofendendo-o gratuitamente com suas piadas. Você está em um fórum público com a finalidade de convencer pessoas de um ponto mais importante — então não permita que uma piada *ruim* seja a única coisa de que se lembrarão.

Até alguns dos maiores retóricos se atrapalharam nesse campo: em 2009, Barack Obama compareceu ao programa noturno de comédia de Jay Leno. "Eu imagino que a pista de boliche [da Casa Branca] foi incendiada e fechada", brincou Leno, referindo-se à falta de habilidade em boliche do novo presidente. "Não, não. Eu estou praticando", respondeu Obama, talvez relaxado até demais. "Eu jogo como um 129. É como... foi como as Olimpíadas Especiais ou algo parecido." Essa foi uma piada desnecessária que simplesmente não se encaixava com alguém que representava todos os norte-americanos. Mais tarde, Obama ligou para o presidente das Olimpíadas Especiais para apresentar um pedido de desculpas "bem tocante" e convidou os atletas das Olimpíadas Especiais à Casa Branca.

## 2. Não exagere

Não conte piadas demais, uma atrás da outra. Seu objetivo *não* é ser um comediante de stand-up. Não é isso o que as pessoas esperam ver ou ouvir de você... e sejamos francos — *este é um espaço seguro, não é?* —, você não deve ser muito bom nisso. Faça uma piada aqui e outra ali. Mas menos é mais.

Na verdade, meu conselho é fazer piadas relacionadas com o assunto em questão ou em resposta ao que outros lhe disseram antes. "Não use o humor só por usar", escreveu John Zimmer. As melhores piadas são aquelas que ajudam a sustentar um argumento. E, novamente, lembre-se que seu público não o vê como um comediante. Ele o vê como alguém que tem algo a dizer sobre o assunto; quer ser informado, persuadido e até inspirado.

### 3. Não seja inexpressivo

Eu concordo com o mídia trainer TJ Walker: nunca comece uma frase com as palavras "vou contar uma história engraçada".

Não. Faça. Isso.

Não há necessidade de uma introdução engessada ou estranha. Isso mata a comédia. Se tiver o que acha ser uma história divertida simplesmente conte-a e deixe o público decidir se ela é ou não. A reação dele deixará isso claro logo em seguida.

De fato, Zimmer escreveu que talvez seja melhor considerar testar antes o que *achamos* serem piadas ou histórias engraçadas com pessoas que conhecemos e em quem confiamos para ver se a opinião delas coincide com a nossa. Pratique suas anedotas. Conheça-as muito bem, a ponto de conseguir contá-las de modo espontâneo, resumida ou demoradamente e com palavras diferentes. Afinal, argumenta Barot, não é nada divertido ver um orador lendo algo em um tom monótono, sem tirar os olhos de suas anotações ou papéis! Pode acontecer de uma história inventiva ou leve se descaracterizar diante de nossos olhos — ganhando peso e indo ao chão.

Obviamente, uma das melhores maneiras de evitar a inexpressividade é a espontaneidade de nosso humor. Uma piada que surge de súbito na mente não poderá ser ensaiada! Mas a preparação de piadas ou historietas requer que elas sejam capazes de atingir o alvo — é preciso praticar bastante para dominá-las, mas não a ponto de estabelecer um roteiro robótico e recitado.

.........

Essa é *minha* lista do que fazer ou não ao usar o humor. É de conhecimento geral que há uma ciência clara por trás do poder do riso; entretanto, obviamente isso não se dá quanto ao que nos faz rir. Trata-se de uma questão muito subjetiva, e cada um têm um jeito diferente de ser engraçado. Trabalhe no seu. A ideia é que seja algo autêntico e faça o público rir e gargalhar para se conectar com você.

E o que, talvez, seja o mais importante ao usar o humor durante um discurso, uma discussão ou um debate é sempre fazer o público rir *com* você e não *de* você. Ocorrendo o primeiro, você provavelmente vencerá. Ocorrendo o segundo, você com certeza já perdeu.

O lendário humorista norte-americano Art Buchwald disse certa vez: "Aprendi desde cedo que, quando conseguia fazer as pessoas rirem, elas gostavam de mim. Essa é uma lição que nunca esqueci."

E é uma lição que *você* também nunca deveria esquecer.

# PARTE DOIS
# TRUQUES DO OFÍCIO

# 7

# A REGRA DOS TRÊS

> Sr. Bond, existe um ditado em Chicago:
> "Uma vez é o acaso. Duas vezes é uma coincidência.
> A terceira vez é uma ação inimiga."
>
> — Auric Goldfinger, em *Goldfinger* de Ian Fleming

Existem muitas regras testadas e comprovadas da retórica, mas uma dentre elas é a mais importante, uma que nunca devemos esquecer: a Regra dos Três.

Por quê?

Porque três, para citar *Schoolhouse Rock!*[1], é o número mágico. Ele abrange tudo: do nascimento à vida e à morte; do passado ao presente e ao futuro. E, quando a dominamos, a Regra dos Três nos fará vencer debates aqui, lá e acolá.

.........

Eu sou obcecado com a Regra dos Três. Minha família, meus amigos e meus colegas zombam de mim. Não consigo conversar com

1. Série de desenhos animados curtos ilustrando várias canções que ensinam tabuada, entre outros assuntos, de grande sucesso nos EUA na década de 1970. [N. da T.]

eles, apresentar um argumento ou oferecer uma explicação sem citar três motivos pelos quais estou dizendo algo. Independentemente do quanto o assunto seja comum ou trivial.

Se me perguntarem porque eu gosto do sorvete Chocolate Therapy da Ben & Jerry em vez do World Class Chocolate da Baskin-Robbins, darei três motivos: 1, 2, 3.

Se me perguntarem porque prefiro os filmes do Universo Cinematográfico Marvel (MCU) em vez do Universo Estendido DC (DCEU), darei três motivos: a, b, c.

Se me perguntarem por que estacionei meu carro em determinada vaga? Sim. Já deu para entender. Três motivos: o primeiro, o segundo e o terceiro.

Não consigo evitar. São sempre três isso ou três aquilo. O número três transmite clareza, organização, uma forma, uma ordem.

E não sou só eu. Lembra-se de como Steve Jobs lançou o iPhone em 2007? Ele disse ao público: "Hoje, estamos lançando três produtos revolucionários", referindo-se repetidamente a um iPod, a um telefone e a um aparelho de comunicação com a internet antes de fazer sua grande revelação. "Esses não são três aparelhos separados. É apenas um aparelho, que chamamos de iPhone."

Tal como Carmine Gallo, coach de oratória observou, Jobs viu a mágica do número três. Dois anos antes, ao se dirigir a graduandos da Universidade Stanford no que se tornou o discurso de formatura mais assistido da história, o CEO e cofundador da Apple começou dizendo aos formandos que gostaria de falar sobre "três histórias da minha vida. Só isso. Nada demais. Só três histórias".

Há uma antiga expressão latina que diz: *omne trium perfectum*. Tudo que vem em três é perfeito. Desde os tempos de Aristóteles, bons oradores públicos — e especialmente os bons debatedores — juraram com base nesse princípio, a Regra dos Três. Ela diz que as ideias ou argumentos apresentados em três palavras ou partes, em um trio de algum tipo ou forma, são, nas palavras do coach de oratória Dave Linehan, "mais interessantes, mais agradáveis e mais memoráveis para nosso público".

## OUÇA OS MESTRES

Todos dizem que Cícero foi, na antiguidade, o equivalente da combinação de Lincoln, Churchill e Obama. Cícero criticou de tal maneira o general romano Marco Antônio em uma série de discursos ardentes chamados de *Filípicas* que Antônio o decapitou por causa disso — e dizem que a esposa de Antônio, Fúlvia, segundo o historiador Barry Strauss, pegou a cabeça de Cícero, "puxou" a língua dele para fora e a "espetou" com seu grampo de cabelo.

Durante sua vida, no primeiro século AEC, Cícero foi um pioneiro quando o assunto era o uso de tríades, empregando a Regra dos Três com um efeito devastador — fosse no senado romano ou no tribunal, na frente de um juiz. Sua arma preferida foi o *tricolon* — um grupo de três palavras ou expressões que são usadas em paralelo para sustentar um ponto em comum. Ele é composto das palavras gregas *tri* ("três") e *colon* ("cláusulas").

Em seu comentário sobre os discursos de Cícero, o classicista T. N. Mitchell explica que o ideal é que cada seção "seja maior do que a anterior, ou que a terceira... seja maior do que o restante, abarcando, por assim dizer, as outras. Ademais, o pensamento deve aumentar em força, até chegar no clímax".

O tricolon tem um jeito surpreendente de se colocar no centro da história mundial. Ele não colocou somente Cícero no mapa da fama (antes e depois de perder a cabeça). Desde a fundação do país, os presidentes norte-americanos utilizaram o tricolon muitas vezes para argumentar — tal como documentado por John Zimmer, o renomado coach de oratória e fundador do blog *Manner of Speaking*. Este é Abraham Lincoln, segundo Zimmer, em seu Discurso de Gettysburg em 1863:

> Mas, em uma escala maior, *não podemos dedicar... não podemos consagrar... não podemos santificar* este solo... Em vez disso, nós devemos nos dedicar à grande tarefa que se apresenta diante de nós... que a partir desses honrados mortos, devotamo-nos ainda mais à causa pela qual eles se devotaram por completo... que estamos aqui totalmente determinados a que esses mortos não

> tenham morrido em vão... que esta nação, sob Deus, terá um novo nascimento de liberdade... e que *o governo do povo, pelo povo e para o povo* não desaparecerá da terra.

Este foi Dwight Eisenhower em seu discurso "Oportunidade pela Paz" em 1953:

> *Toda arma fabricada, todo navio de guerra inaugurado e todo míssil lançado* significa, no fim das contas, roubar daqueles que passam fome e não são alimentados, daqueles que passam frio e não são vestidos. Este mundo armado não está gastando apenas dinheiro. Está gastando *o suor de seus trabalhadores, a genialidade de seus cientistas e a esperança de suas crianças.*

Este foi Barack Obama em seu memorial para Nelson Mandela — cujo nome no clã era "Madiba" — em 2013:

> Depois que esse grande libertador descansar, e quando voltarmos para nossas cidades, nossos vilarejos e nossa velha rotina, busquemos sua força. Busquemos sua amplidão de espírito em alguma parte dentro de nós. E *quando a noite for escura, quando a injustiça pesar demais no coração e quando nossos melhores planos parecerem inalcançáveis*, pensemos em Madiba e nas palavras que lhe trouxeram consolo entre as quatro paredes de sua cela: "Não importa o quão estreito seja o portão nem quão repleto [de punições] seja o rolo de pergaminho, eu sou o mestre de meu destino: sou o capitão de minha alma."

O tricolon é apenas uma forma de tríades. Também temos o *hendiatris*, no qual três palavras em sequência são usadas para transmitir um ponto principal. Pense em "liberté, égalité, fraternité" — o lema nacional francês. Ou em "vida, liberdade e a busca pela felicidade", da Declaração de Independência dos EUA. E como dizem que Júlio César, contemporâneo de Cícero, costumava se gabar no campo de batalha? "Veni, vidi, vici." Vim, vi e venci.

Três! Três! Três!

Então, se quiser vencer uma discussão, convencer uma multidão, transmitir uma ideia... use tríades.

Não precisa confiar em mim. O Dr. Martin Luther King Jr. foi outro leal usuário da Regra dos Três; na verdade, ele reunia as coisas em grupos de três de modo brilhante, com o máximo de impacto retórico.

Lembra-se de seu lendário discurso "Eu Tenho um Sonho" nos degraus do Lincoln Memorial em agosto de 1963? Ao escrever para a *Forbes*, o coach de oratória Nick Morgan nos recorda como ele terminou:

> Quando deixarmos a liberdade soar, quando a deixarmos soar em cada vila e aldeia, em cada estado e cidade, poderemos acelerar o dia em que todos os filhos de Deus, negros e brancos, judeus e gentios, protestantes e católicos...

Viu só? "Negros e brancos, judeus e gentios, protestantes e católicos."

Três grupos!

Voltando para o Dr. King:

> ...poderão se unir e cantar as palavras daquela velha canção: "Livres enfim! Livres enfim! Graças ao Deus Todo-poderoso, estamos livres enfim!"

Três vezes!

## AQUI VEM A PARTE CIENTÍFICA

Já falamos sobre trios, tricolon, tríades e *hendiatris* — mas o que há de tão especial no *três*? Em 1956, George Miller, psicólogo cognitivo da Universidade Harvard, estabeleceu a base para as teorias modernas sobre a memória humana, argumentando que nossa "memória de curto prazo" armazenava apenas entre cinco e nove "grupos de informação", sendo que um grupo podia se referir a um número ou palavra de qualquer "unidade significativa". E qual foi o título de seu artigo mais notável sobre esse tema? "O Mágico Número Sete, Mais ou Menos Dois".

Em anos recentes, porém, psicólogos cognitivos, como o professor Nelson Cowan da Universidade de Missouri, que diz estar "interessado no que a mente humana consegue fazer e faz", sugeriu que esse número de grupos é bem menor, além de fazer distinção entre a memória de curto prazo (a capacidade da mente humana de simplesmente armazenar pequenas quantidades de dados ou informações durante um curto período) e a memória operacional (a capacidade da mente humana de armazenar *e processar* pequenas quantidades de informação durante um curto período).

Diversos estudos da memória operacional "convergem na noção de que as pessoas conseguem se lembrar de até três unidades, grupos ou ideias básicas por vez", contou-me Cowan. "Três é um bom padrão."

Cowan realizou experiências de "períodos de execução", nas quais os participantes recebiam uma lista de itens que se encerravam de repente. Então os participantes eram convidados a dizer quais foram os últimos itens e, segundo Cowan, "em geral, as pessoas se lembram dos últimos três itens".

Na verdade, ele disse que isso parece não se limitar apenas aos humanos: "Existem pesquisas com abelhas que sugerem que elas conseguem contar até três ou quatro... mas não mais que isso."

Vez após vez, a ciência aponta para o número três. Em um artigo de 2010, Cowan observou como "as simulações matemáticas sugerem que, sob certas suposições simples, fazer buscas em meio a muitas informações se torna mais eficiente quando os grupos nos quais as buscas são feitas incluem 3,5 itens em média".

Os padrões também exercem um papel aqui, haja vista que, em geral, é por intermédio deles que processamos informações. Novamente, a ciência é clara: as pessoas se inclinam a estabelecer grupos de três porque o cérebro humano está sempre à procura de padrões. E, segundo os especialistas, três é o menor número que nos permite enxergar um padrão.

Se algo acontece uma vez, trata-se de algo isolado. Duas vezes? É uma coincidência. Mas quando acontece três vezes, tendemos a enxergar um padrão — um padrão que nos faz pensar "está acontecendo algo previsível". Ele nos dá um senso de ordem e conforto — e entendimento.

## ÍMÃ DE APLAUSOS

Obviamente, aqueles que já assistiram ao discurso "Eu Tenho um Sonho" já sabem da onda de aplausos que vem no final, mesmo antes de Luther King terminar de falar.

Isso acontece graças a outra ação da Regra dos Três quando aplicada perante uma multidão: ela faz o público aplaudir no fim da tríade. Ela faz com que as pessoas queiram aplaudir.

Existe até um nome para isso. Em seu livro sobre discursos, intitulado *Our Masters' Voices* [sem publicação no Brasil], o acadêmico e coach de oratória Max Atkinson mostra como os melhores oradores usam as tríades para tentar "arrancar" um aplauso do público no que ele chama de "ímã de aplausos".

Como isso funciona? Dizemos nossas três palavras, frases ou expressões à plateia: bum, bum, bum.

Os sentimentos se manifestam mais a cada item da sequência, preparando-se para se manifestar no clímax... com aplausos.

E não são apenas os mocinhos que usam esse recurso retórico para causar o máximo de impacto.

Em janeiro de 1963, oito meses antes do discurso "Eu Tenho um Sonho" de King, o governador George Wallace, o maior segregacionista e supremacista branco do Alabama, o *anti*-Martin Luther King se preferir, proferiu seu discurso inaugural.

Ele disse a seguinte frase, escrita por Asa Carter, autor de seus discursos e membro da Ku Klux Klan:

> Em nome do maior povo que já pisou nesta terra, eu traço uma linha vermelha no chão e jogo minha luva aos pés da tirania[2]... e digo... segregação hoje... segregação amanhã... segregação sempre.

Houve um grande aplauso — infelizmente! — para Wallace ao término dessa fala afrontosamente racista. De novo: o poder do três.

2. A expressão "jogo minha luva aos pés da tirania", tradução para "toss the gauntlet before the feet of tyranny" significa fazer um desafio. [N. da T.]

Agora compare os dois líderes do Partido Trabalhista do Reino Unido, que discursaram na conferência anual do partido com quinze anos de diferença.

Em 1996, Tony Blair, em seu último pronunciamento em uma reunião do partido, antes de se tornar primeiro-ministro, disse a seguinte frase icônica: "Se perguntarem quais são minhas três prioridades principais no governo, eu direi: 'Educação, educação e educação'."

Isso resultou em um grande aplauso do público dentro do salão em Blackpool. "No contexto dos discursos políticos, a lista de três partes pode servir de sinal para o público não de que o discurso está começando, mas de quando aplaudir", escreveu Peter Bull, psicólogo e especialista em comunicação. "Nesse exemplo, a palavra 'e' que vem antes da terceira e final menção de 'educação' funciona como um sinal de que Blair está a ponto de concluir seu argumento; então o público respondeu com um estrondoso aplauso."

Quinze anos depois, porém, o líder do Partido Trabalhista do Reino Unido Ed Miliband se dirigiu aos apoiadores do partido em Liverpool. Ele tentou tomar o recurso retórico de Blair emprestado: "Se perguntarem quais foram as três coisas mais importantes que fiz este ano, eu direi; ver meu segundo filho, Sam, nascer..." Houve uma pausa — mas o público no salão não respondeu com aplausos a seu líder. Bull escreveu: "O público supostamente ainda estava esperando pelos itens dois e três, porque Miliband disse 'Se perguntarem quais foram as três coisas mais importantes'." Seria necessário um aceno de cabeça do então líder trabalhista para fazer o público aplaudir.

Como diria Homer Simpson: "D'oh!"

## COMEÇO, MEIO, FIM

A Regra dos Três é muito mais do que um recurso retórico. Ela também ajuda a organizar nossos pensamentos — e argumentos. Segundo Cowan, o psicólogo cognitivo, o número três nos dá uma "estrutura estável"; nos dá "um começo, um meio e um fim".

Como sempre, os antigos estavam bem à frente da ciência. Foi Aristóteles, em *Poética*, que disse "uma [história] inteira é aquela que tem um começo, um meio e um fim". Três partes! Em nossa época, Roy Peter Clark, do Poynter Institute escreveu mais sobre isso em seu livro *Writing Tools: 50 Essential Strategies for Every Writer* [sem publicação no Brasil].

"Use um para poder", diz Clark. "Use dois para comparação, contraste. Use três para completude, integridade, totalidade."

Você pode usar a mesma lógica em seus discursos, apresentações e argumentos. Você quer que seu público sinta que sua apresentação é integral e completa, então aplique a Regra dos Três quando estiver estruturando suas observações.

Se, tal como outros pesquisadores como Cowan sugerem, nossa assistência só lembrará de três coisas que lhe dissermos, quais desejaremos que elas sejam?

Certifique-se de que *você* saiba para que possa lhe transmitir a mensagem desejada. A pior coisa que podemos fazer ao apresentar um argumento ao público é não ter estrutura, tagarelar e deixar de ter foco. Quem quer ouvir alguém tagarelar? *Você* gostaria de escutar essa pessoa? Certamente não. Então não *seja* essa pessoa.

Isso é o que os especialistas dizem que devemos fazer. Divida seu discurso, apresentação ou argumento em:

1. Introdução
2. Desenvolvimento
3. Conclusão

No Desenvolvimento, certifique-se de apresentar os três argumentos principais. Na Conclusão, assegure-se de resumir e repetir os três argumentos principais.

Bem, talvez você já saiba que é vital que seu argumento tenha uma boa estrutura. (E se não sabia, agora sabe!) Contudo, a Regra dos Três oferece a estrutura perfeita.

De fato, diga à assistência ou a seus interlocutores com antecedência que planeja usar a Regra dos Três. Não tenha medo de dizer:

"Eu tenho três motivos pelos quais vocês deveriam me ouvir." Isso chama a atenção das pessoas porque, como vimos, a maioria de nós foi programada para reconhecer padrões de três, e dizer isso em voz alta dará à sua plateia uma noção do rumo de sua fala. Ela saberá para onde vai e será mais fácil acompanhá-lo.

Ademais, como mencionado, todos nós temos uma memória operacional de curto prazo que só consegue armazenar e processar, no máximo, três ou talvez quatro grupos de novas informações em determinado instante. Apegar-nos à Regra dos Três ajudará nosso público a acompanhar o que está sendo dito.

Andrew Dlugan, o fundador e editor do site de oratória pública e habilidades de apresentação Six Minutes, fez um resumo útil das diversas formas em que a Regra dos Três pode ser usada para estruturar discursos ou argumentos.

Temos a abordagem mais básica, já mencionada: Introdução, Desenvolvimento e Conclusão.

Ou: Três Pontos Principais.

Ou: Três Histórias.

Ou: Prós, Contras e Recomendação.

Ou minha favorita: elaborar um argumento Político, Econômico e Moral a favor ou contra alguma coisa. De acordo com minha experiência, isso quase sempre parece funcionar.

Três argumentos. Três itens. Três pontos. É como Dlugan diz: "Limite-se a seus melhores três pontos. Menos, e sua mensagem não será atraente. Mais, e sua mensagem corre o risco de se tornar enfadonha."

Assim, para concluir este capítulo: se quiser vencer uma discussão, use a Regra dos Três. Use-a para sinalizar seus argumentos; use-a para causar um efeito retórico; use-a para se tornar memorável. Você se tornará irrefreável.

# 8

# GOLPES DE JUDÔ

De onde eu venho é judô, no qual os princípios são "máxima eficiência e mínimo esforço".

— Ronda Rousey, lutadora de WWE e estrela de cinema

No Japão da década de 1870, Jigoro Kano estava sofrendo bullying na escola. Com 1,60 metro e 40 quilos, ele era um alvo fácil para meninos muito maiores que o tiravam da escola e lhe davam surras regularmente. Desesperado para aprender como se defender, e com objeções de seu pai, Jogoro começou a tomar aulas de *jūjutsu* e se dedicou a dominar os principais elementos das artes marciais.

Em 1882, com 21 anos, ele fundou sua própria escola de artes marciais, chamada Judô Kodokan, em um pequeno dojô com apenas 12 tatames.

Em 1909, com 48 anos, Jigoro se tornou o primeiro asiático a ser eleito para o Comitê Olímpico Internacional.

Em 1964, 26 anos após a morte de Jigoro, aos 77 anos, o judô foi formalmente introduzido como um esporte olímpico nas Olimpíadas de Tóquio.

Hoje, mais de 40 milhões de pessoas ao redor do mundo praticam o judô. Para deixar claro: eu não sou uma delas. Nunca recebi nenhuma aula. Então por que estou contando a história e a filosofia do judô em um livro sobre... discussões?

..............

Eu não sou bom em combates físicos. Digo, já viu uma foto minha?

Como Jigoro, eu me acostumei a sofrer bullying dos meninos maiores na escola. Diferentemente do fundador do judô, nunca tive a coragem de aprender a autodefesa.

Contudo — como você já deve ter adivinhado —, descobri outra maneira de contra-atacar. Nada como um combate verbal. Do meu ponto de vista, o debate é como uma arte marcial *retórica*, incluindo até golpes de judô.

Na verdade, "judô" vem da palavra japonesa que significa "flexível" ou "que cede". Um dos princípios essenciais do judô é o *kuzushi*. Esse substantivo, segundo a Wikipédia, vem do verbo *kuzusu*, que significa "nivelar, rebaixar, destruir ou demolir". Os golpes de *kuzushi* envolvem jogar o oponente no chão — fazendo isso não com chutes ou socos, mas por desequilibrá-lo e colocando-o em uma posição em que seja impossível para ele readquirir o equilíbrio. Na posição certa, não precisamos atacar; podemos deixar nosso oponente cair usando seu próprio peso.

Assim, como aplicar esses princípios para discutir e debater? Costumamos imaginar que a chave para vencer uma discussão é não retroceder. Até dobrar nossos esforços ao sermos confrontados com uma resposta desconfortável ou um contra-argumento poderoso. Nada poderia estar mais longe da verdade.

Para vencer um debate ou obter vantagem em uma discussão, precisamos ser flexíveis e estar dispostos a ceder, como no judô. Não basta atacar, trazer nossos recibos e usar o humor. Às vezes precisamos ceder para um adversário no debate — não porque estamos perdendo, mas porque fazer isso nos ajudará a vencer.

"A filosofia do judô... é que se alguém nos dá um soco, não socamos em resposta", diz Stephen Llano, um especialista em retórica e debate da St. John University em Nova York. "Usamos a energia desse soco para girá-lo, fazê-lo cair de costas e incapacitá-lo."

Os bons debatedores utilizam técnicas similares. Eles procuram desequilibrar seus oponentes; derrubá-los quando menos esperam. Esse é o caminho da "máxima eficiência e mínimo esforço" descrito por Ronda Rousey, que, antes de se tornar uma campeã de WWE e uma atriz de Hollywood mundialmente famosa, ganhou uma medalha de bronze em judô nos Jogos Olímpicos de Verão de 2008 em Pequim — a primeira norte-americana a obter uma medalha olímpica nesse esporte.

Mas como transferir esses princípios do tatame para o piso do salão de debates? Já venho aprimorando minhas técnicas há décadas, e existem três "golpes de judô" fundamentais que podem ser aplicáveis em qualquer discussão:

## 1. Concessão

Há uma coisa que posso garantir que acontecerá em qualquer debate ou discussão acalorada: o oponente atacará nossos argumentos ou as duas coisas. Nos debates normais, cada participante apresenta seus argumentos e depois critica os argumentos um do outro. Ambos provavelmente preveem e se preparam para isso. Ambos esperam essa atitude um do outro.

Mas é por isso que devemos pensar como um lutador de judô.

Nosso opositor revelará seus argumentos escritos e preparados com antecedência, ficando cada vez mais emocionado e elétrico, tentando conquistar o público. Assim, o que poderíamos fazer para "desequilibrá-lo"? Segundo Jay Heinrichs, autor de *Thank You for Arguing* [sem publicação no Brasil], podemos voltar a energia dele contra ele mesmo ao lhe conceder uma ou mais de suas colocações. Llano sugere que podemos concordar com um argumento aqui e ali e, então, dizer: "Há um argumento seu que não parece fazer muito sentido para mim e gostaria de me contrapor a ele." Não tenha medo de dizer "meu oponente está certo nesse ponto" a seu público, porque isso lhe dará a oportunidade de dizer: "Mas ele errou aqui."

Isso o desequilibrará — o fará cair de costas no chão, metaforicamente falando. Podemos diminuir sua paixão e energia com a jogada da concessão. Para o público, isso passará a impressão de sermos mais razoáveis e racionais, bem como queremos nos mostrar antes de apresentar nossos contra-argumentos (e contra-ataques!).

Em geral, vemos o ato de conceder como um sinal de fraqueza. Não é. É um sinal de força e confiança. Mostra ao público que temos mente aberta. Mostra que não somos ideólogos inflexíveis. Talvez *nosso oponente* seja, mas nós não! Segundo o autor Sam Leith, ceder em certos pontos nos fará parecer "honestos e escrupulosos", além de usufruirmos do benefício de, ao mesmo tempo, desarmar, desorientar e desestabilizar o adversário.

Obviamente, existe um termo técnico grego para essa técnica retórica: *sincorese*. O *Collins English Dictionary* a define como "o ato ou a ação de concordar com um argumento para apresentar um mais forte".

Cícero foi um mestre da sincorese. Ao defender seu cliente, Flaco, um governador romano acusado de extorsão, contra testemunhas gregas, ele disse o seguinte:

> Mas digo isso de toda a raça grega; admito que eles têm um bom aprendizado e admito que eles têm o conhecimento de diversas artes; não nego sua sabedoria na arte da conversação, na especialização de talentos e na fluência da fala; inclusive, se exigirem elogios por outras habilidades, não farei nenhuma objeção; mas o escrupuloso campo da veracidade em apresentar evidências não é uma virtude que essa nação cultivou; eles são bem ignorantes em relação ao significado dessa qualidade, não sabendo nada sobre sua autoridade ou seu peso.

Perceba que Cícero admitiu que os gregos têm humor, são versados, inteligentes e eloquentes, mas que tudo isso era irrelevante no tribunal, e por fim os classificou como testemunhas desonestas e inescrupulosas — o que é bem relevante! Perceba também o contraste de seu tom: a concessão fluiu de modo simples e ligeira, ao passo que a declaração final possuía "força e firmeza".

Inspirado por Cícero, e em meus próprios esforços de judô retórico, iniciei meu discurso em Londres em 2019 no debate da Intelligence Squared sobre antissionismo e antissemitismo concedendo os seguintes pontos:

> Deixemos bem claro qual é a moção desta noite. Porque é na moção que vocês devem votar, e com a consciência tranquila. A moção diz, e cito: "Antissionismo é antissemitismo". Não diz: "Alguns antissionistas são antissemitas", o que é verdade. Não diz: "Antissionismo às vezes pode se tornar antissemitismo", o que é verdade. Não diz que "os antissemitas costumam usar o antissemitismo como disfarce, como uma desculpa, para seu preconceito e racismo", o que é verdade. Eu não me oporia a nada disso.

Viu só? Eu concordei com vários pontos de boa-fé desde o início. Isso fez com que eu recebesse toda a atenção.

> Mas não é isso o que a moção diz. A moção diz, de forma ridícula, abrangente, ofensiva e em oposição à história que "antissionismo é antissemitismo". Que simplesmente se opor ao sionismo, uma ideologia política, recordem-se, significa ser — de forma inerente, por definição, ipso facto — antissemita, o que é um absurdo.

Isso é judô!

## 2. Prevenção

Em geral, as pessoas supõem que dar a última palavra em uma discussão ou em um debate é a coisa mais importante de todas.

Não é.

Na verdade, em qualquer debate ou discussão que envolva vários oradores, eu prefiro falar primeiro, não por último. Isso não quer dizer que não seja importante causar uma impressão duradoura no oponente e no público, mas falar primeiro nos permite estabelecer os termos do debate e desequilibrar o adversário *antes* de ele começar a falar.

Imagine o seguinte: nosso oponente em um debate vem preparado para apresentar um argumento poderoso e aparentemente irrefutável com base em uma premissa após a outra até chegar à sua inevitável conclusão. Mas, e se pudéssemos usar nossas observações para abordar, expor e descartar os pontos levantados pelo opositor antes mesmo de serem apresentados? O que ele fará então? Minamos sua posição antes que ele diga uma só palavra. Roubamos totalmente a cena e — em termos judocas — o jogamos no chão.

Prevenir-se contra os argumentos do oponente é uma das técnicas mais poderosas passíveis de utilização em um debate. Você também deveria considerar essa técnica flexível sempre que estiver planejando dar um discurso ou fazer uma apresentação na qual estiver tentando convencer as pessoas a concordar com seus argumentos.

Na verdade, muito provavelmente, você já ouviu oradores usarem expressões do tipo:

> "Já sei o que vocês devem estar pensando..."
> "Vocês provavelmente já ouviram outros dizerem..."
> "Os críticos dizem que..."

Uma palavra de alerta, porém, sobre os riscos envolvidos na elaboração de uma estratégia preventiva, ou o que os gregos antigos chamavam de *procatalepse* (que vem da palavra grega para "antecipação"). Tal como George A. Kennedy, um erudito de retórica clássica, destacou, se essa técnica não for usada com parcimônia e cuidado, pode "deixar o orador na defensiva e minar sua credibilidade, em especial se ele parecer reconhecer os fortes contra-argumentos e não responder a eles com absoluta convicção".

Entretanto, se empregada corretamente e com confiança, ela pode ser um golpe de judô devastador. Por que esperar para refutar quando podemos fazer isso com antecedência?

Em 2019, fui o primeiro orador de outro debate da Intelligence Squared intitulado "O Ocidente Deveria Cortar Laços com a Arábia Saudita". Nosso lado defendia essa proposta. A prevenção se constituía em uma grande parte de minha estratégia — identificando, antecipando e minando os principais argumentos do lado da oposição antes que ela pudesse apresentá-los.

> Para esta noite, eu esperava muita suposição vinda da oposição. Muitas desculpas da parte dela. "E o Catar? E a Turquia? E o Irã?", costumam perguntar os defensores da Arábia Saudita. Há nesses países, sim, grandes abusos dos direitos humanos. Acreditem, sei muito bem disso. Já entrevistei os líderes de todos eles, incluindo os de Catar, e lhes perguntei sobre questões de direitos humanos. Mas deixemos as coisas bem claras: o debate desta noite é sobre a Arábia Saudita. Não se deixem distrair pela oposição.

Essa prevenção foi o equivalente retórico de puxar o tapete do oponente. Foi *kuzushi*!

### 3. Reformulação

Aqueles de nós que debatem gostam de fingir que nossos argumentos giram em torno *apenas* da lógica fria e direta. A verdade, porém, é que o sucesso de muitos dos argumentos que apresentamos depende da linguagem, das metáforas e das narrativas que usamos.

Os seres humanos não tomam decisões nem chegam a conclusões com base apenas em fatos. Nós interpretamos esses fatos, e fazer isso exige contexto e histórico; nossas conclusões dependem de como "formulamos" determinada situação. Os especialistas dizem que a formulação serve como um "filtro" que o cérebro humano usa para tentar processar e interpretar informações em determinado ambiente. Classificamos o aborto como um ataque ao direito de viver de um nascituro ou como o direito de uma mulher de decidir o que fazer com seu próprio corpo? Podemos seguir em qualquer direção nos valendo do mesmo conjunto de fatos. Segundo Heinrichs, tudo depende da formulação na qual escolhemos nos basear.

Assim, o golpe de judô aqui é ajudar nosso público a tirar conclusões alicerçado na formulação dos fatos e das informações que se adequam ao nosso lado da discussão. Isso desequilibra o oponente, que talvez não espere tal abordagem. Em um debate formal, a moção pode nos favorecer a tal ponto que podemos usá-la para dar força ao nosso argumento. Ou pode ser tão desfavorável, tornando difícil argumentar em contrário, que precisaremos nos esforçar para neutralizá-la ou descartá-la logo no início.

Se achar que a moção favorece seu lado, então apegue-se tanto quanto puder a ela, rigorosa e religiosamente. Garanta, também, que o outro lado saiba que seu plano é se apegar a ela, a cada palavra dela.

No entanto, se o oposto for verdadeiro, devemos tentar reformulá-la, "redefini-la", ampliar seu significado e sua mensagem. Esse foi exatamente o caminho que segui no debate da Intelligence Squared, no qual a abrangente e traiçoeira moção com a qual tive que argumentar a favor foi "O Ocidente Deveria Cortar Laços com a Arábia Saudita". O que eu disse foi o seguinte:

> Deixemos claro algo sobre a escolha de palavras da fraseologia estranha dessa moção: "cortar laços" não significa bloqueá-los ou bombardeá-los; não significa que trataremos a Arábia Saudita da mesma forma como ela tratou o Iêmen. Nem estamos exigindo uma mudança de regime. Mas significa deixar de tratá-la como nossa melhor amiga do Oriente Médio, deixar de lhe fornecer as bombas que ela usa com nossa ajuda para acabar com escolas, hospitais, mercados e moendas de farinha no país mais pobre do mundo árabe; significa deixar de lhe dar cobertura nas Nações Unidas ou ajudá-la a obter um lugar no Conselho de Direitos Humanos das Nações Unidas, algo que David Cameron vergonhosamente fez; significa não fazer nosso governo estender o tapete vermelho sempre que os sauditas vierem à cidade... É isso o que queremos dizer com "cortar laços" esta noite, é por isso que estamos argumentando esta noite e é para isso que queremos seu voto esta noite.

Eu reformulei o debate; fiz com que a moção passasse a significar o que eu precisava que ela significasse. Podemos reformular ou redefinir a moção da forma como desejarmos, em especial se nós a estivermos propondo — tal como era meu caso no debate sobre a Arábia Saudita e o Ocidente.

Por outro lado, também podemos questionar a premissa por trás de uma moção. Se ela fosse "A Ocupação Está Minando a Democracia Liberal em Israel", poderíamos acrescentar: "Mas, para início de conversa, quem disse que Israel é uma democracia liberal?" Se a moção fosse "O Ocidente Deveria Intervir na Síria?", poderíamos argumentar: "Por que deveríamos supor que o Ocidente *já* não está intervindo na Síria?" Essa é uma forma útil de sair de um buraco, de virar um debate incômodo de ponta-cabeça e de desequilibrar o oponente: questionar tudo, não apenas seus fatos, números e argumentos, mas a premissa, reestruturando o próprio debate!

A mesma técnica também se aplica a perguntas que são dirigidas a nós. Muitos dos convidados que entrevistei na TV tentaram escapar de minhas perguntas questionando a premissa subjacente a elas. Essa pode ser uma tática muito eficaz para aqueles que querem reformular uma discussão que estão perdendo. Em 2019, na Oxford Union, realizei uma edição do programa *Head to Head* do Al Jazeera English que se concentrava na China e nas más atitudes do Partido Comunista Chinês. Durante um segmento no qual falávamos sobre as dificuldades dos muçulmanos uigures na China, perguntei ao painelista Victor Gao, um grande defensor do governo chinês, a respeito do tratamento brutal dos uigures em campos de detenção na província de Xinjiang.

> EU: Victor, durante quanto tempo esses campos ficam abertos?
>
> VICTOR GAO: Antes de mais nada, não concordo com a premissa de sua pergunta. Enquanto conversamos, mais mesquitas estão sendo construídas na China do que qualquer outro estabelecimento religioso.

Para ser franco, questionar a premissa de uma pergunta, a suposição na qual ela se baseia e a formulação empregada, é um bom truque. Eu mesmo já fiz isso quando fui convidado para programas de TV de outras pessoas.

Em 2020, compareci no *Cuomo Prime Time*, na CNN, e o apresentador, Chris Cuomo, me fez uma pergunta sobre uma história que surgira no noticiário reformulada de um modo que eu não achava justo. Ela se concentrava nas primárias do Partido Democrata para as eleições presidenciais norte-americanas, ocasião na qual o candidato Bernie Sanders exigiu que o candidato Joe Biden retirasse uma de suas representantes da sala e se desculpasse pelas observações ofensivas dela. Cuomo estava dizendo que a representante, Hilary Rosen, não era uma funcionária formal da campanha de Biden e que, portanto, Biden não tinha nenhuma obrigação de fazer isso.

Como respondi? Questionei a premissa por trás de sua linha de raciocínio; virei-a de ponta-cabeça e reformulei a discussão.

> CUOMO: E hoje ele postou um tuíte dizendo que Biden tinha que se desculpar...
>
> EU: Bem...
>
> CUOMO: ...pelo que foi dito aqui. Por falar nisso, Hilary Rosen...
>
> EU: Mas isso é compreensível, Chris.
>
> CUOMO: ...não trabalha para a campanha. Ela o apoia.
>
> EU: Ah, fala sério! Espere, espere, Chris.
>
> CUOMO: Mas ela não trabalha para a campanha.
>
> EU: Qual é?!
>
> CUOMO: Sim.
>
> EU: Muitos dos "Bernie Bros" foram, com razão, acusados de serem tóxicos, de usar uma linguagem de baixo calão, e também não trabalham para Bernie. Mas a mídia e vários candidatos

democratas insistem que Bernie assuma responsabilidade por eles. Então não sei se existe um padrão duplo aqui. Acho que precisamos ser bem claros. Ser consistentes. Ela pode não trabalhar para a campanha de Biden. Mas acho que todo mundo deve denunciar coisas ruins quando elas acontecerem nesta corrida eleitoral, em especial em um programa importante e de horário nobre, como o seu.

CUOMO: O senhor está certo. Como era de se esperar, bom argumento.

## NÃO EXAGERE

Eu concordo com o autor Jay Heinrichs: desequilibrar o opositor é uma das maneiras mais eficazes de vencer uma discussão.

Não obstante, quer seja por conceder, executar uma estratégia preventiva ou reformular, todos esses golpes retóricos de judô devem ser usados com moderação. Não exagere nem force o uso deles, senão se tornarão óbvios e perderão seu valor.

Seja seletivo sobre onde e quando empregar essa técnica. Se usar esses golpes apenas quando precisar, no lugar e momento certos, você se tornará imbatível. Afinal, lembre-se de que a própria filosofia do judô não tem a ver com responder à força com mais força, mas responder a ela de uma forma mais flexível, cedente e sutil.

Para citar Jigoro Kano: "Resistir a um oponente mais poderoso resultará em derrota, ao passo que nos ajustarmos e evitarmos o ataque do nosso oponente fará com que ele perca o equilíbrio, reduzindo seu poder, e então poderemos derrotá-lo."

Em outras palavras, não tenha medo de se ajustar ou de evitar ataques — mesmo no caso de um adversário poderoso. Na verdade, faça isso *em especial* no caso de um adversário poderoso. Ao fazermos concessões, executar uma estratégia preventiva e reformular a moção ou argumento, podemos desequilibrá-lo e vencer.

# 9

# A ARTE DAS TIRADAS

A menos que haja uma tirada, um gracejo
ou algo parecido naquele momento memorável,
em certo sentido não há vitória.

— George W. Bush

No verão de 1988, George H. W. Bush surpreendeu seu partido, a imprensa e o público ao escolher Dan Quayle para concorrer ao lado dele na corrida eleitoral como vice-presidente.

Dan *quem*? O *Los Angeles Times* se referiu a Quayle como "um senador júnior relativamente desconhecido de 41 anos de Indiana". Para o *New York Times*, ele era "um conservador rico de 41 anos com uma escassa reputação nacional".

Após sua seleção como representante para vice-presidente do Partido Republicano, Quayle foi imediatamente inundado de perguntas sobre sua falta de experiência. Na defensiva, ele começou a comparar sua carreira política com a de John F. Kennedy, destacando aos entrevistadores e ao público que JFK serviu durante quatorze anos no Congresso antes de concorrer a presidente, ao passo que ele já havia servido por doze anos na Câmara e no Senado.

A contraparte de Quayle do lado dos democratas era exatamente o oposto. O representante para vice-presidente dos democratas,

Lloyd Bentsen, era um senador do Texas que já servira por três mandatos e que entrara no Congresso, via Câmara dos Representantes, em 1948 — o ano após o nascimento de Quayle. Bentsen tinha muita experiência, mas a questão agora era se seu tempo havia passado.

Quando os dois indicados se encaminhavam para o debate para vice-presidente, que aconteceu em 5 de outubro de 1988 no Auditório Cívico em Omaha, Nebraska, Dan Quayle era o favorito. "Bentsen, que estava com 67 anos na época, nasceu antes da era da televisão", recordou o *Los Angeles Times* em 2016. "Seu timing não estava bom. Ele não respondeu bem à iluminação."

Contudo, ainda havia a pedra no sapato de Quayle — como ele abordaria a questão de sua experiência ou a falta dela. Durante a preparação para o debate, seus assessores lhe disseram repetidamente que sua amada comparação com JFK poderia prejudicá-lo. Ele ignorou os alertas, preferindo se mostrar corajoso.

Mas, como era de se esperar, em Omaha, o comoderador Tom Brokaw da NBC News questionou novamente a falta de experiência de Quayle. O senador republicano respondeu tal como havia planejado:

> Estarei preparado não somente graças a meu serviço no Congresso, mas também às minhas habilidades de comunicação e de liderança. Não se trata apenas de idade; são realizações, experiência. Tenho muito mais experiência do que muitos outros que pretendem obter o cargo de vice-presidente neste país. Eu tenho tanta experiência no Congresso quanto Jack Kennedy quando quis se tornar presidente. Estarei preparado para lidar com o povo durante a administração Bush, caso esse infeliz evento aconteça.

No entanto, a velha referência a "Jack Kennedy" não pareceu ousada ou original. Pareceu falsa. E Bentsen, indignado, atacou, dando uma resposta que se tornou lendária.

> Senador, eu servi com Jack Kennedy. Conheci Jack Kennedy. Jack Kennedy era meu amigo. Senador, o senhor não é nenhum Jack Kennedy.

Bum! Para ter uma ideia da reação do salão, eis como a transcrição oficial da Comissão sobre Debates Presidenciais a descreveu: "Gritos e aplausos prolongados." Qual foi a reação de Quayle? Segundo uma colunista do *Washington Post*, o senador de Indiana "parecia um homem que sabia que havia acabado de engolir os dentes".

Enquanto esperava até que os aplausos e os gritos diminuíssem, Quayle só pôde dar a seguinte resposta fraca e seca a Bentsen: "Isso foi desnecessário, senador."

A frase "Senador, o senhor não é nenhum Jack Kennedy" é amplamente considerada, nas palavras do *Los Angeles Times*, como "o maior momento dos debates de vice-presidentes da história". Além de se tornar uma entrada do Wikipédia, ela foi parodiada e repetida na cultura popular, desde filmes como *George, o rei da floresta*, da Disney, a programas de TV, como *Um maluco na TV* e *Ugly Betty*. Em fins da década de 1980, o *Saturday Night Live* fez um ator mirim interpretar Quayle para capturar melhor o momento.

Quayle recorreu a seu ponto fraco em comparação com Bentsen — mas bastou uma única frase para deixar suas deficiências bem claras. Bentsen conseguiu. E, mais de uma década depois desse debate, até Quayle admitiu a contragosto em uma entrevista que essa tirada foi "boa".

......................

O que é uma tirada? Em inglês, o termo para "tirada" (*zinger*) se originou de uma gíria de beisebol, relata o *Christian Science Monitor*, a qual foi usada nos anos de 1950 para descrever uma bola rápida do lançador para pegar o receptor "desprevenido". Na década de 1970, o termo entrou no léxico político norte-americano como uma observação pungente e inteligente, um "comentário farpado" que pega o *ouvinte* desprevenido. E por volta de 2020, quando Pauline Bickford-Duane escreveu um livro sobre o assunto — *The Little Book of Zingers: History's Finest One-Liners, Comebacks, Jests, and Mic-Droppers* [sem publicação no Brasil] —, havíamos desenvolvido todo um léxico de termos para capturar o efeito de uma boa tirada. Bickford-Duane oferece uma definição consideravelmente expansiva do termo: um "insulto, gracejo, troça, resposta, reprovação, reclamação, censura, comentário rude, observação crítica, comentário devastador ou um (metafórico) tapa na cara".

As tiradas são usadas para minar um oponente ou seu argumento — deixá-lo de rosto vermelho e sem palavras, como Quayle. Elas costumam ser respostas, segundo o psicólogo Mardy Grothe, uma palavra que "vem da palavra latina *retortus*, que significa 'devolver'. E, claro, isso é exatamente o que uma resposta executada com perfeição faz: devolve um ataque pessoal, transformando uma ameaça momentânea em um triunfo pessoal".

As tiradas podem ser divertidas e leves, mas costumam ser... cruéis. *Uma arma*. "Pode ser um cassetete para ferir um oponente e um escudo para nos defendermos dos ataques dele", escreveu Chris Lamb, professor de jornalismo em *The Art of the Political Putdown* [sem publicação no Brasil]. "Mas, o que talvez seja o mais importante, pode estabelecer nossa superioridade sobre um rival."

É disso do que nos lembramos. Esse é o momento de destaque do vídeo, quando alguém vira o jogo e prensa o opositor contra o tatame. É por isso que a tirada de Bentsen ainda atinge com força cinética mesmo depois de trinta anos. Em um especial da PBS de 2008, analisando um histórico de debates de TV, o então presidente George W. Bush destacou a importância das tiradas para os candidatos políticos que estão concorrendo para um cargo público. "Em 1980, Ronald Reagan veio com umas tiradas, e isso se tornou, como sabe, a medida de sucesso, até certo ponto", disse Bush. "A menos que haja uma tirada, uma frase de efeito ou algo parecido naquele momento memorável, em certo sentido não há vitória."

Eu odeio concordar com George W. Bush, mas esse ex-presidente estava certo.

## OS ANTIGOS FIZERAM MELHOR

"As tiradas são tão antigas quanto a humanidade", escreveu Bickford-Duane em *The Little Book of Zingers*. E não deve surpreender ninguém que os antigos gregos e romanos amavam uma boa frase de efeito. Lembra-se de Cícero? "Por tornar nosso inimigo pequeno, inferior, desprezível ou cômico, obtemos a satisfação cíclica de superá-lo."

Antes de Cícero, houve Diógenes, o Cínico, o filósofo grego — e criador de problemas notório — que viveu no quarto século AEC. Ele também foi um dos primeiros mestres das tiradas. Quando Alexandre, o Grande, visitou Diógenes certa vez e disse que podia lhe pedir qualquer coisa, prometendo conceder-lhe qualquer desejo ou favor, a resposta de Diógenes foi pedir ao lendário rei macedônio... para dar um passo para o lado porque estava na frente do sol.

Diógenes também foi um crítico constante e bastante sarcástico de Platão. Ele costumava atrapalhar as palestras públicas de Platão, segundo uma autora, por importunar o grande filósofo na assistência. Em certa ocasião, dizem que Platão discorria sobre sua teoria das ideias, usando o exemplo de uma taça e uma mesa, argumentando que a "ideia" da taça ou da mesa existia antes de a primeira taça ou mesa de verdade existirem no mundo.

"Eu vejo uma mesa e uma taça", interrompeu Diógenes, "mas não vejo a *falta* de uma mesa ou de uma taça."

Platão, cansado das constantes interrupções de Diógenes, procurou dar uma de suas raras tiradas. "Isso é natural, pois o senhor tem olhos, através dos quais uma taça e uma mesa são contemplados, mas não tem o intelecto", dando tapinhas na têmpora, "pelo qual a falta da mesa e da taça é vista."

Contudo, Diógenes riu por último. Depois de se aproximar da mesa com a taça e olhar dentro dela, ele perguntou se a taça estava vazia. Quando Platão fez que sim, Diógenes perguntou: "Onde está a 'falta' que precedeu esta taça vazia?" Enquanto Platão tentava pensar em uma resposta, Diógenes se inclinou na direção dele e, dando tapinhas na têmpora de Platão, disse: "Acho que acabará por entender que a 'falta' está aqui."

Ai.

....................

Como Bickford-Duane escreveu em seu livro — e como comprovado por Diógenes! — uma tirada pode ser "um arranjo de palavras que dá um arrepio na espinha e faz seu alvo engasgar — ou talvez tentar bolar uma resposta igualmente esmagadora".

Assim, quais são as melhores maneiras de criar e liberar nossas próprias tiradas?

Em seu livro, Chris Lamb escreveu que as melhores respostas exigem "uma boa audição, um cérebro flexível, inteligência e o timing de um comediante". Ele estava certo; é necessário certo nível de pensamento rápido para sair por cima. Mas dar uma boa tirada ou uma resposta devastadora também pode ser difícil.

Se quiser dominar a arte das tiradas, você precisará seguir três passos:

### 1. Esteja preparado

A atualmente famosa tirada de Bentsen não veio do nada. Dennis Eckart, um congressista do Partido Democrata de Ohio, ficou encarregado de preparar o indicado a vice-presidente do partido para o debate com Quayle em 1988. O *Los Angeles Times* revelou que Eckart passou semanas assistindo gravações em que Quayle se apresentou publicamente e notou as constantes referências do candidato republicano a John F. Kennedy. "Quayle acha que é JFK!", escreveu Eckart em seu bloco de notas amarelo.

Então Eckart até planejou a parte de Quayle nos debates simulados com Bentsen. Segundo o *Los Angeles Times*, "quando chegou a hora dessas simulações, Eckart repetiu a comparação para Bentsen". É curioso que o senador texano estava ficando cada vez mais irritado com Eckart nesses debates simulados. Ele lembrou Eckart e seus outros assessores que havia conhecido e trabalhado com Kennedy e, em certo ponto, explodiu: "Ele não pode se comparar com Kennedy."

Pronto. *Essa* era a frase que sua equipe queria que ele aperfeiçoasse, praticasse e usasse olhando diretamente para Quayle.

Assim, a frase "o senhor não é nenhum Jack Kennedy" não foi, de nenhuma forma, tão improvisada quanto pareceu ou soou. Até um político tão experiente quando Bentsen precisou trabalhar nela. Mas isso dá esperança para o restante de nós. Podemos trabalhar nisso; podemos aperfeiçoar nosso discurso para obter a frase perfeita. Até quando os grandes oradores fazem tudo parecer mágico, há mais por trás dos panos. Para citar Winston Churchill, que ficou famoso por suas tiradas cáusticas e abrasadoras: "As melhores observações espontâneas são preparadas com dias de antecedência."

Por falar nisso, podemos até nos basear nos oradores mais proeminentes da história para nos ajudar com nossas tiradas. Não tenha medo de usar, ou de *reutilizar*, o que foi experimentado e testado por outros debatedores de pensamento rápido. Invista em livros de citações ou frases de efeito, como de Grothe, Lamb ou Bickford-Duane. Consulte sites como BrainyQuote ou ThinkExist [conteúdo em inglês], que hospedam uma coleção de frases de efeito e respostas dadas ao longo da história e do mundo inteiro. Você também pode fazer sua própria coletânea — ou seja, pegue um caderno em branco, divida-o em seções e tópicos e comece a escrever — e então vá fazendo acréscimos — quaisquer citações engraçadas ou famosas com as quais se deparar. Essas coletâneas já eram usadas desde a era de Cícero, Quintiliano e Sêneca, que usou a analogia de uma abelha em uma de suas *Epístolas* para destacar a ideia de emprestar, agregar e sintetizar a partir de outros:

> Os homens dizem que deveríamos seguir o exemplo das abelhas, que voam e escolhem as flores adequadas para produzir mel, e então organizam em seus favos tudo o que trouxeram.

Existem diversos exemplos de tiradas que foram usadas, reutilizadas e adaptadas ao longo dos séculos, ressurgindo em debates e discussões com efeitos devastadores a cada vez. Considere a frase "Em nome de Deus, vão". Ela foi dita pela primeira vez, durante a época da Guerra Civil Inglesa, por Oliver Cromwell na Câmara dos Comuns. Em 1653, enquanto empregava um grupo de homens armados para acabar com o Parlamento Longo, tal como era conhecido, Cromwell declarou:

> O bem que estão fazendo não corresponde ao tempo que os senhores já estão sentados aqui. Vão, eu digo, deixem-nos acabar com vocês. Em nome de Deus, vão!

Quase três séculos depois, em maio de 1940, essa frase ecoou novamente na Câmara dos Comuns. Ocorreu no famoso Debate da Noruega sobre os esforços de guerra dos britânicos contra os nazistas. Leo Amery, um membro conservador de apoio do Parlamento, repreendeu o primeiro-ministro Neville Chamberlain sobre a fraqueza de suas políticas antes de concluir seu discurso com as seguintes frases conhecidas:

> Foi isso o que Cromwell disse ao Parlamento Longo quando achou que seus membros não conseguiam mais cuidar dos assuntos da nação: "O bem que estão fazendo não corresponde ao tempo que os senhores já estão sentados aqui. Vão, eu digo, deixem-nos acabar com vocês. Em nome de Deus, vão!"

Amery repetiu estas últimas cinco palavras, as palavras de Cromwell, em um tom baixo e se sentou. Ele não precisava dizer mais nada. O historiador Martyn Bennett escreveu que, três dias depois, Chamberlain se demitiu como primeiro-ministro e foi substituído por Winston Churchill.

Mais recentemente, em janeiro de 2022, o então primeiro-ministro Boris Johnson precisou lidar com exigências da mídia e da oposição para se demitir após uma série de festas supostamente realizadas em seu escritório em violação às regras de lockdown da Covid-19. Em um debate no Parlamento, David Davis, um membro conservador de apoio do parlamento e ex-ministro do governo, fez um discurso fulminante. E como ele terminou?

> Eu o lembrarei da citação tão familiar de Leo Amery a Neville Chamberlain: "O bem que estão fazendo não corresponde ao tempo que os senhores já estão sentados aqui. Em nome de Deus, vão!"

Os membros do Parlamento da Câmara dos Comuns gritaram e aplaudiram. Johnson, que era um biógrafo de Churchill, na defensiva e murmurando, fingiu não saber de onde vinha a tirada de Davis.

> Eu não sei do que ele está falando. Não conheço a citação a qual ele está se referindo.

O vídeo de Davis no Parlamento citando Amery (que estava citando Cromwell!) tomou as manchetes no Reino Unido e ao redor do mundo. Ele foi incluído às vozes crescentes que estavam exigindo que Boris Johnson deixasse o cargo. Seis meses depois, Johnson anunciou que estava se demitindo.

## 2. Seja breve

Se pesquisarmos "melhores tiradas em debates", estas são algumas citações de debates presidenciais dos EUA que tendem a aparecer vez após vez em listas da internet:

- "Lá vem você de novo." — Ronald Reagan a Jimmy Carter em 1980, sugerindo que seu oponente democrata tinha um histórico de não contar a verdade aos norte-americanos.
- "Cadê a carne?" — Walter Mondale a Gary Hart durante um debate primário democrático de 1984, descartando a plataforma política de seu opositor usando o famoso slogan de um comercial de TV da Wendy's, no qual uma idosa irritada questiona o tamanho do hambúrguer de um rival fictício.
- "Essa é uma conta estranha." — George W. Bush a Al Gore em 2000, sugerindo que o adversário democrata se valia de estatísticas enganosas para criticar os planos de Bush para o Medicare.
- "Você é agradável o suficiente, Hillary." — Barack Obama a Hillary Clinton durante as primárias do Partido Democrata de 2008, quando ela tentou soar autodepreciativa ao fazer uma piada na qual disse não se achar "tão ruim".

- "Os anos 1980 ligaram e estão pedindo sua política externa de volta." — Barack Obama a Mitt Romney em 2012, zombando do último em um diálogo sobre o al-Qaeda por ter se referido à Rússia antes como "sem dúvida nenhuma, nosso inimigo geopolítico n.º1

O que essas tiradas de debates têm em comum? Elas são curtas, concisas e vão direto ao ponto. Existe um motivo para as tiradas serem chamadas de "frase de efeito". O comediante Kendall Payne escreveu que, para exercer o máximo de impacto, nossa tirada deve ser composta de uma única declaração ou frase — pode ser um pouco mais longa, em especial se estivermos elaborando tudo para chegar à frase principal, algo que Bentsen fez. Mas é melhor não ultrapassar os dez ou quinze segundos. "Seja rápido e direto", diz Payne.

Os espartanos da Grécia Antiga eram os mestres da brevidade quando o assunto era piadas e respostas — a ponto de que o humor seco passou a ser conhecido como humor *lacônico* (de Lacônia, a região histórica da Grécia que incluía a cidade-estado de Esparta).

Em uma ocasião bem conhecida, o rei Felipe II, da Macedônia, ameaçou invadir a Lacônia, enviando uma mensagem aos líderes espartanos perguntando-lhes se ele deveria vir como "amigo ou inimigo". A resposta? "Nenhum."

Felipe, frustrado, enviou outro alerta: "Se entrar em seus territórios, destruirei a todos."

Ao que os líderes espartanos responderam: "Se."

Quanto mais lacônica for a resposta, mas dano ela causará. Se nosso oponente gastar parágrafos e mais parágrafos tentando desmantelar nossas ideias, podemos colocá-lo em seu lugar com apenas uma frase, com um contraste gritante. Nosso público não deixará de perceber disso, e — como o frustrado rei Felipe nos mostrou — deixará nosso oponente louco da vida.

### 3. Escolha o momento certo

Quando o assunto são as tiradas, a preparação é boa, mas a espontaneidade é excelente. Até uma fala que preparamos precisa ser apresentada de maneira a soar totalmente espontânea, e isso nem sempre é fácil. Para acertar, precisamos procurar pelo momento certo, em tempo real, durante uma discussão acalorada, para incluir nossa surra verbal.

O momento é importante. Lembra-se de quando fui convidado pelo *Question Time* da BBC1 em 2015 para debater a liberdade de expressão e o islamismo logo depois do terrível ataque terrorista na *Charlie Hebdo*? Um dos outros painelistas daquela noite foi David Starkey, um historiador britânico de direita que havia feito diversas observações preconceituosas e racistas, incluindo culpar a cultura paquistanesa pelo abuso sexual infantil e a cultura jamaicana por rebeliões urbanas.

Naquela noite, em suas observações sobre o ataque em Paris, Starkey se referiu à fé islâmica como "atrasada"; ele disse que "nada de importante" havia sido escrito em árabe nos últimos quinhentos anos; e tentou me pintar como extremista com base em uma distorção de alguns comentários mal interpretados meus feitos há quase dez anos. Em meio a seu falatório, ele também me chamou de "Ahmed".

Eu percebi que o momento havia chegado. Essa era minha oportunidade para uma boa resposta, na qual o restante de meu argumento poderia se basear. Quando finalmente chegou minha vez de responder às suas acusações, minha tirada já estava pronta: "Visto que o senhor não consegue nem acertar meu nome — meu nome é Mehdi, não Ahmed —, eu questionaria sua citação seletiva de qualquer coisa que eu disse há dez anos." Os aplausos esmagadores da plateia no estúdio do *Question Time* abafaram o escandaloso Starkey enquanto ele tentava — mas não conseguia — dar continuidade à sua argumentação.

Obviamente, eu não poderia ter me preparado com antecedência para os disparates de Starkey. Em vez disso, precisava estar preparado para a introdução que ele fez — e preparado para elaborar uma resposta na hora. Pode ter parecido pura coincidência que essa oportunidade tenha surgido, mas elas são incrivelmente comuns em debates e discussões. O que é mais raro é estarmos prontos para elas e dispostos a incluí-las em observações que, de outra forma, foram preparadas. Nesse sentido, a arte das tiradas se baseia em muitas das lições anteriores sobre as quais falamos. Baseia-se no humor e na espontaneidade, mas também na importância de escutar ativamente. Ao desenvolvermos essas habilidades, conseguiremos reagir a cada um dos erros cometidos pelo adversário. E enquanto as aperfeiçoamos, também será útil escutar e aprender com os debatedores que procederam exatamente assim.

Podemos aprender, por exemplo, com Chris Christie, que despachou Marco Rubio no debate das primárias presidenciais do Partido Republicano em Manchester, Nova Hampshire, em fevereiro de 2016.

Rubio, o senador da Flórida, vivia repetindo uma fala ensaiada sobre o atual presidente democrata. No início do debate, ele disse: "Vamos acabar de uma vez por todas com essa ficção de que Barack Obama não sabe o que está fazendo. Ele sabe exatamente o que está fazendo. Barack Obama faz um esforço sistemático para mudar este país, para fazer os Estados Unidos serem mais parecidos com o restante do mundo."

Então, mais adiante no debate, após atacar Christie por seu histórico como governador de Nova Jersey, Rubio disse: "Eu acrescentaria o seguinte: vamos acabar de uma vez por todas com essa ficção de que Barack Obama não sabe o que está fazendo. Ele sabe exatamente o que está fazendo. Ele está tentando mudar este país."

Parado lá, ouvindo Rubio repetir a mesma expressão vez após vez, Christie identificou uma oportunidade para uma tirada. Ele apontou para o senador da Flórida e então se virou para a assistência no auditório em Manchester. "É isso o que Washington, DC, faz", disse ele, ainda apontando para Rubio. "Primeiro ele vem com uma frase elaborada com informações incorretas e incompletas, e depois usa a fala memorizada de 25 segundos, aquela que seus assessores lhe deram."

De repente, o público viu Rubio como que através de um raio-X. Christie falou por apenas doze segundos. Bang. Bang. Bang. O público começou a aplaudir, e até Rubio soltou uma risada incômoda.

Christie deu continuidade à sua tirada com um ponto substancial: "O ponto é o seguinte, Marco: quando se é o presidente dos Estados Unidos, quando se é o governador de um estado, o discurso memorizado de trinta segundos no qual a pessoa fala sobre o quão excelentes os Estados Unidos são, no final não resolve os problemas de ninguém."

Ainda assim, Rubio não se conteve. Ele voltou a repetir sua fala sobre Obama alguns minutos mais tarde durante outra tentativa de criticar o histórico governamental de Christie. "Chris, seu estado foi atingido por uma enorme tempestade de neve há duas semanas, e o senhor nem quis voltar", observou Rubio. "Precisaram envergonhá-lo para fazê-lo voltar, e então o senhor ficou lá durante 36 horas, foi embora e voltou para fazer sua campanha. Estes são os fatos."

Está bem, havia uma nova questão a considerar. Mas então, estranhamente, o senador prosseguiu: "O ponto é o seguinte: a noção de que Barack Obama não sabe o que está fazendo não é verdade. Ele sabe exatamente o que está fazendo."

O rosto de Christie praticamente iluminou. Ao ouvir Rubio repetir sua fala anti-Obama, ele aproveitou: "Olha aí! Aí está, o discurso memorizado de 25 segundos. Aí está, pessoal."

Marco Rubio foi destruído naquela noite em Nova Hampshire, ao passo que Chris Christie mostrou ser um mestre das respostas, porque estava escutando, em tempo real, e disposto a ajustar suas observações e ir direto ao ponto.

"As frases de efeito são muito melhores quando vêm de forma espontânea do que quando vêm pré-preparadas", disse Christie posteriormente ao *New York Times*. "A maioria dessas falas industrializadas não tem o mesmo efeito. Acho que precisa ser espontâneo. Acho que precisa ser algo que surge no contexto do que as pessoas estão ouvindo."

.................

É isso o que faz as frases de efeito se constituírem em um tipo de arte. Aperfeiçoar nossas tiradas é importante, bem como a preparação prévia para quando participarmos de um debate. Ao fazermos isso, é melhor mantê-las curtas e nos apoiar nos mestres do campo. Porém, quando os argumentos começarem a voar de um lado para o outro, devemos nos permitir ser levados pelo momento. Isso pode significar identificar a ocasião perfeita para mandar uma boa tirada — ou pode significar mudar o rumo e responder aos disparates e observações do nosso oponente.

Contudo, segue-se um conselho final: não coloque seus ovos todos em apenas uma cesta de frases de efeito. O conteúdo também importa. As tiradas, como George W. Bush sugeriu, são capazes de nos dar uma sensação de vitória e triunfo, mas a realidade é que elas podem não perdurar *além* da noite. Elas funcionam melhor como parte de uma estratégia maior, que envolve questionar o opositor, sua credibilidade e conquistar o público. Uma única fala matadora não basta por si só.

Assim, memorize: as tiradas podem nos dar a vantagem, e até contribuir com um pouco de diversão e leveza, mas não devemos nos basear nelas para fechar o acordo ou vencer a discussão. Afinal, Quayle perdeu o debate para Bentsen, o democrata, em Omaha, e a tirada de Bentsen vem sendo repetida há décadas. Mas, três meses depois, foi Quayle, o republicano, que foi diplomado como vice-presidente no Capitólio dos Estados Unidos.

# 10 PREPARANDO ARMADILHAS

> O primeiro passo para evitar uma armadilha é saber onde ela está.
>
> — Duque Leto Atreides, em *Duna* de Frank Herbert

Nos anos de 1980, ainda em fase de crescimento, fiquei obcecado com a trilogia original de filmes do Rambo. *Rambo: Programado para matar. Rambo II: A missão. Rambo III.* Assisti esses filmes diversas vezes ao longo de décadas.

Então aqui vai uma pergunta e uma curiosidade do filme para você: no primeiro filme, quantas pessoas John J. Rambo, o personagem epônimo interpretado por Sylvester Stallone, acaba matando?

Apesar do título, *Rambo: Programado para matar* não mostra Rambo matando *ninguém*. É só no segundo e terceiro filmes que vemos Stallone começar a apunhalar, atirar e explodir dezenas e dezenas de inimigos.

Em vez disso, no primeiro filme, Rambo segue uma estratégia diferente. Quando esse veterano da Guerra do Vietnã se esconde na floresta, sendo perseguido por um xerife local vingativo da cidade fictícia de Hope, Washington, ele escolhe lidar com seus oponentes com diversas armadilhas (não letais). Elas incluem espetos, gravetos, buracos e assim por diante. O xerife e seus homens só percebiam que elas estavam lá quando era tarde demais. Eles seguiam em frente até que... *snap*.

Por que estou falando sobre esse velho filme de ação de segunda? Porque uma das melhores formas de vencer uma discussão é empregando o estilo de John J. Rambo: preparando armadilhas retóricas para nossos oponentes e, então, sentar-nos e vê-los correr em direção aos espetos.

..................

O dicionário *Merriam-Webster* define armadilha [booby trap, em inglês] como "um artifício para os incautos ou desavisados", uma "cilada". Inclusive, o termo *booby* tem a ver com o termo *bobo*, usado para se referir a alguém "burro, idiota, ingênuo". O objetivo deste capítulo é lhe mostrar como preparar armadilhas usando perguntas e comentários aparentemente inocentes — armadilhas que podem fazer nosso oponente parecer idiota, tolo e, idealmente, não sabendo o que dizer.

O que faz das armadilhas tão extraordinárias, e tão particularmente perigosas, é que a vítima dela a aciona sozinha. No contexto de um debate ou discussão, o efeito pode ser inesquecível, levando alguém que passou horas se preparando (ou falando por horas sem parar) se encontre, de repente, morrendo de raiva.

Assim, como preparar uma armadilha em uma discussão ou até em um debate formal? Como atrair o oponente para cair nela? E que tipos de armadilhas retóricas podemos preparar em uma discussão em tempo real?

Estas são minhas três formas favoritas de preparar armadilhas para oponentes desavisados.

### 1. Use as palavras de seu oponente para preparar uma armadilha

Como destacado no capítulo sobre os recibos, usar as próprias palavras de nosso oponente contra ele é uma forma poderosa de desacreditar suas afirmações e sua credibilidade, o que nos ajuda a ganhar vantagem na discussão.

Mas a forma de usar as palavras de nosso opositor como armadilha é incluí-las na conversa *sem identificá-las como sendo dele.*

Para ser sincero, esse é um velho truque que entrevistadores da TV gostam de usar contra políticos e figuras públicas — em especial no caso daqueles que já vêm dando entrevistas e fazendo discursos há anos. Eles tendem a não se lembrar de cada palavra que disseram, então, se conseguirmos encontrar algo dito no passado que mine seu argumento atual... podemos preparar a armadilha!

Não estou dizendo que isso é algo fácil de se executar. Precisamos fazer pesquisas e nos preparar de antemão, mas nessa era das redes sociais, não são apenas os políticos que têm um longo histórico de comentários anteriores. Em geral, podemos encontrar citações dignas de uma armadilha na página do Facebook ou na conta do Twitter [atual X] de nosso oponente, e então elaborar um método de ataque que nos permita apresentá-las sem que ele esteja pronto para isso. A execução é tudo.

Em 2015, no Al Jazeera English, entrevistei Michael Flynn, um tenente-general dos EUA que acabou servindo como o primeiro assessor de segurança nacional do presidente Donald Trump pelo enorme período de... 23 dias. Flynn tinha a reputação de atacar o Irã e de criticar o acordo nuclear do presidente Obama com a Republica Islâmica. Contudo, enquanto me preparava para a entrevista, minha equipe de produtores e eu nos deparamos com o depoimento que ele havia dado ao Congresso enquanto ainda era o diretor da Agência de Inteligência da Defesa (DIA), no qual Flynn minimizou a ameaça de Teerã.

Tinha chegado a hora de preparar a armadilha!

> EU: O senhor continua falando sobre a ameaça iraniana e começou fazendo isso por referir-se ao mau comportamento do Irã. Não é verdade, general, que o Irã, apesar de todo seu mau comportamento, em termos de níveis de ameaça, "provavelmente não iniciará ou provocará intencionalmente um conflito ou lançará um ataque preventivo aos Estados Unidos"?
>
> MICHAEL FLYNN: O Irã, bem, eu acho que não. Acho que isso...
>
> EU: O senhor não concorda com essa declaração?

FLYNN: Eu não acho que essa declaração seja verdadeira. Não acho que ela seja verdadeira.

EU: Essa declaração, general, essa declaração foi feita pelo senhor em fevereiro de 2014.

Bum! Quase nada é tão gratificante do que ver um oponente deixar de reconhecer suas próprias palavras citadas anteriormente. Com exceção, talvez, do momento que vem logo depois — a vergonha refletida em seu rosto quando *nós* lhe fazemos a revelação. Nosso opositor não estará preparado para isso, e se conseguirmos elaborar uma maneira de introduzir a citação dele sem que ele se dê conta, criaremos um momento marcante.

Mas mesmo que nosso oponente se dê conta de que as palavras são dele, o público provavelmente não saberá disso! Em 2019, em meu debate sobre a Arábia Saudita e o Ocidente na Intelligence Squared, em Londres, debati contra Mamoun Fandy, um erudito e autor do Oriente Médio. Em certo momento, ele tentou defender o governo saudita contra as acusações de incitar o extremismo fazendo um longo discurso contra a Irmandade Muçulmana do Egito, enquanto afirmava ser um "mito" dizer que a Arábia Saudita era a "base" do islamismo radical. Ele até descartou Osama bin Laden — um ex-cidadão saudita! — como um "amigo bem íntimo da rede Al Jazeera, que tinha direitos exclusivos a todas suas gravações e entrevistas". Ele sorriu em minha direção quando disse isso — eu estava trabalhando como âncora do Al Jazeera English naquela época. Ah, o velho truque da "culpa por associação"!

Mas não fiquei chateado. Por quê? Porque ele tinha acabado de cair na armadilha que eu havia preparado. Eu queria que ele defendesse explicitamente a Arábia Saudita contra as acusações de fundamentalismo e extremismo e que me atacasse pessoalmente. Assim, pude contra-atacar com minha resposta.

Permita-me destacar um ponto rápido para Mamoun. Mamoun, o senhor fala sobre islamismo, Maududi e Qutb; o *Christian Science Monitor* publicou um artigo na década de 1990 que dizia

> que o Egito não deveria se curvar ao "islamismo do estilo saudita... Como aluno... vi alunos fundamentalistas irem à Arábia Saudita..." voltarem e distribuírem livros.
>
> "O fundamentalismo do estilo saudita desanima... os egípcios... a influência saudita [deve] ser refreada." O autor desse artigo foi Mamoun Fandy.

Aquele sorriso triunfante desapareceu do rosto de Fandy. "Parabéns", respondeu ele sarcasticamente enquanto a assistência aplaudia minhas observações. Mas eu pude dizer a última fala matadora nessa parte específica: "Essas são suas palavras, Mamoun."

## 2. Prepare a armadilha da contradição

Você provavelmente já viu o filme *Questão de honra*, de 1992, dirigido por Rob Reiner. Mesmo que não tenha visto, provavelmente conhece o lendário diálogo na cena culminante do filme. "Eu quero a verdade!", grita Daniel Kaffee, o tenente interpretado por Tom Cruise, agitando o punho em direção ao réu. "Você não aguenta a verdade", berra de volta o coronel Nathan Jessup, interpretado por Jack Nicholson, dominando a cena.

Essa é a mágica do cinema, mas algo de que você talvez não se lembre foi do vai e vem que resultou nesse diálogo. Foi uma fala na qual Kaffee, o advogado da marinha, preparou uma armadilha para Jessup, a quem ele atribui — mas não pode provar! — a ordem de um "código vermelho", ou uma punição informal, que causou a morte do fuzileiro William Santiago.

Primeiro, Kaffee fez Jessup, que testemunhava diante dos jurados, dizer que seus fuzileiros nunca desobedecem ordens: "Seguimos ordens, filho. Se não as seguirmos, pessoas morrem. É simples assim." Então ele fez Jessup afirmar (falsamente) que havia aprovado uma transferência para Santiago, mandando-o embora da base para sua própria segurança, depois que Santiago relatou uma má conduta de outro fuzileiro. A essa altura, a armadilha estava a ponto de ser ativada. O tenente destaca a contradição no testemunho de Jessup. "O senhor deixou claro agora há pouco que seus homens nunca fazem justiça com as próprias mãos. Seus homens seguem ordens, senão as pessoas morrem. Então Santiago não deveria estar correndo perigo algum, não é, coronel?"

Podemos ver no rosto de Jessup, ao estreitar os olhos, que foi então que ele se deu conta. O coronel da Marinha havia caído em uma armadilha; ele foi pego em uma clara contradição sob juramento no tribunal. E sua resposta petulante dizia tudo: "Seu bastardo maldito." Momentos depois, Kaffee obteve sua "verdade": Jessup ordenou o "código vermelho" que matou Santiago.

Sou fã de *Questão de honra* desde que era adolescente. Como um aluno do ensino médio no norte de Londres na década de 1990, pedi a um amigo que fazia aulas de teatro para apresentarmos a cena do tribunal a nossos colegas. Um dia antes da apresentação, ele ficou doente e precisou ficar em casa. Então me levantei na frente de dezenas de crianças, com a desaprovação do professor de teatro, e interpretei os papéis de Cruise e de Nicholson, de Kaffee e Jessup, ao mesmo tempo: ficando de pé e me sentando, ficando de pé e me sentando. Esses foram... digamos... dez minutos bizarros.

Mais tarde na vida, porém, acabaria adotando a técnica de interrogação do tenente Kaffee em minhas próprias entrevistas combativas na televisão. Em 2015, conversei com Sir Paul Collier, um renomado economista britânico, perante uma assistência ao vivo na Oxford Union. Apesar de se classificar como liberal e centrista, Collier apresentava pontos de vista um tanto conservadores e reacionários sobre imigração e asilo. Ele publicou um livro provocante chamado *Exodus: How Migration Is Changing Our World* [sem publicação no Brasil], e percebi que, no livro, ele parecia se contradizer ao falar sobre britânicos "nativos" — e de uma forma um tanto desconcertante e ofensiva. Então, nessa entrevista com ele, concentrei-me nisso.

> EU: O senhor faz repetidamente referência no livro, quase em todas as páginas, aos britânicos nativos ou aos membros nativos da população, o que, como o senhor sabe, ressoa de certa

forma com algumas pessoas de extrema direita. Como o senhor definiria um britânico nativo? O que é um britânico nativo?

PAUL COLLIER: Bem, temos que ter algum conceito para a população não imigrante.

EU: Então o que seria isso?

COLLIER: Digo, poderíamos muito bem nos referir a eles como "nativos".

EU: Mas o que isso significa?

COLLIER: Bem, se temos um conceito de imigrante, precisamos de um conceito para um não imigrante, não é?

EU: Então qual seria o conceito de um não imigrante?

COLLIER: Qual é o conceito de um imigrante, Mehdi?

EU: Bem, eu sou um britânico nativo?

COLLIER: O senhor nasceu aqui?

EU: Sim.

COLLIER: Então o senhor é britânico, sim.

EU: Certo, então as pessoas que nasceram aqui são nativas?

COLLIER: Sim, isso serve.

EU: Certo. Então minha pergunta é a seguinte. Em seu livro, o senhor diz que, no censo de 2011, foi revelado que a Inglaterra nativa se tornou a minoria em sua própria capital. O censo revelou que 63% da população de Londres nasceu na Inglaterra. A única maneira de chegar a uma "condição minoritária" é se estivermos [nos referindo] aos britânicos brancos. Então vocês são uma minoria em Londres. Essa é uma expressão que o senhor usou em diversas entrevistas, diversos artigos, no *Daily Mail*, na *New Statesman*...

COLLIER: Podemos considerar a segunda geração.

EU: Bem, estou fazendo uma pergunta simples. Está errado? Está, não é? Em seu livro, o senhor diz que os britânicos nativos são uma minoria em sua própria capital. Mas não são. Sessenta e três por cento.

COLLIER: Se quiser marcar um ponto, então...

EU: Não estou marcando um ponto. Estou perguntando a um professor de economia se ele cometeu um grande erro em seu livro.

COLLIER: Não, não cometi.

EU: E repetiu no *Daily Mail*.

COLLIER: Não, não cometi.

EU: E repetiu na *New Statesman*, e repetiu no *Economist*...

COLLIER: Não, eu não cometi um grande erro. Trata-se de uma declaração perfeitamente significativa.

EU: Explique o significado dela para mim.

COLLIER: O uso da palavra nativo, certo? Existem... existem várias definições para ela.

EU: Eu lhe pedi uma há dois minutos, e o senhor disse: "Que nasceram aqui."

COLLIER: Sim, muito bem, e lhe dei uma.

EU: Então ela não se aplica neste caso. As que o senhor me disse...

COLLIER: Definitivamente não se aplicam.

EU: Então o que se aplica neste contexto?

COLLIER: Se aplica à... à segunda geração.

EU: À segunda geração? De acordo com essa frase, agora não sou mais nativo.

COLLIER: Ahn, então, com certeza. Sim.

EU: Eu sou ou não sou nativo?

COLLIER: É claro que é.

A assistência da Union vibrou com risadas enquanto esse economista premiado se enrolava em laços verbais. Mas Collier não riu. Ele deixou a câmara da Union naquela noite em silêncio, sem se despedir.

Perceba que não deixei que ele se distanciasse do que havia dito; não permiti que ele desconsiderasse uma óbvia contradição. Em vez disso, obriguei-o a permanecer com ela até que pudesse explicá-la — ou *falhasse* em fazer isso. Isso é apanhar nosso oponente em uma armadilha.

### 3. Prepare a armadilha com uma pergunta

Podemos empregar uma tática similar com um terceiro método de ativar uma armadilha — cutucar o adversário com uma pergunta direta que, no fim das contas, mostrará ser uma armadilha.

Como preparar uma armadilha com uma pergunta? É simples. Basta fazer uma pergunta ao nosso oponente que sabemos, com base na preparação prévia que fizemos, que ele não poderá ou não desejará responder. O valor não está muito na resposta — ou na *falta* dela, por falar nisso! —, mas costuma fazer com que ele considere a pergunta em si. Quando se desviar e perder o ritmo, a armadilha será ativada.

Como assim?

O falecido Christopher Hitchens, autor e jornalista anglo-americano, era um mestre do debate e, mais especificamente, dominava essa técnica. Em 1991, durante a preparação para a Guerra do Golfo, a CNN organizou um debate entre Hitchens e Charlton Heston, o lendário ator que se tornou um ativista do Partido Republicano. Ao vivo, Hitchens, que então era um oponente declarado da guerra contra o Iraque, confrontou Heston, um apoiador da ação militar, com esta armadilha em forma de pergunta.

> HITCHENS: Deixe-me fazer uma pergunta ao Sr. Heston. Poderia me dizer, em sentido horário, quais países fazem divisa com o Iraque, começando com o Kuwait?
>
> HESTON: Sim, na verdade, eu posso. Essas fronteiras serão bastante flexíveis, eu acho. O Irã e o Iraque demonstram que...
>
> HITCHENS: O senhor consegue, não é? Não levaria nem 1 minuto.
>
> HESTON: Deixe-me responder a seu comentário. Kuwait, Bahrain, Turquia, Rússia, ahn, Irã.
>
> HITCHENS: Exatamente; em outras palavras, o senhor não sabe onde ele fica, não é? Não faz ideia de onde o país se encontra no mapa, mas concorda em bombardeá-lo o mais rápido possível com base nos caprichos de um presidente.
>
> BOB CAIN, ÂNCORA DA CNN: Sr. Hitchens, se eu puder dizer uma coisa, não entendo como a menção instantânea da geografia de uma região...

HITCHENS: Ah, eu sei lá, se alguém concorda em bombardear um país, essa pessoa deveria ao menos saber onde ele fica.

Hitchens veio preparado. Ele estava determinado a preparar essa armadilha (*"O senhor consegue, não é?"*) e estava preparado caso Heston tentasse escapar dela. Afinal, Heston poderia ter se desviado. Ele poderia ter aproveitado a observação de Cain, âncora da CNN, e destacado que "a menção instantânea da geografia de uma região" não é estritamente relevante no caso da ação militar contra o Iraque. Entretanto, Hitchens se preparara com esta frase de efeito: "Se alguém concorda em bombardear um país, essa pessoa deveria ao menos saber onde ele fica."

Entretanto, o cara que fez o papel de Moisés em *Os dez mandamentos* nem sequer tentou se esquivar da pergunta. O ego de Heston o dominou — e ele caiu direitinho na armadilha de Hitchens. Ele tentou responder a pergunta e errou, fazendo papel de bobo na TV ao vivo, na frente de milhões de norte-americanos. (Para constar, a resposta correta à pergunta de quais países fazem divisa com o Iraque é: Kuwait, Arábia Saudita, Jordânia, Síria, Turquia e Irã — e, sim, caso esteja se perguntando, eu precisei pesquisar isso no Google!)

Eu mesmo empreguei a tática de Hitchens, e ela é muito poderosa. Em 2014, entrevistei Zhang Weiwei, autor e acadêmico chinês, um apoiador aberto do governo chinês, em *Head to Head*, no Oxford Union. Em determinada altura do programa, um membro da assistência levantou a questão dos abusos dos direitos humanos de Pequim no Tibete, e eu estava pronto e ansioso para dar continuidade a ela com um ponto que havia preparado.

EU: Calcula-se que de 500 mil a 1 milhão de tibetanos foram mortos nos últimos sessenta anos.

ZHANG: Cem por cento errado. Pode verificar as estatísticas.

EU: Está bem. Então me diga: quantos tibetanos foram mortos desde 1950?

ZHANG: Não, não, não...

EU: Não, me diga. Quantos foram mortos?

ZHANG: Veja qual era a população em 1950. Qual é a população de hoje?

EU: Estou fazendo uma pergunta bem simples. Os estudos que vi dizem que foram entre 500 mil e 1 milhão. O senhor pode contestar isso. Quantos diria que morreram?

ZHANG: Essa é a pergunta errada...

Nesse momento, a assistência morria de rir. Zhang também estava rindo — mas de nervoso. Ele fez uma pausa antes de admitir: "Eu não sei a resposta." Após o que, não pude deixar de responder: "Está bem, se o senhor não sabe a resposta, talvez não devesse questionar os estudos que foram realizados."

Prosseguindo, eu sabia que Zhang nunca concordaria com as estatísticas que sugeriam que os governantes da China tinham o sangue de 500 mil a 1 milhão de tibetanos em suas mãos. Mas o objetivo da armadilha não era fazê-lo concordar comigo, e sim expor o fato de que ele não tinha uma resposta própria. Na verdade, eu *queria* que ele discordasse de mim para que eu pudesse preparar a armadilha: "Está bem. Então me diga: quantos tibetanos foram mortos desde 1950?" Ao se deparar com essa pergunta, ele travou.

Perceba que essa pergunta e a pergunta que Hitchens fez parecem bem simples na superfície. É uma pergunta de fatos, o que faz com que nosso oponente pense que ela pode ser respondida com facilidade. Mas é aí que está a armadilha. Porque a pergunta de fatos está entremeada em uma questão que nosso opositor preferiria evitar. Se Hitchens tivesse perguntado "O que nós temos a ver com o Iraque?", ele teria ouvido um discurso bem preparado. Se eu tivesse perguntado a Zhang "Como responderia às alegações sobre os abusos dos direitos humanos no Tibete?", ele estaria pronto com uma resposta vaga e direcionado a conversa para um assunto de sua preferência. Mas as armadilhas em forma de perguntas vão imediatamente a detalhes concretos que estão além de discussão. Quando nosso oponente faz uma pausa para assimilar nossa pergunta simples, isso é um sinal de que conseguimos atolá-lo profundamente em um assunto que ele teria conseguido evitar caso se deparasse com uma pergunta mais genérica.

......................

Eu deveria me sentir mal por ter envergonhado Fandy em Londres? Ou por ter ludibriado Collier e Zhang em Oxford? Será que Hitchens se sentiu mal quando se mostrou mais esperto do que Heston na CNN?

Não. Tudo vale no amor e na guerra — e o debate, a meu ver, é um tipo de guerra retórica. Precisamos usar as armas da oratória que temos à disposição. E, como o ex-Boina Verde John J. Rambo na floresta do estado de Washington, precisamos estar preparados e nos planejar com antecedência. Use armadilhas que passarão desapercebidas pelos oponentes. Use o elemento-surpresa. Solte uma expressão, uma citação ou uma pergunta que pareça inofensiva. Até que — *snap*. A armadilha é ativada e o palco será seu.

"Venceremos desta vez?" Esta foi a famosa pergunta de Rambo ao seu ex-comandante no início de *Rambo II: A missão*. Ao preparar armadilhas para o nosso oponente, *sempre* venceremos.

# 11

# CUIDADO COM O GISH GALLOP

> A quantidade de energia necessária para refutar besteiras está em uma ordem de magnitude muito maior do que a necessária para produzi-las.
>
> — Alberto Brandolini, programador

Foi o primeiro debate televisionado da campanha eleitoral para presidente dos EUA de 2020. O então presidente Donald Trump enfrentava o ex-vice-presidente Joe Biden em Cleveland, com Chris Wallace de moderador. Ainda faltava mais de um mês para a eleição, mas em meio à pandemia da Covid-19, muitos estados já estavam apresentando opções antecipadas de voto expandido. E Trump e sua equipe semeavam ilações sobre fraude eleitoral e dúvidas quanto à própria legitimidade da eleição em si.

Então, durante o segmento final do debate, Wallace abordou diretamente a questão. Ele perguntou aos dois candidatos: "Quão confiantes os senhores estão de que esta será uma eleição justa? (...) E o que estão preparados para fazer para garantir ao povo norte-americano que o próximo presidente será o vencedor legítimo dela?"

Biden falou primeiro, afirmando que confiava no processo eleitoral e comprometendo-se a honrar os resultados, fosse ele o vencedor ou não. Então chegou a vez de Trump. E... aperte os cintos.

WALLACE: Sr. presidente, 2 minutos.

TRUMP: Então, quando ouvi Joe falar sobre uma transição, não houve transição quando venci. Eu venci aquela eleição. E se analisarmos a corrupta Hillary Clinton, se analisarmos todas as várias pessoas, não houve transição, porque eles vieram atrás de mim, tentando realizar um golpe. Vieram atrás de mim, espionando minha campanha. Começaram desde o dia em que venci, e até antes disso. Desde o dia em que saí da escada rolante com a primeira-dama, eles foram um desastre. Foram uma desgraça para nosso país, e os pegamos. Pegamos todos eles. Gravamos o que fizeram. Gravamos todos eles. Por falar nisso, o senhor deu a ideia do Logan Act contra o general Flynn. É melhor dar uma olhada nisso, porque o pegamos em certo sentido, e o presidente Obama estava sentado no escritório.

Ele também sabia disso. Então não venha me falar sobre uma transição livre. No que se refere às cédulas eleitorais, elas são um desastre. Um voto solicitado, tudo bem, solicitado, não tem problema. Estamos solicitando. Estamos pedindo. Eles devolvem. Nós devolvemos. Eu fiz isso. Se tivermos um não solicitado — eles enviam milhões de cédulas eleitorais pelo país. Há fraude. Elas são encontradas em riachos. Encontraram algumas, com o nome Trump, que tinham o nome Trump, um dia desses, em uma cesta de lixo. Estão sendo enviadas para todo lado. Enviam duas para uma área dos democratas. Enviam mil cédulas. Todo mundo recebe duas cédulas. Essa será uma fraude tal como nunca vimos antes. A outra coisa é boa. Em 3 de novembro, estaremos assistindo e veremos quem venceu a eleição. Acho que iremos bem porque as pessoas estão bem satisfeitas com o trabalho que fizemos.

Mas quer saber? Não vamos saber. Talvez não saibamos por meses, porque essas cédulas vão acabar. Veja o que aconteceu em Manhattan. Veja o que aconteceu em Nova Jersey. Veja o que aconteceu em Virgínia e em outros lugares. Não estão perdendo 2%, 1%, o que, convenhamos, é muito. Eleições são vencidas ou perdidas com isso. Estão perdendo 34%. É uma fraude e uma vergonha. E dá para imaginá-los dizendo, ahn: "Você deve receber sua cédula eleitoral até 10 de novembro." Dez de novembro. Ou seja, dez dias após a eleição, em teoria, já deveria ter sido anunciado.

WALLACE: Muito bem.

TRUMP: Temos grandes estados assim...

WALLACE: Senhor. Acabou o tempo...

TRUMP: ...todos administrados por democratas...

WALLACE: Senhor, dois minutos são dois minutos.

TRUMP: Todos administrados por democratas.

WALLACE: Presidente Trump... eu, eu...

TRUMP: A eleição está arranjada.

Nesse ponto, os dois continuaram falando até que Chris Wallace finalmente voltou ao palco. Mas, *Jesus*! Por onde poderíamos começar a tentar refutar todas as afirmações fictícias e falsas desse falatório do ex-presidente, realizado na TV ao vivo perante dezenas de milhões de pessoas?

Estes são apenas alguns dos pontos fatuais que deveríamos observar:

- *Houve* uma transição depois que ele venceu.
- Hillary Clinton *não* é uma criminosa.
- Ela *não* iniciou um golpe contra ele.
- *Não* houve espionagem em sua campanha.

- *Ninguém* foi *pego*.
- *Nada* foi gravado.
- Enviar as cédulas eleitorais pelo correio *não* foi um desastre.
- *Não* houve uma grande fraude eleitoral.
- *Nenhuma* cédula eleitoral foi encontrada em riachos.
- *Nem todo mundo* recebeu duas cédulas eleitorais.
- Não aconteceu *nada* em Manhattan, Nova Jersey ou Virgínia.
- Ninguém pode votar *depois* do dia da eleição.
- A eleição *não* foi arranjada.

Um balaio de mentiras, meias-verdades e exageros de Trump em um espaço de apenas 2 minutos — ou *uma a cada 9 segundos*! Mas acha que Wallace ou Biden tiveram tempo ou a habilidade de verificar todos ou alguns dos fatos de Trump?

Não mesmo.

E isso é terrivelmente assustador. Talvez sem nem mesmo saber, Trump fizera o que se tornou conhecido no meio dos debates como Gish Gallop [o Galope de Gish, em tradução livre]. Esse é um método de oratória que envolve, citando o Urban Dictionary, "falar tanta baboseira em um período tão curto que seu oponente se torna incapaz de lidar e, muito menos, de contra-atacar tudo isso". Seu objetivo é apenas um: enterrar o adversário em uma torrente de argumentos incorretos, irrelevantes ou imbecis.

Os críticos e os apoiadores de Trump concordam que, quando questionado por um oponente ou entrevistador, essa é sua técnica padrão. O autor e ensaísta de esquerda William Rivers Pitt, que se refere a Trump como "o maior campeão peso-pesado do Gish Gallop", descreve o ex-presidente como que comparecendo a debates, entrevistas e discursos para mandar "montes de idiotices galáticas entregues em uma avalanche de verbosidade confusa, sendo tudo abandonado sem correção ou refutação enquanto a próxima avalanche já vem descendo a ladeira".

Do outro lado do espectro, Steve Bannon, o ex-chefe de estratégias da Casa Branca de Trump, em uma entrevista com o jornalista Michael Lewis em 2018, resumiu o raciocínio por trás da abordagem do ex-presidente. "Os democratas não são importantes", disse Bannon a Lewis. "A verdadeira oposição é a mídia. E a maneira de lidar com ela é inundar a área com merda."

É justamente para isso que serve o Gish Gallop em toda a discussão: deixar-nos ofegantes, soterrados sob falsidades e invenções; afogar-nos em um dilúvio de distorções, desvios e distrações. Tudo isso aterrissa como uma verdadeira carga de idiotices: de uma só vez, esparramando tudo, de uma forma impossível de limpar sem nos sujar.

O Gish Galloper [O Galopador de Gish, em tradução livre], argumenta Carl Alviani em *Quartz*, sabe muito bem que precisamos de mais tempo e energia para "comprovar" que uma "afirmação é falsa" do que fazer uma — tempo e energia que muito provavelmente não temos. Então nosso opositor tenta se declarar vitorioso quando não conseguimos refutar *todos* os pontos dele — o que explica a incessante barragem de falsidades que ele lança em nossa direção. Com frequência, quando começamos a preparar nossa resposta para sua primeira mentira, ele já mandou mais dez. Isso é o que se tornou conhecido como prova por verbosidade.

O Gish Galloper quer fazer o público acreditar que os fatos e as evidências estão do lado dele. Afinal, eles são tantos: *Riachos! Cestos de lixo! Virgínia!* Toda essa técnica se baseia em um truque de desvio de atenção, mais na apresentação do que no conteúdo, em uma "ilusão de autoridade", para citar o pessoal da RationalWiki.

Trata-se de um método poderoso, se não desonesto, de vencer uma discussão. E embora Trump possa ser o grande mestre do Gish Gallop, está longe de ser seu criador. Então de onde vem o Gish Gallop? E como podemos derrotá-lo?

## CONHEÇA O GISH POR TRÁS DO GALLOP

O falecido Duane Tolbert Gish foi um bioquímico que não acreditava na evolução e trabalhava como vice-presidente do Institute for Creation Research (ICR). Essa pseudociência de Dallas queria há tempos alcançar a mídia convencional com o criacionismo da

"Terra Jovem" — a visão religiosa baseada em Gênesis que diz que toda a vida na Terra foi criada em seis dias pelo Deus do Velho Testamento em algum momento dos últimos 10 mil anos, com a evolução não exercendo nenhum papel. Na verdade, como o *San Antonio Express-News* noticiou em 2011, o ICR "tentou forçar o estado do Texas a permitir a oferta de mestrados em educação científica" — a partir do ponto de vista bíblico, é claro. Mas um juiz federal bloqueou o processo do ICR em 2010, rejeitando-o como uma "divagação extremamente verborrágica, desconjuntada e incoerente, repleta de informações irrelevantes".

Contudo, embora sua organização não tenha conseguido vencer em um tribunal do Texas, Gish tornou o ICR e o criacionismo da Terra Jovem populares por vencer discussão após discussão contra evolucionistas em salas de debates ao longo do país.

Para deixar claro, ele não estava vencendo com base em algo substancial ou por meio da erudição. Vencia por usar velocidade e confiança — além de humor. "Talvez tenha sido sua apresentação pessoal que valeu o dia", observou um lisonjeiro obituário publicado pelo próprio ICR após a morte de Gish em 2013. "Em resumo, o público gostava dele." Até seus críticos, como o cientista da computação Richard Trott — que discutiu com Gish em mais de uma ocasião — reconheceu o "extraordinário carisma" dele e seu "dom natural para uma apresentação popular e relaxada".

John Grant, especialista em teorias da conspiração, explicou qual era a essência do estilo e da estratégia de Gish em seu livro *Debunk It! Fake News Edition: How to Stay Sane in a World of Misinformation* [sem publicação no Brasil].

> Gish insistia que seu oponente começasse. Depois que este concluísse seu argumento, Gish começava a falar bem rápido, por até 1 hora, ligando uma longa cadeia de "fatos". Seu adversário no debate, obviamente, não tinha nem a chance de anotar todos esses "fatos", muito menos de avaliar sua correção ou não. Este, em sua réplica, podia ignorar por completo o discurso de Gish, o que pareceria uma tentativa de se desviar da questão, ou tentar

> refutar o máximo de pontos possível, o que daria a impressão de estar se atrapalhando. O truque de Gish era inteligente e conseguiu enganar diversas assistências.

O que faltava nessas apresentações? Evidências verossímeis. Fatos verificáveis. Argumentos eruditos. Mas em um ambiente em tempo real, isso não ficava óbvio para muitos públicos.

Segundo o ICR, Gish participou de mais de trezentos debates com evolucionistas ao longo de sua vida. Em 1994, depois de assistir o dissimulado e enganador Gish vencendo eruditos e cientistas muito mais eminentes e qualificados em um debate formal após o outro, a frustrada Eugenie Scott, a então diretora executiva do National Center for Science Education, cunhou o termo "Gish Gallop", descrevendo-o como o método pelo qual "permite-se que o criacionista corra desembestado por 45 minutos ou 1 hora, vomitando torrentes de erros que o evolucionista não tem a mínima oportunidade de refutar durante um debate formal".

Scott destacou que, quando aparecia na TV ou no rádio com criacionistas, ela "conseguia interromper Gish et al., e dizer 'Espere um instante, se X é assim, não esperaríamos Y?' ou algo parecido, e comprovar que o 'modelo' deles era falho. Mas em um debate, o evolucionista deve ficar calado enquanto o criacionista galopa por aí, falando bobagens a cada parágrafo".

Essa é a principal lição que você deve aprender com este capítulo: a "bobagem" é um recurso, não um erro, do Gish Gallop. Gish e seus amigos criacionistas ouviram diversas vezes que suas afirmações eram falsas, mas eles continuavam a regurgitá-las ad nauseam, na mesma velocidade e na mesma ordem, debate após debate. Como a revista *Skeptic* destacou em 1996, "muitos cientistas corrigiram Gish publicamente em sua presença, mas Gish repetia os mesmos erros mais tarde em debates e por escrito... Ele era bem-sucedido nisso porque, na próxima cidade, com um público novo e com outro cientista para debater, quem poderia saber que seus argumentos foram vencidos, com provas, por outro evolucionista na semana passada?"

O mesmo acontece hoje com aqueles que negam a mudança climática ou que são contra vacinas, em especial em fóruns online — independentemente da quantidade de verificações de fatos e correções, eles continuam a propagar uma quantidade abundante de desinformação à consciência pública sem parar.

Na verdade, é a repetição deliberada da "bobagem" que diferencia o Gish Gallop de táticas similares, como o "spreading". Este último é uma técnica de debate — que dizem vir de uma combinação das palavras *speed* (velocidade) e *reading* (leitura) — na qual o debatedor reúne o máximo de argumentos possível em seu tempo de fala por apresentá-los bem rápido. Em uma competição formal de debate, na qual se exige que cada ponto seja refutado, o objetivo é derrotar o opositor deixando-o praticamente impossibilitado de desmentir cada um deles. Entretanto, com o Gish Gallop, diferentemente do spreading, *tudo* se resume a má-fé. Tudo se resume a idiotices!

Como Gish antes dele, Trump repetia vez após vez afirmações e argumentos que foram descreditados e expostos ao público. Ele simplesmente não se importava — desde que conseguisse se dar bem! E isso, é claro, não aconteceu apenas no debate de 2020. Houve também o notório debate da ABC News em setembro de 2020, no qual, perante uma assistência ao vivo em Filadélfia, Donald Trump — absurdo! horror! — contou mentira após mentira sobre tudo, desde a Covid-19 ao crime e o sistema de saúde. Ao longo do evento de 90 minutos, o moderador George Stephanopoulos simplesmente não conseguiu corrigir, contestar ou confirmar os fatos da tempestade de falsidades que o presidente dos Estados Unidos dirigiu à audiência no salão — e àqueles que estavam acompanhando o evento em casa pela TV.

Na realidade, após o debate da ABC, Daniel Dale, o verificador de fatos da CNN, compareceu ao programa de horário nobre de Don Lemon naquela noite para corrigir a lista de afirmações falsas de Trump, falando rapidamente e sem interrupção durante 2 minutos: "Ele insistiu que não elogiou a China pelo vírus. Ele fez isso várias vezes... Ele afirmou que Biden disse em março que a pandemia era, e cito, 'um exagero total'. Não consegui encontrar nenhuma evidência de que Biden tenha dito isso." Por fim, Dale parou para respirar e pareceu abalado: "E, Don, essa é uma lista preliminar", observou ele. "Vou passar horas verificando fatos esta noite porque há muito mais. Isso foi, novamente, como se o presidente tivesse usado uma mangueira de bombeiro que jorrasse mentiras."

"Precisa de um copo de água?", perguntou Lemon. "Porque isso foi bastante coisa..."

Em teoria, é assim que devemos contra-atacar um Gish Gallop. Uma refutação ponto a ponto. Mas nem todo mundo é Daniel Dale, e nem sempre teremos Don Lemon nos dando 2 minutos sem interrupção. No mundo real, raramente temos a oportunidade de contestar cada ponto. Na verdade, os melhores Gish Gallopers se aproveitam do fato de que simplesmente *não* temos tempo, espaço ou recursos para contra-atacar seu inteiro catálogo atordoante de falsidades em tempo real.

Assim, o que podemos fazer? Qual seria a melhor forma de responder? Este é meu processo de três passos para vencer um Gish Galloper em uma discussão.

## 1. Escolha suas batalhas

A primeira vez que talvez tenha me deparado com um Gish Gallop em pessoa foi em 2013, durante meu debate sobre o islamismo e a paz na Oxford Union. Como já mencionei no capítulo sobre escutar, uma de minhas oponentes durante aquele debate era Anne Marie Waters, que já vinha insultando o islamismo há muito tempo. Ela começou suas observações naquela noite com esta salada de palavras, atacando minha fé e meus correligionários:

> Permitam-me dizer o que realmente nos faz ter medo do islamismo. Vamos começar do início: 11 de setembro; o atentado ao metrô de Londres; Madri; Mumbai; Mali; Bali; a Nigéria setentrional; Sudão; Afeganistão; Arábia Saudita; Irã; Iêmen; Paquistão; morte por apostasia; morte por blasfêmia; morte por adultério; morte por homossexualismo; segregação de gêneros; discriminação de gênero; testemunho

> desigual entre homens e mulheres em ações judiciais; casamento infantil; amputações; decapitações; prisão por estupro; antissemitismo; burcas; execuções por isso e aquilo; o assassinato de Theo Van Gogh nas ruas de Amsterdã; ameaças de morte nas ruas de Londres; "matar aqueles que insultam o islamismo"; patrulhas muçulmanas ao leste de Londres informando as pessoas que elas estão entrando em áreas "controladas pela Sharia"; casamentos polígamos; casamentos que não exigem o consentimento da noiva. Isso é o que gera o medo do islamismo. Não sou eu, e não são meus colegas deste lado... São as ações dos muçulmanos que geram medo do islamismo. Este é o mundo real. É onde realmente vivemos. Então nos disseram que esse é apenas o lado extremista do islamismo. Bem, analisemos a Arábia Saudita, o berço do islamismo.

Ela "Galopou" nessa via preconceituosa por vários minutos mais, apresentando "exemplos" ridículos e ofensivos de maus muçulmanos um após o outro, e não parando em nenhum momento para entrar em mais detalhes sobre eles. Mali! Bali! Poligamia!

Eu sabia que precisava acabar com ela... mas como? Não seria viável abordar *todos* os supostos exemplos que ela citou para justificar o "medo do islamismo". Basta contar: na transcrição anterior, ela listou 33 itens em menos de 2 minutos — ou cerca de *1 a cada 4 segundos*!

Seriam necessários vários minutos, ou até reservar meu discurso inteiro (tempo máximo: 12 minutos!), para tentar refutar cada uma dessas afirmações falsas ou enganosas. Também me colocaria na defensiva, ao passo que a chave para vencer qualquer discussão é colocar nosso oponente nessa posição. Assim, como mencionei, em vez de ir por esse caminho, escolhi me concentrar no ponto mais ridículo dela: a afirmação totalmente inexata e anti-histórica de que a Arábia Saudita era o "berço do islamismo". ("*Você errou apenas por 1.322 anos! Nada mau.*")

Por zombar e expor como mentirosa essa afirmação específica, lancei dúvida sobre o restante delas — e de quebra a fiz parecer tola.

Essa é uma maneira de começar: encontre os elos fracos da sequência de argumentos. Mas se o Gish Galloper for esperto, dirá que estamos implicando com apenas um ponto de seu argumento geral — "Mehdi Hasan sempre faz isso", reclamou Waters de seu assento durante minha resposta a seu argumento sobre a Arábia Saudita, dando a entender que eu estava escolhendo os pontos mais fracos e considerando isso uma vitória. Mas, francamente, essa é uma jogada que faz o Gish Galloper se expor.

Mas escolher desmentir uma "única falha" ou o "pior ponto" nem sempre funcionará, e não recomendo que você faça isso se o opositor elaborou um argumento forte e coerente. Não obstante, como o site de filosofia Effectiviology reconhece, essa abordagem "pode ser razoável" quando "reconhecemos explicitamente o fato de que o argumento que estamos abordando é o pior dentre todos os que foram apresentados, e explicamos por que estamos fazendo isso; um motivo válido e digno de nota é que o argumento representa o âmago da posição do oponente, e refutá-lo seria o mesmo que refutar a posição geral".

Ao enfrentar um Gish Galloper, é preciso ser capaz de identificar rapidamente o *ponto fraco* da estratégia de mangueira de bombeiro dele em vez de tentar rejeitar cada ponto individualmente. Seria impraticável, senão impossível, fazê-lo. Em vez disso, identifique a afirmação ou argumento mais fraco apresentado pelo Galopador. Apegue-se a ele. Destaque e zombe dele, apresentando-o como o representante da estratégia geral do adversário. Ao agir assim, você colocará seu *oponente* na defensiva.

## 2. Não ceda

Com referência ao que Steve Bannon disse sobre "inundar a área com merda", Jonathan Rauch, escritor e autor, observou certa vez: "Não tem a ver com persuasão: tem a ver com desorientação."

Ele está certo. Quando pessoas como Trump e Gish começam a Galopar, o objetivo delas não costuma ser conquistar as pessoas, e sim turvar o assunto para todos os envolvidos. Gente assim pode aturdir e confundir, pulando de uma falsidade à outra.

A melhor defesa contra essa tática é pará-las no meio do caminho. E então não ceder. Não lhes permitir passar para a próxima falsidade. "Insista", diz um escritor, com uma resposta bem escolhida e preparada até que ele não consiga fazer mais nada além de concordar.

Durante vários anos, Trump manteve-se Galopando sem impedimento, desorientando seus oponentes e o público, enquanto entrevistadores e moderadores despreparados, com limite de tempo ou desmotivados deixaram de interromper, corrigir ou provocar uma pausa para responder às suas bobagens. Isso é, até agosto de 2020, quando meu amigo, Jonathan Swan, correspondente político da Axios, conversou com o ex-presidente em uma entrevista televisada em *Axios on HBO*. Trump pretendia citar um monte de estatísticas suspeitas sobre a Covid-19, para dar a impressão de que ele tinha tudo sob controle. Mas Swan não lhe permitiu fazer isso. Ao apresentar outra estatística vaga sobre a pandemia, Swan foi direto ao assunto:

> SWAN: O número que estou vendo é de mortes. E as mortes estão aumentando.
>
> TRUMP: Certo. Não, não.
>
> SWAN: São mil por dia.
>
> TRUMP: Se analisarmos as mortes...
>
> SWAN: Sim. Estão subindo de novo.

Então Trump puxou um punhado de papéis com gráficos e tentou fazer um Gish Gallop em tempo real, procurando *algum* número positivo. Mas ficou óbvio que ele não estava preparado para isso e, de repente, o jogo havia terminado.

> TRUMP: Dê uma olhada nesses gráficos.

SWAN: Eu adoraria.

TRUMP: Vamos dar uma olhada.

SWAN: Vejamos.

TRUMP: E se analisarmos as mortes por...

SWAN: Sim. Começou a aumentar de novo.

TRUMP: Veja um aqui. Ahn, bem aqui, os Estados Unidos é o mais baixo em diversas categorias. Somos o mais baixo do mundo.

SWAN: O mais baixo do mundo?

TRUMP: Mais baixo do que a Europa.

SWAN: O que isso significa? Em quê? Em quê?

TRUMP: Veja. Dê uma olhada. Bem aqui. Aqui são mortes por casos.

SWAN: Ah, o senhor está analisando as mortes em comparação com os casos. Estou me referindo às mortes em comparação com a população. É aí que os EUA estão muito ruins, muito piores do que a Coreia do Sul, a Alemanha etc.

TRUMP: O senhor não pode fazer isso.

SWAN: Por que não posso fazer isso?

TRUMP: O senhor deve se basear por... veja. Aqui estão os Estados Unidos. Deve se basear nos casos. Os casos estão lá.

Novamente, Swan não cederia, não permitiria que Trump o esmagasse com números sem sentido.

SWAN: Ah. Essa é definitivamente uma estatística relevante a se mencionar, se os EUA tivesse uma população X e uma porcentagem X de mortes dessa população em comparação com a Coreia do Sul...

TRUMP: Não. Devemos nos basear nos casos.

SWAN: Bem, analisemos a Coreia do Sul, por exemplo. Uma população de 51 milhões, 300 mortes. Isso é loucura em comparação com...

TRUMP: O senhor não sabe disso.

SWAN: Sei sim.

TRUMP: O senhor não sabe disso.

SWAN: O senhor acha que a Coreia do Sul está falsificando suas estatísticas? Um país avançado?

TRUMP: Não vou falar sobre isso porque tenho uma relação muito boa com o país.

SWAN: Sim.

TRUMP: Mas o senhor não sabe disso. E eles têm surtos. Veja, aqui está um dos...

SWAN: Alemanha, baixos 9 mil.

TRUMP: Veja um aqui. Um bem aqui, Estados Unidos.

SWAN: Deixe-me ver.

TRUMP: Partindo do número de casos.

SWAN: Está bem.

TRUMP: Veja, estamos por último, o que quer dizer que estamos em primeiro lugar.

SWAN: Por último? Eu não entendi em que estamos em primeiro lugar.

TRUMP: Temos os melhores.

SWAN: De quê?

TRUMP: Veja novamente. São os casos.

Swan: Está bem. Vou... está bem.

TRUMP: E temos os casos por causa dos testes.

SWAN: Digo, mil norte-americanos estão morrendo por dia. Mas entendo. Entendo que, com base nos casos, é diferente.

TRUMP: Não, você não está contando direito, Jonathan.

SWAN: Acho que estou.

Perceba como Swan não permitiu Trump desviar ou fugir — nem passar para sua próxima mentira. Quando o presidente tentou dar a entender que o índice de mortes da Coreia do Sul não era confiável, Swan não deixou de abordar isso. Ele empurrou de volta. Quando Trump começou a mostrar um punhado de gráficos e tabelas para tentar encontrar *alguma coisa* que pudesse dar suporte às suas afirmações falsas, o próprio Swan os analisou e os expôs em tempo real. Ao longo da entrevista, Swan deu a Trump diversas oportunidades para falar, mas não permitiu que ele o dominasse e chegasse à velocidade de Galope. Assim que foi ao ar, a entrevista de Swan se tornou viral — a rara entrevista presencial que revelou o Gish Gallop de Trump pelo que ela realmente era.

Eu perguntei a Swan o quanto ele se preparara para a torrente de informações do ex-presidente. "A entrevista com Trump foi minha entrevista mais difícil por causa do bombardeio", disse-me ele. "Parágrafos inteiros [de afirmações] me eram lançados, os quais podiam ser inteiramente falsos ou inventados."

Swan disse que gastou um "período incomum" se preparando para a entrevista de antemão, familiarizando-se com a "série de respostas prontas" de Trump e metodicamente elaborando perguntas adicionais. "O que ele vai responder? O que vou responder?"

Um ano depois de seu embate viral com o ex-presidente e de impedir o Gish Gallop de Trump, esse jornalista da Axios merecidamente ganhou um Emmy por Entrevista Editada Extraordinária.

### 3. Exponha-o

Tomando emprestada a fala de Will McAvoy, o âncora fictício de TV, no primeiro episódio de *The Newsroom* da HBO: "O primeiro passo para se resolver um problema é reconhecer que ele existe."

O Gish Gallop é um problema inegável — e um desafio. Não existe uma solução simples para um oponente que cativa a audiência com um fluxo rápido e impressionante de afirmações — independentemente do quão sem sentido e fictícias elas se mostrem após um exame mais detalhado. Em especial se não tivermos *tempo* para fazer esse exame!

Assim, em resumo, não tenha medo de "expor" o Gish Galloper pelo seu Galope. Diga que ele não passa de um falastrão. Diga à assistência exatamente o que seu opositor está fazendo — seja na sala de aula, na diretoria ou em um local de debates. Certifique-se de que os demais que estão no mesmo ambiente, ou assistindo pela televisão, entendam o que acontece — que se trata de uma tática. Não permita que o público seja enganado, supondo que seu oponente tem um controle especial do tema por causa de todos os "fatos" que ele mencionou. Podemos expor isso! E podemos combinar essa abordagem com nossa primeira técnica: destacando um dos argumentos mais fracos dele. Revele a estratégia de seu oponente e, então, concentre-se no argumento (mais fraco) dentre os muitos que ele mencionou — e peça-lhe para explicá-lo em detalhes. Muito provavelmente, ele revelará ter a compreensão apenas da parte mais superficial de seu argumento — assim como Trump fez na entrevista com Jonathan Swan.

A chave aqui é *expor* a estratégia geral. Outro adepto do Gish Galloper é o presidente russo Vladimir Putin. Em anos recentes, esse ex-agente da KGB e seus acólitos na mídia administrada pelo Estado aperfeiçoaram o que foi chamada de "mangueira da falsidade". Seja para justificar a invasão ilegal à Ucrânia ou interferir com as eleições nos EUA, o modelo de propaganda do governo russo, para citar um estudo da RAND Corporation, usa "uma grande quantidade de canais e mensagens e tem uma disposição desavergonhada de disseminar verdades parciais ou ficções claras".

Mas esse estudo da RAND também dá a seguinte sugestão para lutar contra a desinformação: "Não espere contra-atacar a mangueira de bombeiro de falsidade da Rússia com uma pistolinha de água da verdade. Em vez disso, vista as pessoas contra quem a mangueira é apontada com capas de chuva."

Se nosso trabalho em uma discussão com um Gish Galloper é "vestir" nosso público com "capas de chuva", o primeiro passo seria informá-lo a que estão se sujeitando. Destaque a velocidade da fala do oponente e a grande lista de mentiras que ele acabou de mencionar em voz alta e em tempo recorde. Você pode até destacar que seu opositor se vale de uma técnica propagandista que vem direto do manual do Kremlin. Ou que ele age como Trump.

Lembre-se: talvez seu público não tenha ouvido falar de Duane Tolbert Gish, mas pode ter certeza de que todos conhecem Donald John Trump.

.................

Em 2018, após as eleições parlamentares de meio de mandato presidencial para o Congresso dos EUA, eu entrevistei Steven Rogers, um convidado habitual da Fox e membro do conselho consultivo da campanha de Trump na corrida para as eleições de 2020.

Minha equipe do Al Jazeera English e eu sabíamos que Rogers, como seu chefe, tentaria utilizar o Gish Gallop durante toda a entrevista. Ele não gostaria de defender o longo histórico de manipulação de Trump, e com base em suas últimas aparições na Fox que assistimos com cuidado, ele provavelmente contaria suas próprias mentiras! Assim, preparamo-nos bem, elaborando uma longa lista e, posteriormente, uma lista curta com todas as maiores mentiras de Trump. É claro, havia dezenas e dezenas dentre as quais escolher. (Os verificadores de fatos do *Washington Post* calcularam mais tarde que o 45º presidente dos Estados Unidos fez 30.573 falsas afirmações durante seus 4 anos na função — muito provavelmente um cálculo conservador.)

No decorrer de minha entrevista com Rogers, decidi me concentrar em uma mentira específica de Trump que ele havia contado em diversas coletivas de imprensa e reuniões de negócios na corrida para as eleições parlamentares.

> EU: [Trump] disse, durante a campanha, que seis ou sete fábricas de aço seriam abertas. A U. S. Steel não anunciou nenhuma. Por que ele disse que ela havia anunciado novas fábricas? Isso é uma mentira, não é?
>
> ROGERS: Não, não é, porque várias empresas estão abrindo. Algumas fábricas de aço abrirão...
>
> EU: Perdão, Steven, não foi isso o que ele disse. Sei que isso é difícil para o senhor; sei que quer tentar defendê-lo.
>
> ROGERS: Não, não é difícil para mim [risos].
>
> EU: Certo, está bem. Permita-me ler a citação para o senhor. "A U. S. Steel anunciou que estão construindo seis novas aciarias." A U. S. Steel não anunciou seis novas aciarias. Ela disse que não anunciaram seis novas aciarias. Não há evidências de seis novas aciarias. Ele inventou tudo. E repetiu. E não foi só uma vez.

> ROGERS: Veja bem, eu não sei em que contexto essas declarações foram feitas. Mas posso lhe dizer o seguinte: o presidente dos Estados Unidos vem se mostrando bastante responsável em relação ao povo norte-americano, e o povo norte-americano está indo bem.
>
> EU: Tudo bem, o povo norte-americano pode estar indo bem e o presidente pode ser um mentiroso. Não há nenhuma contradição entre essas duas declarações.
>
> ROGERS: Eu não vou dizer que o presidente dos Estados Unidos é um mentiroso.
>
> EU: Eu sei que não, mas eu lhe apresentei várias mentiras, e o senhor não conseguiu responder a nenhuma delas.
>
> ROGERS: Eu respondi a elas. O que não aconteceu foi que o senhor não ouviu o que queria ouvir.
>
> EU: O que eu queria ouvir? Eu queria ouvir que não há nenhuma aciaria.
>
> ROGERS: O senhor queria me ouvir dizer... bem, vamos em frente.
>
> EU: O senhor quer seguir em frente porque sabe que é uma mentira.

Percebeu o processo de três passos nessa conversa? Eu escolhi minha batalha (aciarias!); não cedi (*"Sei que isso é difícil para o senhor; sei que quer tentar defendê-lo"*); e expus o Galope (*"O senhor quer seguir em frente porque sabe que é uma mentira"*). E só consegui fazer tudo isso porque estava superpreparado, pesquisei e estava confiante.

O trecho da entrevista com esse assessor da campanha de Trump se tornou viral e conseguiu — na época em que este livro estava sendo escrito — mais de 10 milhões de visualizações no Twitter [atual X]. O ator Mark Ruffalo (o Hulk) compartilhou esse vídeo com seus 7 milhões de seguidores, dizendo: "A verdade existe, mesmo hoje em dia. É assim que um jornalista faz seu trabalho para descobri-la." Seth Meyers, da NBC, convidou-me para comparecer ao seu programa, o *Late Night* para falar sobre essa entrevista, chamando-a de "o modelo para conversar com pessoas da esfera de Trump".

Na entrevista com Meyers, eu lhe disse o que estou lhe dizendo agora: "O mesmo problema acontece em todo lugar. Infelizmente, os entrevistadores da TV norte-americana costumam ter um limite de tempo e de recursos, e querem apenas ir adiante. Mas quando entrevisto as pessoas, eu não quero ir adiante. Quero continuar falando sobre o assunto. Quero uma resposta."

Quando nos deparamos com alguém que conta uma mentira após a outra, um exagero após o outro, essa é a abordagem a se adotar. Não precisamos ter medo de nos sentir sobrecarregados pelo Gish Galloper. Podemos nos preparar e aguardar para pegá-lo. Podemos até fazê-lo chafurdar nas próprias bobagens.

# PARTE TRÊS
# NOS BASTIDORES

# 12

# CONFIANÇA É TUDO

Existem dois tipos de oradores:
os que ficam nervosos e os mentirosos.

— Mark Twain

"Os eleitores democratas liberais deveriam se sentir traídos pelo fato de seu voto sustentar um governo conservador?"

Era maio de 2010. Exatamente uma semana após a eleição mais acirrada de uma geração. O país estava tenso. Os conservadores de direita, com o auxílio dos democratas liberais de centro-esquerda, haviam voltado ao cargo oficial pela primeira vez em 13 anos; o Reino Unido obteve sua primeira coalizão governamental em 65 anos.

E essa foi a primeira vez que apareci no *Question Time* da BBC, o programa de assuntos atuais mais assistido da televisão britânica. Eu ocupava um assento em um painel ao lado de quatro veteranos do programa, incluindo Michael Heseltine, o lendário ex-ministro do gabinete conservador, que havia aparecido em uma das primeiras edições do *Question Time*, quando ele foi lançado em 1979 — o ano em que nasci!

Naquela noite, o apresentador, David Dimbleby, ardilosamente me fez a primeira pergunta. "Os eleitores democratas liberais deveriam se sentir traídos?", perguntou ele, repetindo a pergunta de abertura de um membro da assistência. "Mehdi Hasan?"

Havia algumas centenas de pessoas na plateia daquele estúdio de Londres, me encarando enquanto tentava formular minha resposta a essa pergunta. Mas isso não era nada. *Milhões* de pessoas me veriam quando o programa fosse ao ar mais tarde naquela noite. Eu já tinha participado de vários painéis antes. Mas nunca de um painel do *Question Time*. Nunca ao lado de convidados tão nobres. E nunca na frente de uma assistência televisionada tão... *enorme*.

Meu estômago se revirava. Meu coração estava disparando. O suor cobria meu corpo inteiro. Mas a questão era a seguinte: só eu sabia disso.

Essa podia ter sido a primeira vez que me apresentei na frente de um público tão grande, mas já havia aprendido o suficiente até então para saber que tudo bem me sentir extremamente nervoso se não deixasse isso afetar meu desempenho. Enquanto minhas entranhas se reviravam, projetei *confiança* — tanto para a assistência no estúdio quanto para a que estava em casa.

Minha primeira resposta, dada com paixão e sem hesitação, recebeu grandes aplausos. A segunda também. E a terceira. No fim da noite, toda aquela energia de nervosismo sumira. Eu tinha defendido minha posição contra Lord Heseltine, deliciando-me por completo enquanto provocava sua fúria.

Essa primeira aparição no *Question Time* em 2010 contribuiu mais para me destacar no olhar público no Reino Unido do que qualquer outra aparição na mídia em que participei. Antes de o programa acabar de passar na televisão, a caixa de entrada de meu e-mail transbordava, com centenas de mensagens de apoio e elogios. As pessoas vieram até mim para apertar minha mão no ônibus e no trem na manhã seguinte. Como meu ex-editor da *New Statesman* diria com orgulho à *Columbia Journalism Review*, eu "dominei" o painel naquela noite, e "no dia seguinte, quando chegamos ao escritório, tivemos um pico de assinaturas de pessoas que assistiram o programa".

Mas eu não teria feito isso sem confiança. Ou sem saber como gerar confiança, mesmo quando estava quase entrando em pânico.

.........

O que a maioria das pessoas procura em um orador ou comunicador de sucesso? A mesma coisa que procuram em um líder de sucesso, diz o autor Carmine Gallo: confiança. E quando o assunto é vencer uma discussão, nunca é demais enfatizar a importância de se *sentir* confiante e *mostrar* confiança.

A confiança não é uma habilidade nem um atributo. É, como os especialistas dizem, "acreditar em si mesmo" — a certeza de que temos o necessário para sermos bem-sucedidos neste mundo grande e malvado. E é uma atitude que crucialmente inspira ação e presença. A confiança é o que nos permite olhar alguém nos olhos e dizer: "Sinto muito, mas você está errado" (mesmo que, na mente, suspeitemos o contrário). É o que nos permite ficar na frente de centenas, milhares ou até milhões de pessoas e falar de coração. É o que, na vida, nos permite cair — e levantar logo em seguida.

"Sem autoconfiança", escreveu a romancista Virginia Woolf, "somos como bebês no berço".

A Wikipédia observa que "confiança" vem do latim, *fidere*, que significa "confiar". Assim, a autoconfiança significa "confiar em nós mesmos". Ter a *habilidade* de atingir nossos alvos é uma coisa, mas é a confiança que nos permite colocar essa habilidade em ação. É o que nos permite transformar a habilidade em sucesso. Para citar o magnata bilionário Richard Branson, "a confiança gera confiança, e a negatividade gera negatividade".

No que se refere a prever o desempenho, estudos até sugerem que a confiança "é tão importante quanto a competência". Na verdade, as pessoas *preferem* a confiança em vez da experiência! Em 2009, a revista *New Scientist*, citando a pesquisa de Don Moore da Universidade Carnegie Mellon, descobriu que as pessoas "preferem obter conselhos de uma fonte que demonstra confiança, chegando até mesmo a ponto de se dispor a desconsiderar um histórico ruim".

Isso é um tanto preocupante, para dizer o mínimo. Mas para fins de persuasão, serve para destacar a ideia: a confiança é vital para se vencer uma discussão. Portanto, como nos certificarmos de ter o suficiente dela?

## GANHANDO CONFIANÇA

Vou ser direto: ninguém consegue simplesmente começar a fazer o que faço — falar em auditórios lotados, apresentar-se ao vivo na televisão na frente de milhões de pessoas provocando líderes mundiais e intelectuais públicos — a menos que tenha confiança.

Mesmo quando era criança, eu não tinha muitos problemas de falta de confiança. Talvez eu tenha sido aquela criança chata que se recusava a levantar a mão durante as aulas ou esperar que o professor dissesse meu nome. Eu simplesmente (e rudemente) gritava a resposta. Então será que eu tinha certo nível de confiança natural? Sim. Mas precisei desenvolvê-la, cultivá-la e fortalecê-la ao longo das décadas? *Com toda a certeza.*

Há diversas formas de gerar e aumentar a autoconfiança. Estão aí os métodos óbvios de nos preparar e praticar: aperfeiçoar nossa apresentação com antecedência para diminuir a preocupação na grande noite; pesquisar antes de um debate para conhecer bem os assuntos; testar cada ponto forte e fraco de nossos argumentos para nos preparar para qualquer resposta. Darei mais detalhes sobre esses métodos nos próximos capítulos, e todos eles são importantes e úteis. Mas cada um deles, à sua maneira, se relaciona com o desenvolvimento da *habilidade* de argumentar e persuadir.

Por enquanto, neste capítulo, gostaria de me concentrar no jogo mental — porque a confiança pode se originar da habilidade, mas ela está enraizada em algo mais etéreo —, em quanto conseguimos acreditar e confiar em nós mesmos. Com isso em mente, gostaria de sugerir três técnicas que talvez sejam menos convencionais, mais "fora da caixa", para aumentar nossa confiança.

### 1. Visualize o sucesso

Da próxima vez que for convidado a fazer um discurso ou uma apresentação — seja para os seus amigos e família ou para uma sala de reuniões lotada de colegas —, quero que tente fazer uma coisa antes. "Encontre um lugar silencioso", diz o Presentation Training

Institute, algumas horas ou até dias antes do evento, então "feche os olhos e visualize-se fazendo o discurso". Imagine-se parado lá, na frente de seu público, falando alto e *com confiança*. "Imagine-se" dizendo cada frase com perfeição, abrangendo cada ponto relevante de forma clara e coerente.

"Imagine o máximo de detalhes possível": preste atenção ao tamanho do lugar, ao tipo de piso, ao número de assentos. Traga vida a essa cena: visualize seus amigos ou colegas rindo de suas piadas, imagine o sorriso em seus rostos. Tente até ouvir o "som de seus aplausos" no fim.

Pode parecer meio besta, mas ninguém precisa saber disso. E se realizarmos esse exercício — e repeti-lo até sabermos tudo de cor —, duas coisas provavelmente acontecerão. A primeira: segundo os especialistas, começaremos a nos sentir muito mais confortáveis em discursar. Podemos até começar a querer fazê-lo. Segunda: faremos um discurso muito bom!

"Enxergar-nos" sendo bem-sucedidos nos dá a confiança de que o sucesso realmente está logo ali. Quando compareci ao *Question Time* pela primeira vez, em maio de 2010, eu já havia visualizado aquele painel e aquela assistência como parte de minha preparação para o programa. Já tinha antecipado, em minha mente, as reações às minhas tiradas, armadilhas e piadas planejadas. Podia ouvir a multidão aplaudindo e rindo... muito antes de chegar ao local.

A visualização positiva é um dos métodos mais engenhosos que existem para desenvolver e aumentar a autoconfiança. E ela também é capaz de melhorar nosso desempenho. Segundo os especialistas, quando visualizamos uma situação com antecedência da maneira mais vívida possível, repetindo isso várias vezes, conseguimos "enganar" nossa mente, fazendo-a pensar que isso *já* aconteceu. É sério. A ciência por trás disso é taxativa. "É um fato bem conhecido que estimulamos as mesmas regiões do cérebro ao visualizarmos uma ação e quando realmente realizamos essa mesma ação", escreveu Srini Pillay, professor de psiquiatria de Harvard, em 2009. "Por exemplo, quando nos visualizamos erguendo a mão direita, isso estimula a mesma parte do cérebro que é ativada quando realmente erguemos a mão direita."

Isso significa que a visualização em si ajuda a nos preparar para a tarefa em mãos — e existem muitas pesquisas que apoiam a eficácia dessas técnicas. Um estudo sobre "prática mental", publicado no *British Journal of Surgery* e relatado no *Globe and Mail*, descobriu que médicos seniores que estão treinando para serem cirurgiões e que realizaram técnicas de visualização uma semana antes de executarem uma laparoscopia desafiadora, ou uma cirurgia de buraco de fechadura, tiveram um desempenho muito melhor do que aqueles que não fizeram isso. Outro estudo, publicado pelo *American Journal of Clinical Hypnosis*, descobriu que "as visualizações sob hipnose levaram ginastas masculinos de Stanford de ranking mundial a realizar, pela primeira vez, diversos movimentos complexos nos quais trabalharam ao longo do ano. Os ginastas conseguiram eliminar erros de timing nos movimentos, aumentar a flexibilidade e, possivelmente, concentrar forças".

De fato, alguns dos atletas de maior sucesso do planeta afirmam que se preparam com confiança para a vitória usando técnicas de visualização. Considere Michael Phelps, talvez o maior nadador de todos os tempos. "Às vezes, enquanto durmo, literalmente sonho com minha prova, do início ao fim", escreveu este ganhador com 23 medalhas olímpicas de ouro em sua biografia de 2004, *Beneath the Surface* [sem publicação no Brasil]. "Em outras noites, prestes a adormecer, visualizo a ponto de saber exatamente o que quero fazer: mergulhar, deslizar, dar braçadas, girar, chegar até a parede, chegar no split com centésimos de segundo e nadar de volta quantas vezes forem necessárias para vencer a prova."

Conor McGregor, bicampeão de UFC e lutador de artes marciais mistas, também é um adepto do que chama de "o poder da visualização". Em um vídeo, seu treinador, John Kavanagh, descreve como McGregor faz para sempre parecer calmo e confiante ao chegar para uma luta, independentemente do tamanho da multidão na arena.

> Ele sabe exatamente o que acontecerá [em uma luta] muito antes de ela ocorrer de fato porque já a repassou milhares de vezes em sua cabeça. Ele já se aqueceu nos bastidores. Já ouviu a

multidão. Já sentiu o cheiro da arena. Já viu o público. Mergulhou de verdade na Noite da Luta. Mas para muitos que talvez tenham treinado em uma academia silenciosa durante oito ou doze semanas, a hora de se verem diante de 15 mil pessoas é um choque. Ele costumava sair e dizer: "Pois é, esta é a milésima vez que faço isso."

Quando nos levantamos para discursar na frente de uma multidão, também queremos sentir que essa é a milésima vez que fazemos isso. Porque essa é a aparência e a sensação da confiança. E é isso o que a visualização positiva pode fazer por nós.

## 2. Arrisque

"Ganhamos mais força, coragem e confiança a cada experiência em que realmente paramos para encarar a face do medo", escreveu Eleanor Roosevelt, a lendária ex-primeira-dama, em seu livro *You Learn by Living* [sem publicação no Brasil]. "Conseguimos nos dizer: 'Eu sobrevivi a esse horror. Dou conta do que vier a seguir' [...] Precisamos realizar o que achamos que não conseguimos."

Não podemos ganhar confiança quanto ao que conseguimos fazer até realmente chegarmos lá — e isso significa "arriscar-se", dizem os especialistas. Assim, para aumentar nossa confiança, precisamos considerar nossa própria disposição de nos arriscar mais no dia a dia. Porque a autoconfiança aumenta não só por intermédio do sucesso ou das conquistas, mas também de nossa experiência de "arriscar e fracassar". "A confiança cresce com a familiaridade", escreveu Megan Bruneau, a aclamada coach de executivos. "A familiaridade vem com a experiência." E esta, de se envolver em coisas novas!

Como aplicar isso a fim de aumentar nossa confiança no que se refere a falar em público e à comunicação?

**Voluntarie-se para falar perante multidões**. "Aproveite cada oportunidade" de falar perante amigos ou membros da família, aconselha Simon Trevarthen, coach de oratória. Acostume-se a ser observado por todos enquanto fala em voz alta diante de um grupo de pessoas.

Comece aos poucos (jantar de família? reunião de equipe?) e, então, vá aumentando o número de pessoas à sua frente (discurso de padrinho? discurso de formatura?). É melhor fracassar na frente de cinco pessoas e aprender com isso do que fracassar na frente de cinquenta ou quinhentas. Aproveitar ao máximo as pequenas oportunidades nos permite ir avançando. Ou como Sian Beilock, cientista cognitiva, observa em seu livro *Deu branco!*: "Até praticar sob níveis *baixos* de estresse" pode nos ajudar a evitar travar "quando estamos sob níveis *altos* de estresse."

**Desafie um amigo ou colega para uma discussão**. Procure ocasiões para debater com as pessoas ao redor, de preferência sobre assuntos que elas conhecem melhor do que você. Elas provavelmente vencerão. Você talvez chegue até a passar a impressão de ser um tolo ao tentar derrotá-las. Contudo, novamente, isso o ajudará, em longo prazo, a ter uma noção de como os argumentos podem fluir juntos... e cair por terra. Essa familiaridade o auxiliará a ganhar confiança em oportunidades de riscos maiores.

**Peça um aumento ou uma promoção no trabalho.** É arriscado e intimidador pedir mais dinheiro ou responsabilidade ao chefe, não é? Ainda assim, segundo Eleanor Roosevelt, "precisamos realizar aquilo que achamos que não conseguimos". Não entre nessa necessariamente por capricho — os riscos estão crescendo agora. Em vez disso, elabore seu melhor argumento e escolha o momento certo. Seja como for, isso provavelmente já constava de seus planos. Mesmo se a resposta for "não", ou se não houver orçamento para isso, você demonstrará iniciativa. E se conseguir negociar com sucesso um assunto tão assustador como um aumento ou uma promoção com seu chefe, então você ganhará muito mais confiança para vencer uma discussão sobre outro assunto abstrato.

Arriscar-nos não só exige confiança, como também nos ajuda a aumentá-la. Todos nós, segundo John Baldoni, coach executivo, podemos nos dar ao luxo de ampliar nossas zonas de conforto para nos arriscar mais. Eu inclusive.

Já me acostumei a falar na frente de multidões — é algo que gosto e até quero fazer. Mas me dirigir a um grupo de criancinhas? Nem tanto. Há alguns anos, aceitei o pedido do diretor da escola dominical islâmica de minha filha para discursar na reunião matinal. Passei dias temendo isso, escrevendo e reescrevendo minhas observações planejadas.

"Nunca te vi assim", disse minha esposa ao me observar planejando nervosamente minha apresentação.

Por quê? Porque eu estava bem, *bem* longe de minha zona de conforto. Já havia entrevistado o primeiro-ministro britânico em seu escritório, bem como participado de inúmeros debates na TV ao vivo, sendo que, em alguns deles, era eu contra duas ou três pessoas do outro lado da discussão. Mas uma sala cheia de crianças de 6 ou 7 anos? Estava aterrorizado. Entretanto, arrisquei-me e segui em frente. E qual foi o resultado? Bem, em minha defesa, as crianças não *odiaram* minha apresentação.

A autoconfiança não é uma forma de evitar o fracasso — aquelas crianças não estavam exatamente aplaudindo com entusiasmo —, mas é uma ótima forma de lidar com ele. Arriscar-nos e fracassar nos permite descobrir o que deu errado e que a vida continua. Isso pode criar um "tipo de círculo virtuoso", tal como observado pela autora Claire Shipman — o fracasso nos ajuda a aumentar nossa confiança, e a confiança nos ajuda a lidar melhor com o fracasso.

"Paradoxalmente, pela maior disposição a fracassar, seremos mais bem-sucedidos — pois não esperamos que tudo seja 100% perfeito antes de agirmos", escreveu Barbara Markway, uma psicóloga clínica e autora de *The Self-Confidence Workbook* [sem publicação no Brasil]. "Arriscar-nos mais significará agir mais."

Ou considere as palavras do radialista Zane Lowe ao rapper Kanye West em uma entrevista de 2015.

> KANYE WEST: Ganhamos alguns jogos e perdemos alguns.
>
> ZANE LOWE: Vencemos ou aprendemos, certo?
>
> KANYE WEST: Sim, vencemos ou aprendemos. Bam, essa é boa: vou levar essa comigo.

Não sei se Kanye 'levou essa' com ele, mas esse é um assunto para outro livro. O ponto-chave é o seguinte: arrisque-se, fracasse e aprenda com seus erros... e veja sua confiança aumentar.

### 3. Tenha boas companhias

Vou lhe contar um segredo: a maioria das pessoas quer que você seja bem-sucedido. Querem mesmo. Elas podem incluir seu (sua) parceiro(a), seus pais ou seus filhos — ou uma assistência de desconhecidos. A verdade é que a maioria das pessoas está "torcendo por você", escreveu a psicóloga Lybi Ma. "Por que não estariam?"

Obviamente, a mente tem muita dificuldade de absorver essa ideia. Lembramo-nos mais da única pessoa que nos provocava no ensino médio do que das cem que foram casualmente amigáveis conosco. Concentramo-nos mais em uma —"cara feia", como se diz por aí, do que em um mar de sorrisos.

Assim, o desafio é nos rodear de pessoas boas, que aumentam nossa confiança, em vez daquelas que a corroem. Há uma citação que costuma ser (erroneamente) atribuída a Albert Einstein: "Fique longe de pessoas negativas. Elas terão um problema para cada solução."

Eu fui abençoado com várias pessoas *positivas* na vida. Tenho um melhor amigo que mora na Austrália, a 16 mil quilômetros, que, ainda assim, está sempre disponível na outra ponta do telefone para me animar. E tenho parentes que não fazem parte da minha família imediata — em especial meu primo e sua esposa, em Londres, bem como minhas cunhadas — que me enviam mensagens de "Incrível!", "Fantástico!" e "Parabéns!" mesmo depois de pequenos sucessos e conquistas da minha parte. Tenho até um grupo de amigos que assistiram uma gravação ao vivo de meu programa do Al Jazeera English, o *Head to Head*, em Washington, DC, os quais me convidaram para um grupo de WhatsApp feito para esse evento — o qual recebeu o título "Equipe de Torcida do Head to Head".

Talvez nada disso pareça algo digno de se incluir em uma carta enviada para casa. Mas acha que isso não influenciou meu nível de confiança? De forma positiva? Claro que sim. A positividade deles afetou a minha, e o fato de eles acreditarem em mim me levou a sentir a mesma coisa. (Devo mencionar que também tenho uma esposa maravilhosa e duas filhas em casa que me ajudam a continuar realista quando me torno confiante *demais*!)

Muitos de nós não percebem o quanto a negatividade de outros nos atinge. No próximo capítulo, falarei mais sobre aquela voz interna, a que nos diz que podemos ou não fazer isso ou aquilo. É claro, precisamos nos esforçar bastante para garantir que nossa voz interna seja positiva, não negativa — mas também precisamos reconhecer que as pessoas ao redor fazem uma grande diferença. Para citar Rameya Shanmugavelayutham, uma terapeuta de Chicago, "a voz na mente que nos diz que não somos bons o suficiente não é verdadeira, mas um agregado de todas as vozes daqueles que nos criticaram no passado". Precisamos "responder" a essas críticas internas, diz ela, e rejeitá-las.

A crítica e o feedback construtivos são uma coisa, mas os resmungos e as reclamações constantes de pessoas negativas são outra. Para aumentar nossa confiança, precisamos contrabalançar as vozes dos pessimistas, dos negativistas e dos derrotistas em nossa vida. Mantenha-os longe, trazendo as vozes positivas e animadoras mais para perto.

"Eliminar as pessoas negativas de minha vida não significa que as odeio", supostamente disse Marilyn Monroe certa vez. "Significa apenas que me respeito."

## CONFIANÇA FINGIDA

Certo, esse é o Plano A. Visualizar o sucesso; cercar-nos de pessoas positivas; arriscar-nos, fracassar, aprender e crescer; aumentar nossa confiança do jeito difícil. Tudo isso soa muito bem, mas parece ser algo que leva bastante tempo.

E se precisarmos ir ao palco... amanhã? E se nosso nível de confiança não estiver lá muito alto? Existe um Plano B?

Já ouviu a velha máxima "Finja até conseguir?" Bem, essa é a ideia. Mas em 2012, Amy Cuddy, uma psicóloga social da Harvard Business School, apresentou uma versão modificada dessa máxima que destaca melhor o ponto: "Não finja até conseguir. Finja até *se tornar* isso."

Nosso nível de confiança aumentará e diminuirá ao longo da vida. Todos nós — independentemente do quão talentosos, bem-sucedidos, educados, ricos, poderosos ou famosos talvez sejamos — teremos momentos em que não nos sentiremos preparados. Nossa autoconfiança sofrerá — talvez por nervosismo, ansiedade ou falta de preparo. Em tais ocasiões, o Plano B é fingir. Não temos nada a perder e, se continuarmos insistindo em "fingir", tudo a ganhar.

Considere esta conversa entre a megaestrela Rihanna e uma repórter do *E! News*.

> E! NEWS: O que você faz naqueles dias em que não se sente confiante, corajosa ou poderosa?
>
> RIHANNA: Finjo.
>
> E! NEWS: Finge?
>
> RIHANNA: Sim.
>
> E! NEWS: Até conseguir?
>
> RIHANNA: Digo, por que não? É isso ou chorar até dormir. Quem quer fazer isso? Acordamos com os olhos inchados no dia seguinte. É um desperdício de lágrimas.

Outra forma de encarar isso é pela técnica "como se". "Se quiser uma qualidade", observou William James, nomeado de "pai da psicologia norte-americana", "aja *como se* já a tivesse".

A beleza dessa técnica é que, em curto prazo, agir "como se" fôssemos confiantes convencerá outros a *nos enxergar* como confiantes, e, em longo prazo, segundo os especialistas, agir "como se" fôssemos confiantes nos ajudará a "nos tornar mais confiantes". Portanto, como agir "como se" fôssemos confiantes, mesmo que não nos sintamos assim por dentro? Conheço alguns métodos simples e eficazes que eu mesmo uso regularmente — quando estou no Plano A e quando preciso recorrer ao Plano B.

## 1. Ajuste sua linguagem corporal

Ao me sentar diante de um entrevistado no estúdio, posso dizer se ele se sente confiante antes mesmo de a entrevista começar. Antes mesmo de dizer uma palavra sequer. Ele está se inclinando para frente ou para trás? Seus braços estão abertos ou cruzados? Sua postura está ereta ou curvada?

Como se diz, sempre "temos duas conversas acontecendo": o que estamos dizendo ao público e o que nossa linguagem corporal está dizendo a ele.

Considere o seguinte: ao procurar mudar o modo como uma pessoa se sente ou age, nossas palavras representam apenas 7% da mensagem geral. *Sete* por cento. Só isso. Por outro lado, nosso tom de voz representa 38% dela e nossa linguagem corporal, colossais 55%. Essa é a famosa regra ou conceito de 7-38-55, a qual Albert Mehrabian, um professor emérito de psicologia da Universidade da Califórnia, criou em 1971 em seu livro *Silent Messages* [sem publicação no Brasil].

A pesquisa de Mehrabian faz com que aquela velha máxima se torne literal: ações falam mais alto do que palavras. Ainda assim, pense em quanto esforço dispensamos às nossas palavras em comparação com a comunicação não verbal — embora esta última represente *93%* do que estamos comunicando.

Por isso é preciso cuidado com a forma com a qual os outros nos veem. Carmine Gallo menciona algumas pesquisas que mostram que fazemos julgamentos rápidos quando encontramos alguém pela primeira vez. As primeiras impressões podem ser formadas em milissegundos, são difíceis de apagar e se baseiam na linguagem corporal e na atitude. Assim, por que não aprender a falar esse idioma?

Quando o assunto é refletir confiança, podemos fazer *bastante* simplesmente mudando a maneira de agir. Assim, segue minha lista do que fazer ou não, inspirada na entrevista de Lillian Glass, especialista em comunicação, no *Insider* (e também no livro de Carmine Gallo, *TED: Falar, convencer, emocionar*).

- "*Erga* o queixo e a cabeça" — porque pessoas confiantes, segundo Glass, olham para cima, não para baixo.
- *Não* cruze os braços — evitando adotar uma postura defensiva ou "fechada".
- "*Mantenha* uma postura ereta" e os ombros alinhados — isso nos faz parecer confiantes e no controle da situação.
- *Não* fique curvado ou encolhido — é uma postura que pode passar a impressão de preguiça, desconfiança e falta de autoconfiança.
- "*Gesticule* com suas palmas" abertas e para cima — o que mostra que não temos nada a esconder.
- *Não* fique agitado — isso passará a impressão de "nervosismo", diz Gallo, ansiosos e até inseguros.

Eis outro motivo importante pelo qual a linguagem corporal é tão importante: enquanto inclina os outros a nos ver como confiantes, ela também ajuda a nos sentir confiantes. Por exemplo, Cuddy, em seu TED Talk de 2012, argumentou que adotar posturas expansivas — "poses de poder" —, nem que seja por dois minutos de cada vez, pode levar as pessoas a se *sentirem* mais poderosas, mais confiantes e mais dispostas a correr riscos. "Nossa comunicação não verbal", prossegue ela, "ditará como pensamos e nos sentimos sobre nós mesmos" e "nosso corpo muda nossa mente". (Os estudos complementares não replicaram tudo o que Cuddy disse sobre mudanças em nossos hormônios, mas a ideia básica — que posturas abertas e boas fazem com que nos sintamos mais confiantes — se aplica.)

Portanto, dê atenção à parte física, não apenas à mental ou à verbal. Esse é um truque rápido para refletir confiança — e até para nos *sentirmos* mais confiantes.

## 2. Projete sua voz

Se quisermos passar a impressão de sermos confiantes, precisaremos *soar* confiantes. Se quisermos refletir poder e autoridade, teremos de usar uma voz poderosa e dotada de autoridade. A forma como nos expressamos é tão importante para a nossa confiança quanto nossa aparência.

"A voz humana: esse é o instrumento que todos nós tocamos", disse Julian Treasure, consultor de som, no início de seu TED Talk viral de 2013. "Esse é provavelmente o som mais poderoso do mundo. É o único que pode começar uma guerra ou dizer: 'Eu te amo.'"

Contudo, muitos não dão tanta atenção ao tom ou volume da voz. Simplesmente dizemos "é assim e pronto", mas isso não é verdade. Até a pessoa mais silenciosa pode aprender a projetar sua voz — e transmitir confiança no processo.

Esta é minha lista do que fazer e do que não fazer usando nossa voz como um *recurso*, inspirada em parte nos trabalhos do coach de oratória Justin Aquino.

- "*Fale* usando o diafragma" — ou seja, respire calma e profundamente, aspirando o ar até chegar na barriga, e use esse fôlego para pronunciar suas palavras com muito mais vigor e energia.
- *Não* resmungue ou murmure. Isso o fará parecer hesitante ou temeroso.
- "*Fique* ereto" ao falar. Isso facilitará a entrada de ar nos pulmões, o que fará sua voz ressoar melhor.
- *Não* fale rápido demais — algo que faço! Seu público precisa de tempo para entender seus argumentos, e você não quer dar a impressão de estar nervoso.
- *Sorria* ao falar — não o tempo todo, é claro, mas quando for apropriado. Conseguimos "ouvir" um sorriso na voz da outra pessoa até no telefone, não é?
- *Não* hesite em fazer uma pausa. O volume é importante, mas momentos de silêncio acentuam o poder do que dizemos. Eles podem ser uma ferramenta poderosa para aumentar o drama e transmitir autoconfiança.

Um truque final vem do coach de comunicação Aquino: ao falar com pessoas à distância, tente projetar sua voz *além* delas. Isso nos obrigará a falar mais alto, a respirar mais fundo, garantindo que nossa voz chegue até elas. Basicamente, essa é uma solução para aprimorar diversos hábitos de oratória. "Um bom princípio é dirigir-nos a um ponto 1 metro atrás da cabeça da pessoa", diz Aquino. "Por exemplo, se estiver a 2 metros da pessoa, tente falar alto o suficiente para que alguém a 3 metros de distância consiga ouvi-lo bem."

### 3. Faça contato visual

"São os olhos, *chico*. Eles nunca mentem."

Tony Montana, ou "Scarface", estava certo.

Diversos estudos mostram que os olhos exercem um papel crucial na transmissão de credibilidade, sinceridade, afeição e, sim, confiança também. Pesquisadores do Max Planck Institute for Human Cognitive and Brain Sciences descobriram que "quando os seres humanos observam o rosto de outros, os olhos costumam ser a primeira coisa que é analisada em busca de informações".

Toda vez que me postei diante de um público — em um painel do *Question Time*, em um debate na Oxford Union ou ao discursar —, me esforcei para manter contato visual com ele. Porque não podemos — repito: *não podemos*! — transmitir confiança a outra pessoa se evitarmos fazer contato visual com ela.

Quando olhamos para nossas anotações, para nosso telefone ou para a mesa, sempre que olhamos para o lado ou evitamos o contato visual, parecemos inseguros ou ansiosos. Segundo Lillian Glass, especialista em comunicação e autora de *The Body Language Advantage* [sem publicação no Brasil], não há uma maneira melhor de mostrar autoconfiança do que fazer contato visual: "Quando o contato visual é mantido, isso significa controle ou poder sobre uma situação e estabelece o domínio."

Quando o assunto é a linguagem corporal, nunca é demais enfatizar o poder e a importância do contato visual. Ainda assim, muitos de nós deixam de fazê-lo! Com base em um estudo com 3 mil pessoas, relatado no *Wall Street Journal*, a Quantified Impressions, uma empresa de análise de comunicação, descobriu que os adultos, em média, fazem contato visual apenas durante "30% a 60% do tempo". Contudo, para criar uma "conexão emocional" com a outra pessoa, os analistas disseram que precisamos manter contato visual com ela durante "60% a 70% do tempo".

Oradores confiantes e com os quais podemos nos relacionar fazem contato visual não só quando estão falando, mas também quando estão escutando. Eu sempre procuro me inclinar para a frente e olhar o entrevistado nos olhos enquanto o ouço falar, pois isso mostra que estou concentrado. Dito isso, não fique encarando; as pessoas se sentirão desconfortáveis se as encararmos durante *muito* tempo. Nesse caso, a regra de 50/70 será de ajuda: ao falar com as pessoas, "mantenha o contato visual" durante pelo menos 50% do tempo; ao escutar, faça isso durante 70% do tempo. Os especialistas dizem que essa é a combinação certa de "interesse e confiança".

Lembre-se: quer nos *sintamos* confiantes, quer não, o contato visual é uma das formas mais rápidas e simples de *mostrar* confiança. Ela definitivamente pode ser desconfortável, em especial em meio a pessoas novas ou em grandes multidões. Mas funciona. E, como funciona, estaremos no processo de gerar aquele senso duradouro de autoconfiança.

.........

"Pessoalmente, sempre me sinto nervoso quando começo a falar em público. Toda vez que faço um discurso, sinto-me sob julgamento, não só com respeito às minhas habilidades, mas também quanto a meu caráter e honra. Tenho medo de parecer prometer mais do que posso cumprir, o que sugere uma total irresponsabilidade, ou de exibir um desempenho aquém do meu potencial, o que seria um indício de má-fé e indiferença."

Quem disse isso? O maior de todos os oradores clássicos: o próprio Cícero. Até ele foi sincero e honesto quanto a seu nervosismo na hora de falar.

Você não é o único que sofre com falta de confiança, e isso não é um vício ou uma deficiência. Faz parte da vida. E ela afeta os melhores de nós. Na verdade, a confiança é incrivelmente *rara* quando o assunto é falar em público. Caso você se sinta nervoso com a ideia de ir ao palco, esse é um sentimento que provavelmente compartilha com bilhões de pessoas do planeta.

A pergunta é: O que *você* está disposto a fazer para lidar com isso? Até que ponto está disposto a ir?

A confiança não é natural. Ela pode ser ensinada, aprendida e desenvolvida. E vale a pena fazer isso. Porque embora até Cicero ficasse nervoso, como todos nós, ele também entendia a importância da autoconfiança. E, acima de tudo, não desconhecia o papel crucial que a confiança exercia em vencer uma discussão e ser bem-sucedido em público.

Assim, visualize seu sucesso e conviva com as pessoas certas. Arrisque e aprenda com seus fracassos. E, se seus níveis de confiança ainda não estiverem altos, *aja* como se estivessem: reflita confiança por meio de sua linguagem corporal, seu tom de voz e seus olhos.

Jo Emerson, a "coach de confiança", compara a confiança com um músculo do corpo. Em entrevista ao *Guardian*, ela disse que precisamos estimulá-la, assim como faríamos com qualquer outro músculo. Fazer isso nos permitirá mantê-la, aumentá-la e fortalecê-la. E, ao longo do tempo, geraremos uma confiança duradoura — por intermédio da perseverança e do esforço, do sucesso e do fracasso.

"A confiança é como o respeito", escreveu a comediante e atriz Mindy Kaling em seu livro *Why Not Me?* [sem publicação no Brasil]. "Precisamos fazer por onde merecê-la." Claro, e mesmo assim, como Rihanna, Cícero ou qualquer outra pessoa que viveu nos milênios entre eles, às vezes precisaremos fingir.

# 13

# MANTENHA A CALMA E SIGA EM FRENTE

> Seja como um pato. Calmo na superfície,
> mas sempre agitando as patas embaixo da água,
> como a raiva que sentimos por dentro.
>
> — Michael Caine

Eu estava congelando. Era o inverno de 2010, e eu fazia parte de um painel no Merton College, Oxford, defronte uma sala cheia de alunos de graduação e pós-graduação por onde passava um vento frio. O evento havia sido organizado pela Orwell Foundation, e o título era "Sobre o que não podemos falar no século XXI?".

O autor Douglas Murray dirigia-se a todos os presentes, e eu, escutando o que ele tinha a dizer, sorria. Por que estava sorrindo? Falaremos mais sobre isso daqui a pouco.

Murray era um polemista de direita e bom de papo. Há registros de ele dizendo coisas como "as condições para muçulmanos na Europa deviam ser mais rigorosas ao longo da fronteira"; a Inglaterra precisa de "menos islamismo" para evitar ataques terroristas; e "Londres se tornou um país estrangeiro" por causa do número decrescente de residentes britânicos *brancos*. Um amor de pessoa, não é?

No início da década de 2010, quando morava no Reino Unido, eu costumava concordar em realizar debates com ele na televisão — algo que encaro agora com um pouco de arrependimento e vergonha. Fosse no *Question Time*, no *Daily Politics* ou no *Sunday Morning Live*, debatíamos essa questão. Parecia que os produtores britânicos de TV gostavam de nos ver soltando faíscas ao vivo.

Naquela noite, em Oxford, eu estava no painel com ele, ouvindo atentamente enquanto Murray continuava a falar sobre o perigo que o islamismo e os muçulmanos representavam à liberdade de expressão no Ocidente. Murray chamou o Profeta do islamismo de "louco, lunático ou uma fraude", chegando a ponto de acusá-lo de estupro infantil.

Acredite ou não, foi nesse exato momento que sorri. Na verdade, enquanto escrevia este capítulo, assisti novamente o vídeo do evento no YouTube. E lá estava eu, sorrindo enquanto Murray fazia essas acusações grotescas, inflamatórias e falsas sobre o fundador de minha fé.

Um amigo muçulmano meu, que assistiu ao evento online mais tarde, me perguntou por que eu sorria enquanto Murray difamava nosso amado Santo Profeta. "Você não quis interrompê-lo e gritar com ele?"

Minha resposta? Foi justamente *porque* eu queria soltar os cachorros nele que mordi a língua e dei um sorriso incômodo.

Deixemos claro o seguinte: Murray estava me provocando. Eu estava sentado bem ao lado dele, a meio metro de distância, quando ele fez essas observações. Ele *queria* que eu, seu copanelista muçulmano, em um evento público sobre a importância da liberdade de expressão, ficasse visivelmente bravo e ofendido, que tentasse calá-lo aos gritos. Queria fazer o papel de defensor da liberdade de expressão atacado por um partidário furioso.

Eu não podia morder a isca. Precisava permanecer calmo. E, serei honesto, como um muçulmano que ama e reverencia o Santo Profeta, isso foi difícil. Muito difícil. No entanto, quando chegou a minha vez de falar, pude usar minhas próprias observações para acabar com seus argumentos islamofóbicos, citando fatos e dados reais.

Assim, qual é a moral da história? Se eu consegui ficar calmo, então você também consegue.

## TRANQUILO, CALMO E SOB CONTROLE

Se perdermos a calma durante uma discussão, provavelmente seremos derrotados. É simples assim. Para apresentar um argumento, soar de modo convincente e conquistar o público, precisamos ficar calmos e sob controle. Como vimos nos capítulos anteriores, definitivamente existe um momento e uma utilidade para a raiva justa, para a paixão, para a energia e para a emoção. Mas nunca podemos perder o controle de nossos sentimentos.

Por que é *tão* importante permanecer calmo?

Para início de conversa, ficar estressado ou perder a calma mina a habilidade de argumentar. Será difícil explicar um posicionamento de forma coerente se você estiver agitado ou desnorteado. O sangue nos olhos faz perder o foco — tanto no argumento quanto no oponente.

Qualquer oponente meia-boca sabe disso. Ele vê que consegue nos irritar, nos provocando e desequilibrando — e continuará fazendo isso. Sentirá a fraqueza. Fará comentários provocantes ou ofensivos. Interromperá enquanto estivermos falando. Talvez faça argumentos ad hominem!

E há a questão do público. Se perdermos a calma, o perderemos também. Ele verá que estamos na defensiva. Sem controle. Talvez até nos enxergando como um sujeito esquisito.

Nenhum dos fundamentos do debate — contar histórias, mostrar os recibos, a escuta crítica, conectar-nos com o público — poderá ser aplicado se não permanecermos calmos. Se estivermos agitados ou estressados — ou pior, se formos tomados pela raiva incontrolável —, então todas as habilidades que desenvolvemos serão inúteis.

Assim, ao planejar um grande discurso, um belo argumento ou uma entrevista, planeje também como permanecer tranquilo, calmo e sob controle.

Como fazer isso? Como não se estressar em uma situação estressante?

As pessoas têm diferentes métodos. Alastair Campbell, o esquentado diretor de comunicações e de má fama do primeiro-ministro Tony Blair, durante seus últimos anos no cargo, gostava de discretamente espetar a mão com um objeto pontudo para se lembrar de que deveria permanecer calmo em público e não gritar com aqueles ao redor. Como reportado pelo *Observer*, ao depor durante um julgamento de difamação envolvendo George Galloway, ex-membro trabalhista do Parlamento, Campbell usou o bico afiado do patinho de brinquedo de sua filha. Ao ser interrogado pelos parlamentares do Comitê Seleto de Relações Exteriores do Parlamento do Reino Unido sobre a invasão ao Iraque, ele espetou a mão com aquele objeto. "Quando os colegas apanharam as notas de instruções usadas pelo diretor de comunicações de Tony Blair", revelou o *Observer* em 2003, "elas tinham manchas de sangue."

Pessoalmente, prefiro evitar derramar sangue e recomendo que você faça o mesmo. No mínimo, fica mais fácil de limpar. A seguir, minhas três maiores dicas para permanecer calmo em uma discussão ou debate, sem a necessidade de objetos pontudos!

## 1. Respirar

"Quando o fôlego vaga pela mente, ela se torna instável; mas quando a respiração é tranquila, a mente permanece calma." Essas palavras de sabedoria vêm do Hatha Yoga Pradipika, um texto iogue do século XV escrito por Swami Swatmarama. Hoje, mais de quinhentos anos depois, os cientistas viram que ele estava certo. Eles descobriram que a respiração ajuda a controlar a forma como nos sentimos.

Em 2017, em um artigo publicado na *Science* e divulgado na revista *Time*, pesquisadores liderados por Mark Krasnow, um bioquímico de Stanford, estudaram um grupo de "3 mil neurônios de troncos cerebrais" de camundongos. Esse pedaço de matéria cinzenta controlava como os camundongos respiravam — rápido ou devagar —, e os pesquisadores descobriram que ele possuía um elo biológico direto com "o locus coeruleus, um centro cerebral envolvido na atenção, excitação e pânico que se espalha pelo cérebro".

"Essa conexão com o resto do cérebro significa que se conseguirmos diminuir o ritmo da respiração, o que podemos fazer respirando fundo ou mediante inspirações curtas e controladas, a ideia seria que esses neurônios não enviarão um sinal para o centro de excitação, deixando de hiperativar o cérebro. Assim, podemos acalmara respiração e a mente", disse Krasnow à *Time*.

"Respire fundo." Esse é um clichê que ouvimos vez após vez, desde a primeira birra que tivemos na infância. Mas é um clichê comprovado pela ciência. Respirar fundo — quer estejamos sendo entrevistados ao vivo na TV, discursando na frente de centenas de pessoas em um salão ou no meio de uma discussão com nosso(a) parceiro(a) em particular — envia uma mensagem ao cérebro, como diz o velho ditado, "para ficar frio". Uma "mensagem", dizem os especialistas, que o "cérebro envia... para o corpo todo".

Algo tão simples como respirar fundo pode acalmar os nervos, diminuir o ritmo cardíaco e mandar mais sangue de volta para o cérebro. Como dizem, isso é bom para a mente e para o corpo.

Toda noite de domingo, quando estou quase entrando ao vivo no MSNBC para apresentar meu programa semanal, dou-me conta do fato de que centenas de milhares de telespectadores da América do Norte estão prestes a me ver e ouvir. Inspiro fundo e pronto. Durante a próxima hora, farei comentários e cobrirei histórias — entrevistando meus convidados, amigáveis ou agressivos. Parar para respirar ajuda a me concentrar.

Mas talvez você queira ir além da respiração ad hoc e realizar alguns exercícios formais de respiração — ou até ioga. Seguem alguns métodos à sua escolha. Pode experimentar a técnica 4-7-8, também conhecida como "respiração relaxante", que envolve alternar a inspiração e a expiração em períodos de quatro, sete e oito segundos. Pode experimentar o método SKY, ou Sudarshan Kriya Yoga, que se baseia em uma sequência de cinco exercícios de respiração diferentes. Ou pode experimentar a "respiração de lábios pressionados", que envolve respirar mais lenta e eficientemente, exigindo mais controle. Experimente todos eles, procure por opções de variação e descubra qual funciona melhor para você.

Em *Karatê Kid II*, quando nosso herói, Daniel, se estressava, o que seu mentor e sensei, o Sr. Miyagi, lhe dizia? "Quando sentir que a vida está fora de foco, volte ao básico... Respire. Sem respiração não há vida."

Um de meus lemas pessoais? Sempre ouça o Sr. Miyagi.

## 2. Rir

Já vimos como a risada pode nos ajudar a conquistar um público e desarmar nosso oponente. Mas ela também pode *nos* ajudar a permanecer calmos e estáveis ao longo da montanha-russa que é um debate.

"O humor é o para-choque da vida", escreveu Peggy Noonan, a renomada ex-escritora de discursos do presidente Reagan. "Ele nos ajuda a absorver as pancadas."

Como assim? Novamente, a ciência é clara: as endorfinas e os neurotransmissores de prazer, como a dopamina e a serotonina, nos ajudam a permanecer calmos e com um humor superpositivo. O cortisol, por outro lado, é o principal hormônio de estresse do corpo. Foi comprovado que a risada ajuda a estimular a produção de endorfinas, bem como da dopamina e da serotonina, ao passo que diminui os níveis de cortisol no sangue. Assim, ela tem um efeito calmante e desestressante.

Pense no seguinte: em um estudo de laboratório publicado em 1990, os participantes foram informados de que receberiam um choque elétrico em doze minutos. Era mentira, mas quando estavam a ponto de receber o choque, eles foram divididos em três grupos, sendo que cada um deles "escutava uma gravação humorística, uma gravação não humorística e nenhuma gravação". Embora tenha ocorrido um aumento da ansiedade em todos os grupos enquanto os doze minutos passavam, o estudo descobriu que "os participantes submetidos à mensagem humorística foram os que apresentaram menos ansiedade e relataram uma elevação menor de estresse à medida que o choque se aproximava".

O riso pode ser usado como uma técnica para acalmar a mente e o corpo. No entanto, em ambientes mais assustadores, não teremos uma gravação engraçada para escutar. Assim, precisaremos encontrar humor na situação que vivenciamos.

Foi o que fiz naquela noite em Oxford com Murray em 2010. Pensei em quão ridículo era meu oponente vomitar observações odiosas para todo lado para tentar fazer com que *eu* perdesse as estribeiras e agisse de forma irracional. Ele queria provar um ponto visualmente, mas suas palavras cavavam uma cova da qual ele não conseguiria sair.

Em uma hora dessas era preciso rir! E isso nos leva a um segundo benefício calmante do humor. Ele nos dá uma dose de endorfinas que ajuda a melhorar nossa perspectiva. Como dito pelo famoso psicólogo Rollo May, o uso do humor tem a ver com "preservar o eu... É uma forma saudável de estabelecer uma 'distância' entre nosso eu e o problema, uma forma de nos afastar e enxergar nosso problema a partir de outra perspectiva". O que pode nos dar, como escreveu a autora best-seller Andie Kramer, "um senso de poder sobre as situações assustadoras com as quais precisamos lidar".

Se sorrirmos e gargalharmos, poderemos transformar uma situação estressante em uma ridícula. E então relaxar. Eu garanto. Abraham Lincoln foi um líder e orador que entendeu esse aspecto do humor. Em 22 de setembro de 1862, o presidente fez uma reunião com todos de seu gabinete. Em meio à brutal Guerra Civil, ele queria a aprovação de todos para sua Proclamação de Emancipação preliminar, cujo objetivo era libertar milhões de pessoas escravizadas na Confederação. Essa reunião aconteceu cinco dias depois da sangrenta Batalha de Antietam, a batalha de um dia foi considerada a mais mortal da história norte-americana, e Lincoln sabia da tensão que permeava o gabinete.

O presidente precisava acalmar seus nervos e aliviar o clima na sala antes de abordar a seríssima questão da proclamação. Assim, Lincoln começou a reunião lendo em voz alta um livro de histórias humorísticas, escrito pelo historiador Merrill D. Peterson, pausando para gargalhar no fim. Então, deixou o livro de lado e perguntou aos membros do gabinete: "Senhores, por que não estão rindo? Com a terrível tensão que paira sobre mim noite e dia, se não risse, morreria, e os senhores precisam desse remédio tanto quanto eu."

## 3. Comunicação intrapessoal

> De repente, a cicatriz em sua testa começou a doer de novo, e seu estômago revirava terrivelmente.
> "Pare com isso", ordenou ele, com firmeza, esfregando a cicatriz e fazendo a dor diminuir mais uma vez.
> "Este é o primeiro sinal de loucura: falar com a própria cabeça", disse uma voz travessa do quadro vazio na parede.
>
> — *Harry Potter e a Ordem da Fênix*

Falar sozinho tem uma má reputação — mas Harry Potter estava certo. Esse não é o "primeiro sinal de loucura", mas uma técnica eficaz para nos manter calmos em uma situação tensa.

A verdade é que muitos de nós têm uma voz interna que escutamos em momentos de crise ou calamidade. Em certas ocasiões da vida, são muitos os que monologam internamente. A pergunta é: Como garantir que nossa voz interna nos ajude a ficar calmos — e não a entrar em pânico? Como usá-la para nos manter tranquilos em uma discussão, quando o coração está batendo a mil?

"Comunicação intrapessoal" é como os psicólogos chamam os comentários pessoais que surgem no cérebro ao darmos conselhos a nós mesmos e que refletem em nossos pensamentos, emoções, esperanças e medos. Ela acontece o tempo todo, alternando entre positiva ("Estou indo muito bem!") e negativa ("Não presto!") em um instante.

Uma das maneiras mais eficazes de canalizarmos a comunicação intrapessoal em benefício próprio é fazer uma mudança pequena, porém fundamental: livrar-nos do "eu". Em vez de conversarmos silenciosamente conosco mesmos na primeira pessoa, será mais eficaz fazer isso *na terceira pessoa*, usando nosso nome.

Sim, parece um pouco doido. Mas não é. Em um artigo publicado em 2017, um grupo de psicólogos da Universidade Estadual de Michigan e da Universidade de Michigan confirmou "que comunicações intrapessoais na terceira pessoa fazem com que as pessoas pensem no eu assim como pensam nos outros", abrindo espaço para um "distanciamento psicológico" a fim de manter suas emoções sob controle. Eles concluíram que a "conversa intrapessoal na terceira pessoa pode ser uma forma de autocontrole que praticamente não exige nenhum esforço".

Sou capaz de ler seus pensamentos agora. Será que alguém realmente faz isso? *Mehdi* de fato fala consigo mesmo dessa maneira?

Sim, eu falo. Da próxima vez que me assistir na televisão brigando com um convidado em uma entrevista ao vivo, faça isso sabendo que, embora discutindo com ele em voz alta, estarei silenciosamente me dizendo para ficar calmo e concentrado. *"Concentre-se, Mehdi!" "Não morda essa isca!" "Você consegue!"*

## O QUE PODEMOS CONTROLAR

Wayne Dyer, o renomado autor e orador motivacional, gosta de dizer: "Nem sempre podemos controlar o que acontece fora de nós. Mas sempre podemos controlar o que acontece por dentro."

A chave para permanecermos calmos é lembrar que estamos no controle. Essas são *nossas* emoções — e podemos controlá-las.

Quanto ao que "acontece fora de nós" — mesmo não conseguindo controlar a situação externa em si, podemos inseri-la no contexto. Podemos recuar um passo e observar o quadro por completo. Raramente é tão ruim quanto imaginamos.

Erramos a frase de efeito que queríamos dizer com perfeição? Sem problema. Haverá outras.

Perdemos nossas anotações e não nos lembramos exatamente do que queríamos dizer? Basta usar o recurso da autodepreciação e brincar com a situação.

Nosso oponente nos humilhou na frente de uma assistência com uma observação destrutiva? Vamos em frente e fiquemos atentos para ver se ainda temos tempo para um contra-ataque retórico.

Falando em ataques, elaborei um cenário para praticar todas minhas técnicas zen em 2016, quando entrevistei Vitali Klitschko, o tricampeão mundial de boxe peso-pesado.

Klitschko havia sido eleito prefeito de Kiev dois anos antes, e o objetivo dessa entrevista era discorrer sobre a política interna da Ucrânia e do constante conflito do governo dele com os separatistas apoiados pela Rússia no leste do país. Antes de começar a entrevista, Klitschko, com seus 2 metros, 113 quilos e cujo apelido era Sr. Punho de Ferro, me pediu para falar devagar enquanto conversávamos. "Meu inglês não é muito bom", disse-me ele enquanto seu corpo enorme se acomodava na pequena poltrona à minha frente. "Claro", respondi, dando início à entrevista simulando um típico turista britânico de férias na Europa continental, falando bem devagar e bem alto com os locais ("PODERIA... ME... DIZER... COMO... CHEGAR... AO... COLISEU?").

Todavia, ao longo dessa entrevista pré-gravada de onze minutos, voltei a falar *rápido*, sem perceber que ele estava ficando irritado. E não ajudou quando perguntei a Klitschko sobre sua suposta ligação com o chefe da máfia ucraniana — a qual ele negou. Por fim, quando a entrevista terminou, o ex-campeão de boxe se levantou, com o rosto vermelho de raiva. Em pé, me encarou e disse, com seu sotaque de Ivan Dragoesque: "Você disse que iria falar *devagar*!"

Como permanecer calmo em um momento como esse? Serei honesto: fiquei morrendo de medo. Os braços de Klitschko pareciam ser do tamanho do meu corpo! Murmurei uma desculpa, mas, em minha cabeça, eu pensava: "Se ele me bater agora, vou morrer." Então outra parte de mim pensou: "Mas se ele me bater, este vídeo vai fazer sucesso!"

Admito, foi um tanto ridículo pensar nisso naquele momento. Não obstante, isso fez com que eu sorrisse por dentro, ajudando-me a permanecer calmo e evitando que eu e minha boca grande piorassem a situação.

Em retrospecto, ficou claro como consegui manter minha compostura: eu silenciosamente falei comigo mesmo no calor do momento (*conversa intrapessoal!*); encontrei humor nessa situação bizarra (*sorrir!*); e provavelmente inspirei e expirei algumas vezes durante o evento (*respiração!*).

## ...E SIGA EM FRENTE

O lendário pôster propagandístico da Segunda Guerra Mundial publicado e distribuído pelo governo britânico em 1939 — "Mantenha a Calma e Siga em Frente" — se tornou um meme da internet. Para mim, essas últimas quatro palavras — "e siga em frente" — são tão importantes quanto as três primeiras. Empregar um conjunto de ferramentas de técnicas calmantes definitivamente é muito útil. Mas às vezes só precisamos seguir em frente, independentemente do quão mal nos sintamos ou de quão ruins as coisas ao redor parecem ser. Fazer isso, acredite ou não, resultará na (eventual) vitória.

Eu costumo refletir no sábio conselho que Armand Goldman (interpretado por Robin Williams) deu a seu frequentemente histérico parceiro Albert (interpretado por Nathan Lane) na aclamada comédia de 1996 *A gaiola das loucas*.

> ALBERT GOLDMAN: Oh, meu Deus. Eu quebrei a torrada!
>
> ARMAND GOLDMAN: E daí? O importante é se lembrar de não chorar quando isso acontecer. Você precisa agir como homem, com calma. Precisa dizer a si mesmo: "Albert, você quebrou a torrada. E daí? Sua vida não acabou." Tente de novo.
>
> ALBERT GOLDMAN: "Albert, você quebrou a torrada. E daí?" Tem razão. Não preciso ficar histérico. Basta lembrar que posso pegar outra torrada.

A pressão pode aumentar, os ânimos podem se exaltar e o desastre pode estar batendo na porta. Mas quando permanecemos calmos e seguimos em frente, ainda podemos tocar o dia — e a discussão. Ah, e sempre podemos pegar mais torradas.

# 14

# A PRÁTICA LEVA À PERFEIÇÃO

Quanto mais praticamos, melhores nos tornamos, afastando o medo aos poucos. Repetir, repetir, repetir.

— Arnold Schwarzenegger

Conheça Demóstenes. Órfão à idade de 7 anos e criado por seus guardiões que se apropriaram de sua herança, seu nome ganhou destaque na velha Atenas aos 20 anos ao processar esses guardiões no tribunal. Depois de alguns anos, ele ficou famoso como logógrafo, ou escritor profissional de discursos, posteriormente elaborando ele mesmo discursos públicos emocionantes. Tornou-se um advogado e estadista lendário, a ponto de ser citado séculos mais tarde, servindo de inspiração para todos, desde os antigos romanos aos Pais Fundadores dos EUA e à Resistência Francesa durante a Segunda Guerra Mundial.

O poeta romano Juvenal chamou Demóstenes de *largus et exundans ingenii fons* ("uma fonte grande e transbordante de genialidade"), o educador romano Quintiliano o elogiou como *paene lex orandi* ("o padrão de excelência oratória") e o estadista romano Cícero, que não era ruim de retórica, chamou Demóstenes de "o orador perfeito".

Deu para ter uma ideia, não é? Como orador público, Demóstenes era basicamente "o cara".

Mas quer saber de uma coisa? Demóstenes começou como um orador *terrível*. Em *Vidas paralelas*, o historiador grego Plutarco disse que o jovem Demóstenes tinha um impedimento na fala e era ridicularizado por sua "voz fraca" e "falta de fôlego". Ele só melhorou porque se empenhou. E quer saber o *quão* empenhado Demóstenes era?

Plutarco escreveu que o jovem Demóstenes construiu uma "sala de estudos subterrânea" à qual podia "descer todos os dias, sem exceção, para desenvolver sua arte e cultivar sua voz, permanecendo lá durante dois ou três meses". Ele chegou a ponto de raspar metade do cabelo da cabeça para garantir que sentiria vergonha de deixar sua caverna subterrânea e ir para o "exterior". E no que se refere ao impedimento de fala, o que Plutarco chama de "uma pronunciação inarticulada e gaguejante", você tem alguma ideia do que Demóstenes fez para lidar com ela? Ele colocava pedrinhas na boca enquanto praticava seus discursos. Sim, pedras de verdade! Lidar com sua falta de fôlego foi fácil depois disso. Segundo Plutarco, o orador aumentou sua resistência correndo colina acima enquanto "recitava discursos ou versos em um fôlego só".

Por volta dos 30 anos, Demóstenes fazia discursos públicos emocionantes, agora conhecidos como *As Filípicas*, contra o invasor Filipe II, da Macedônia, pai de Alexandre, o Grande. O escritor Steven John observa que seus discursos eram tão envolventes e inspiradores que os atenienses literalmente pegaram em armas e se prepararam para lutar contra os invasores macedônios depois de ouvi-lo falar. John cita Demóstenes em sua agora lendária Terceira Filípica:

> Vocês se encontram em sua dificuldade atual porque deixam de cumprir seus deveres, pequenos ou grandes; é claro que, se tivessem feito tudo que deveriam, e ainda assim permanecessem nessa situação ruim, não poderiam esperar nenhuma melhora. Contudo, Filipe conquistou sua indolência e indiferença; mas não conquistou Atenas. Vocês não foram vencidos, nem sequer se mexeram.

É difícil enfatizar ainda mais o quanto Demóstenes era um bom orador *e* o quanto ele se esforçou para se tornar um orador tão brilhante. A meu ver, Demóstenes talvez seja a maior prova de que essas coisas podem ser ensinadas — e que, se nos comprometermos, poderemos progredir bastante.

Hoje em dia, muitos supõem que a oratória pública é uma habilidade que temos ou *não* temos. Muitas pessoas, ao presenciar aqueles que sobem com regularidade no palco ou que aparecem na TV, supõem que eles estão improvisando, fazendo tiradas e falando frases de efeito na hora. Pensamos: "Isso nos vem tão naturalmente; não precisamos praticar, treinar ou nos preparar."

Ah, quem dera que isso fosse verdade! Mas não é. Quando faço um discurso de dez ou quinze minutos em um evento, isso é tudo o que o público vê ou pensa. Mas o que ele não vê é o quanto de tempo foi investido nesse discurso nos dias, semanas ou meses anteriores. Não apenas para fazer pesquisas e escrevê-lo, mas também para prepará-lo e treiná-lo, em minha cabeça ou em voz alta. Como Mark Twain brincou certa vez: "Em geral, leva mais de três semanas para nos prepararmos para um discurso de improviso."

Na realidade, nenhum bom orador ou debatedor tenta fazer as coisas de improviso. Obviamente, haverá momentos que talvez precisemos improvisar ou ser espontâneos. Porém, citando Somers White, CEO e consultor de comunicações, "90% de quão bom o discurso será depende do que o orador fez antes de pisar no palco". Para sermos bem-sucedidos, precisamos conhecer o assunto em questão *e* treinar para falar sobre ele.

Queremos que tudo pareça natural — o que dá muito trabalho. Ainda assim, essa é uma boa notícia. Porque significa que podemos *aprender* a fazer tudo direitinho — em longo prazo, como Demóstenes, e também ao nos prepararmos para um discurso a ser proferido em breve. Esse é um dos conselhos mais importantes que posso lhe dar quando o assunto é oratória pública: NÃO IMPROVISE.

Treine. Treine. Saiba que isso leva tempo. Mas que é possível fazê-lo bem.

## NÃO FOI SÓ DEMÓSTENES

Temos a tendência de supor que todos aqueles que são bons oradores *nasceram* assim.

Ledo engano.

Considere dois dos maiores oradores do idioma inglês dos últimos cem anos: Winston Churchill e Martin Luther King Jr.

Acredite ou não, ambos tiveram de se esforçar bastante para se tornar os oradores icônicos que conhecemos hoje.

### 1. "Lutem nas praias"

Comecemos com Churchill. Quando era criança, ele gaguejava, ceceava e era tímido. Mesmo quando entrou na política aos 20 anos, ainda tinha problemas de oratória. Como um antigo observador relatou: "O Sr. Churchill e a oratória ainda não são amigos. E acho que nunca serão."

Em 1904, aos 29 anos, Churchill se levantou na Câmara dos Comuns para discursar. Começou bem, bombástico e cheio de energia, e prosseguiu sem o auxílio de suas anotações, falando apenas de memória. Mas um de seus biógrafos escreveu que, ao se aproximar do clímax da fala, o jovem membro conservador do Parlamento se perdeu.

"E permanece com aqueles que..." começou ele a dizer, parando no meio da frase.

Ele tentou novamente.

"Permanece com aqueles que..." e, de novo, sua voz foi sumindo, tal como observado pelos escritores Brett e Kate McKay.

Durante três minutos completos — três minutos que devem ter parecido uma eternidade para o jovem Churchill! — ele tentou encontrar as palavras certas, mas não conseguiu. Os membros do Parlamento da Câmara começaram a "provocá-lo", conta o casal McKay. "Agradeço à Câmara pela atenção", concluiu ele, sentando-se com o rosto vermelho e colocando as mãos na cabeça.

Não obstante, em 1940, o mesmo Churchill reuniria milhões de britânicos para falar sobre "sangue, trabalho, lágrimas e suor" e sobre a necessidade de lutar contra os nazistas "nas praias". E já não corria mais o risco de perder o raciocínio. E, em 1953, ganhou o Prêmio Nobel de Literatura "pela sua maestria em descrição histórica e biográfica, *bem como por sua brilhante oratória* [ênfase acrescentada]".

Como ele se tornou um orador "brilhante", digno de receber prêmios e capaz de inspirar uma nação? Graças ao treino e à preparação. O ex-primeiro-ministro Boris Johnson, um de seus muitos biógrafos, disse que os discursos de Churchill "eram um êxito de esforço e preparação, nos quais as expressões eram revisadas e veladas, assim como a ursa cuida de seus filhotes".

O próprio Churchill estava determinado a nunca mais se comportar como aqueles oradores que "antes de acordar, não sabem o que vão dizer; quando falam, não sabem o que estão dizendo; e quando se sentam, não sabem o que disseram". Como Johnson escreveu, referindo-se ao incidente de 1904 no Parlamento:

> Ele nunca mais cometeu esse erro. Mantinha suas notas escritas a máquina presas com um alfinete e não tinha vergonha de consultá-las através de seus óculos de armação preta. Os discursos de Churchill eram ciceronianos em sua natureza literária essencial: eram declamações de texto.

Churchill escrevia seus discursos na íntegra; ele anotava até as pausas que planejava fazer. Mas não os lia. Na verdade, como destacado por William Manchester, outro de seus biógrafos, Churchill passava tanto tempo ensaiando seus discursos que, quando os fazia, só dava uma olhadinha em suas anotações — e os membros da assistência nem se apercebiam disso.

E o que aconteceu com sua gagueira e ceceio? Enquanto caminhava ao ar livre, Churchill lidava com esses problemas com palavras que começavam com *s*, repetindo frases ridículas em voz alta, como "The Spanish ships I cannot see since they are not in sight"[1]. Mais tarde, ele diria com orgulho: "Meu impedimento não é um obstáculo."

1. Em tradução livre: "Os navios espanhóis que não consigo ver porque não estão à vista." [N. da T.]

Ele também treinava seus discursos onde e quando podia. Seu criado, Norman McGowan, contou que, certa vez, ouviu seu chefe murmurando na banheira. "Me chamou?", perguntou o criado. "Eu não estava falando com você, Norman", foi a resposta de Churchill. "Estava falando com a Câmara dos Comuns."

## 2. "Eu tenho um sonho"

Até o discurso mais elogiado da história moderna norte-americana é um testemunho em prol da prática e da preparação: o discurso "Eu Tenho um Sonho" do Dr. Martin Luther King Jr.

Na condição de um pregador batista de quarta geração, Martin Luther King talvez tivesse um talento para o improviso que faltava a Churchill, mas seria um erro supor que especialmente seus discursos políticos fossem algo natural ou espontâneo, ou que ele não precisasse passar horas e horas os planejando e escrevendo. "Acho que um conceito errôneo das pessoas sobre King era que todo seu material era espontâneo, e que ele não treinava", diz Stacey Zwald Costello, que serviu como assistente editoral no King Papers Project do Martin Luther King, Jr. Research and Education Institute da Universidade Stanford. "Mas a verdade é justamente o contrário — ele passava um bom tempo preparando seus discursos e reciclando materiais, usando-os em diferentes lugares e de diferentes formas para transmitir suas ideias."

"Sabemos muito bem que King fez a maior parte do seu discurso 'Eu Tenho um Sonho' sem notas e que improvisou grande parte dele na hora", observa o autor e coach de executivos Scott Eblin. "O que não é tão conhecido é que ele vinha trabalhando em grande parte do conteúdo daquele discurso em outras declarações que havia feito meses e anos antes da Marcha sobre Washington. Ele aproveitou o tempo e a oportunidade para ficar bem confortável com seu conteúdo e fez experimentos para ver o que funcionava ou não em locais que não eram tão proeminentes quanto o National Mall."

Ele gastou horas nele! Entretanto, ainda assim, na noite antes de fazer seu discurso mais famoso nos degraus do Lincoln Memorial para mais de 250 mil pessoas, King supostamente se levantou às 4 da manhã, escrevendo-o e reescrevendo-o.

Pense nisso: os maiores entre os oradores, pessoas como Demóstenes e Martin Luther King, precisaram aperfeiçoar suas habilidades de oratória, *eles* precisaram treinar e preparar seus discursos — seu estilo, conteúdo, tom, apresentação e assim por diante. Então, adivinhe: você também vai precisar. VOCÊ TAMBÉM VAI PRECISAR.

Sinto muito, mas não tem discussão.

.........

Mas *como* treinar e nos preparar para um discurso público? De acordo com minha experiência, é melhor começar com o básico da apresentação pública: nossa aparência, como nos expressamos e a divisão do tempo de cada parte do discurso. Cada um desses elementos se beneficiará de nos sentirmos confiantes e calmos, tal como abordado nos capítulos anteriores. Também deverão ser combinados com o conteúdo e com a pesquisa, como veremos no próximo capítulo.

Contudo, a confiança e o conhecimento por si sós não bastam. Precisamos de certa presença de palco — aquela mágica performática que tem o potencial de cativar a assistência. "Se nossa voz, gestos e linguagem corporal não baterem com nossas palavras, quem nos escuta não confiará em nossa mensagem", escreveu o coach de comunicação Carmine Gallo em seu livro *TED: Falar, convencer, emocionar.* "Seria o mesmo que ter uma Ferrari (uma história incrível) sem saber dirigir (a apresentação)."

Então vamos aprender a dirigir. Estas são minhas melhores três sugestões de como treinar e preparar uma apresentação.

### 1. Treine sua "aparência"

Lembra-se de Demóstenes? Ele ensaiava seus discursos na frente de um espelho, e você deveria fazer o mesmo.

Posicione-se na frente de um espelho. Pode parecer estranho, mas você precisa tentar conversar *consigo mesmo*. Veja qual é sua aparência e qual a impressão que passa ao falar para seu próprio reflexo.

Examine sua postura e certifique-se de não ficar encurvado, se balançando ou sacudindo ao falar.

Fique atento também às suas expressões faciais. Que "aparência" seu rosto tem ao falar? Quão expressivo ele é, e a expressão que está exibindo é a adequada para aquele momento? Ela combina com que está dizendo ou, parafraseando, você está sorrindo ao apresentar más notícias e franzindo o cenho ao apresentar as boas?

Use um smartphone também. Depois de alguns milhares de anos, por fim temos alguma vantagem sobre Demóstenes.

Grave enquanto fala em voz alta. Então poderá ver e ouvir o que os outros verão e ouvirão quando *você* falar com *eles*. A CEO Jen Glantz sugere tentar assistir esses vídeos sem som para nos concentrar apenas na expressão facial e linguagem corporal para checar se elas ajudam ou prejudicam a apresentação. "Simplesmente nos ver em ação nos torna mais conscientes da impressão que passamos", escreveu Gallo em *TED: Falar, convencer, emocionar*, "preparando-nos melhor para eliminar movimentos e gestos inúteis."

(Um bônus: posso garantir que, a partir do momento em que se sentir confortável assistindo e ouvindo a si mesmo falando em vídeo, também passará a se sentir muito mais confortável com *outros* assistindo-o e ouvindo-o falar.)

Nesse ponto, devo confessar uma coisa: se estiver se sentindo estranho e sobrecarregado ao começar a se assistir, saiba que não é o único. Tive muita dificuldade com minhas expressões faciais. Tenho o que chamo de RMCI — ou "Rosto Muçulmano Constantemente Irritado". Minha expressão padrão é a de raiva e intensidade, e como um homem adulto muçulmano, parecer irritado e intenso vem acompanhado de todo tipo de conotações e suposições indesejadas (e injustas!). É algo no qual tenho que trabalhar bastante antes de aparecer na TV e em apresentações públicas: *não* parecer o tempo todo que quero arrancar a cabeça da outra pessoa!

E não é só o rosto. Atente às suas mãos também. Você as usa demais? De menos? Movimenta-as de forma estranha, algo que não havia percebido antes? Isso é muito comum depois que começamos a prestar atenção. Eu com certeza passei por isso. Um produtor de

TV com o qual costumava trabalhar me disse certa vez que queria amarrar minhas mãos do lado do meu corpo enquanto eu falava com a câmera!

Consegui evitar esse destino, mas ainda é algo no qual preciso trabalhar e treinar ao longo do tempo. Quando estiver falando consigo mesmo, seja na frente da câmera ou do espelho, aja como se essa fosse uma conversa com um amigo ou membro de sua família. Gesticule apenas quando for necessário enfatizar alguma coisa, procurando manter as mãos do lado do corpo em todos os outros momentos. Se achar que essa é uma pose forçada ou não natural, então procure segurar as laterais da tribuna com as mãos, tal como sugerido por Sam Leith, especialista em retórica, ou "juntá-las" em sua frente (minha opção favorita). A ideia não é evitar gesticular — mas fazer isso com um objetivo, não de forma errática ou aleatória.

## 2. Treine a forma como "soa"

> Antes de me casar, eu não sabia que, todos os dias da minha vida... discutiria meu tom de voz. Eu não sabia disso. Não sabia que os tons de minha fala eram tão diferentes. Desde então, aprendi não só que falava em vários tons, mas também que costumava usar o errado. Eu achava que era um casamento; aparentemente é um musical... Meu verdadeiro tom de voz, o que uso agora para falar com vocês, não é bem-vindo em casa. Não mesmo! É por isso que estou falando com vocês por aqui.

Esse é o lendário Jerry Seinfeld em uma de suas apresentações iniciais de stand-up, falando sobre uma verdade que todo orador público deve ter em mente: a maneira como soamos muda o jeito como as pessoas nos escutam — ou até *se* estão dispostas a nos escutar. É como o filósofo alemão Friedrich Nietzsche supostamente observou: "Em geral, recusamo-nos a aceitar uma ideia simplesmente porque não simpatizamos com o tom de voz no qual ela foi expressa."

Você sabe como a sua voz soa para outros? Está ciente de como ela muda ao fazer um discurso perante uma multidão? Talvez tenhamos problemas de volume ou de entonação que, como Seinfeld, um amigo ou nosso cônjuge já fizeram o favor de identificar. Assim, isso é o que precisamos saber para começar a trabalhar neles.

Segundo a coach de oratória Helen von Dadelszen, existem quatro aspectos básicos de apresentação vocal: entonação, potência, ritmo e pausa.

*Entonação* é o tom de nossa voz.

*Potência* é o quão "alto ou baixo" falamos.

*Ritmo* é o quão rápido ou devagar falamos.

*Pausas* são os intervalos que inserimos entre as frases ou declamações.

Esses aspectos exigem correção e aperfeiçoamento. E nesse caso, novamente, um smartphone será de ajuda. Primeiro, grave-se falando. Avalie o volume e a *potência*. PARECE QUE ESTÁ GRITANDO? Ou está baixo demais? É muito importante nos certificarmos de que as pessoas consigam nos ouvir. Ao mesmo tempo, porém, é importante parecermos relaxados e que seja fácil nos escutar. Von Dadelszen escreveu que talvez queiramos variar o volume, dependendo de se estamos ou não projetando alegria e humor ou tristeza e medo. Talvez queiramos falar mais alto ou mais baixo, dependendo de onde estamos em nosso discurso — seja uma história pessoal ou uma proclamação arrebatadora.

Da mesma forma, nossa dinâmica deve mudar, dependendo de onde estamos fisicamente. Estamos em um auditório gigantesco ou todos se amontoam em uma sala de reunião? A potência deve se adaptar ao ambiente, e, se possível, deveríamos *treinar* no local certo. Isso significa que, quando for se gravar, tente posicionar o telefone onde estarão os ouvintes; se for falar em uma grande sala de conferências, grave do ponto mais distante da sala em vez de a 10 centímetros de seu rosto.

Então, atente a *como* está falando. Como a grande poeta e autora Maya Angelou observou: "As palavras significam mais do que é colocado no papel. É necessária a voz humana para atribuir-lhes um significado mais profundo." Em termos práticos, tal como acordado por *todos* os especialistas de oratória pública, isso significa uma coisa: se o nosso tom de voz for robótico ou monótono, nossa assistência *vai* dormir. Não há *nada* mais desanimador do que um orador público falando em um tom seco e tedioso.

É aí que a *entonação* e a *pausa* entram em ação. Que palavras enfatizamos dessa ou daquela forma? Que tom estamos usando? Ele varia de frase para frase? Estamos pausando nos lugares certos, para fins dramáticos ou até cômicos? Uma pausa estratégica pode nos dar a oportunidade de respirar — e ao nosso público a oportunidade de "digerir", como se diz o que acabamos de falar.

No entanto, cuidado com as chamadas "pausas vocalizadas" — aquelas palavras inúteis de preenchimento entre as frases, como *humm, ahn, tipo, sabe* e assim por diante. Esses vícios verbais podem se tornar irritantes para a assistência, então a primeira coisa a fazer é eliminá-los de nosso vocabulário e nos conscientizar de que os usamos! (Já mencionei que deveria se gravar falando?)

Preste também bastante atenção em como enuncia as palavras e se não está murmurando. Esse é um grande problema no caso de muitos oradores públicos. Houve uma época em que eu estava engolindo minhas palavras ao vivo, algo que ignorava até meus produtores me informarem. Ainda preciso lutar contra isso porque, como deve ter percebido, se já assistiu meus debates ou programas de TV, tenho a tendência de falar muito rápido.

O que nos traz ao *ritmo*, meu calcanhar de Aquiles. Há um momento para "acelerar" — para gerar excitação entre os ouvintes, segundo Dadelszen, e para mantê-los em êxtase. E há um momento para diminuir a velocidade — para garantir que estão acompanhando e processando o argumento que apresentamos. Todos os bons oradores aprendem a alternar entre eles. Isso não só ajuda nossos ouvintes a absorver nossas colocações, como torna o ato de escutar mais interessante e envolvente.

Caso seja parecido comigo de alguma forma, você vai precisar treinar de modo muito mais consciente o ato de diminuir a velocidade em vez de acelerar. Isso é comum em oradores de primeira viagem, e muito difícil de notar. Estamos cheios de adrenalina e ansiosos para transmitir nossa mensagem — então, de repente, soamos como um podcast em velocidade 2x.

Por nos gravar falando, podemos ouvir como os *outros* nos ouvem — e isso é essencial. Não seja como o astro de Hollywood Adam Driver, também conhecido como Kylo Ren, que abandonou uma entrevista na rádio em 2019, nervoso, após o apresentador tocar um trecho dele cantando em um de seus filmes. Aparentemente, Driver não suporta ouvir sua voz gravada. (Mas não precisamos seguir seus passos e passar para o lado sombrio da Força!)

Esses quatro atributos exigem bastante treino — em especial entre aqueles não acostumados a falar em público. Como pais de duas crianças, sempre achei que ler um livro infantil em voz alta, e literalmente fazer as vozes dos diferentes personagens, pode ser uma forma bastante útil e natural de treiná-los — especialmente a *entonação*. Helen von Dadelszen, coach profissional de comunicação, concorda: "Ler uma história infantil em voz alta nos dá uma excelente oportunidade de ver até onde nossa voz pode chegar e dar mais variedade a ela... Isso nos dá a oportunidade de brincar!" Mesmo que não tenha filhos, escolha um livro infantil e tente ler os diálogos em voz alta, fazendo as vozes — alterando o tom e empregando emoções diferentes para os personagens. Essa é uma experiência reveladora, mostrando-nos o que podemos fazer com a voz.

### 3. Treine seu tempo

Quer estejamos em um debate competitivo, discursando ou na televisão ao vivo, quase sempre nos dão um espaço de tempo, um horário ou um período agendado. E precisaremos nos adequar a ele. Não só para evitar quebrar as regras, mas também para não irritar o apresentador ou entregar à assistência menos do que ela merece.

Portanto, eis meu conselho prático final para aperfeiçoar sua apresentação: cronometre o tempo que você leva para falar. Faça isso várias vezes, até conseguir, sem esforço, transmitir sua mensagem *dentro do tempo*.

Os benefícios disso não se resumem a apenas nos apegar à programação. Treinar nosso tempo com antecedência garantirá que o discurso ou apresentação serão certeiros. Também diminuirá a probabilidade de ficar divagando, o que pode ser uma sentença de morte para uma apresentação pública. Posso lhe garantir: ninguém quer nos ouvir fazer rodeios durante vinte minutos para contar uma história que poderia ter sido contada em dois. E não cairemos nessa armadilha se cronometrarmos cada parte principal da apresentação.

Treinar o tempo também ajudará a nos *adaptar* no grande dia, caso isso seja necessário. Talvez estejamos em um debate formal ou em uma reunião de trabalho e descubramos ser necessário incluir novos argumentos ou apresentar novas respostas. Contudo, ainda precisaremos nos prender às restrições de tempo. Se já estivermos bem familiarizados com nossa estrutura e conteúdo — se soubermos nosso discurso de cor e salteado —, poderemos fazer algumas mudanças sem prejudicar a apresentação como um todo.

Contudo, para usar o tempo a seu favor, recomendo preparar observações que fiquem *abaixo* de seu limite de tempo. Se tiver dez minutos, prepare-se para falar por apenas oito ou nove. Isso lhe dará "espaço" caso sinta que precisa incluir pontos ou argumentos adicionais no dia da apresentação. Se não precisar, sem problemas. Todos respeitarão sua habilidade de ser conciso em vez de se estender.

Segundo minha experiência, existem três maneiras de nos certificarmos de que nosso discurso ou apresentação se restrinja ao tempo.

1. **A ação ousada:** Escrever nosso discurso na íntegra, cronometrar enquanto o treinamos e, então, *decorar* tudo. Sim, decorar tudinho! Em 2005, David Cameron passou de desconhecido na corrida para a liderança do Partido Conservador a favorito depois de encantar os membros do partido na conferência anual em Blackpool ao fazer um discurso que havia decorado, sem nenhuma anotação. Cinco anos depois, ele se tornou primeiro-ministro. Se tivermos tempo e quisermos encantar a assistência sem nenhuma distração, decorar o discurso será um método garantido para fazer isso enquanto nos limitamos ao tempo que nos foi determinado.

2. **A opção mais segura:** Talvez cheguemos à conclusão de que decorar todas as observações seja uma estratégia de alto risco/alto retorno, tal como o jovem Churchill aprendeu do jeito mais difícil. Meu conselho, caso deseje fazer isso, é aprender com ele e manter uma cópia do discurso na íntegra ao alcance... *por precaução*. Escreva seu discurso na íntegra, cronometre enquanto o treina e, então, faça-o com o manuscrito na tribuna, à sua frente. Mas *não* o leia para a assistência, com a cabeça baixa, enterrada no texto. Churchill o treinou por bastante tempo, de modo que estava bem familiarizado com cada frase e cada parágrafo, bastando-lhe dar uma olhadinha no manuscrito de tempos em tempos. É meu método favorito, que recomendo.

3. **O método do discurso livre:** Em vez de escrever nosso discurso na íntegra, também podemos escrevê-lo na forma de observações. Use cartões com tópicos — inserindo apenas as palavras e expressões principais em vez de frases e parágrafos na íntegra. A vantagem dessa técnica popular é que não precisaremos nos preocupar em esquecer nosso discurso ou lê-lo palavra por palavra. Não terminaremos com a mesma exatidão de tempo possibilitada por escrever o discurso inteiro. Mas isso nos dá flexibilidade: se nosso tempo estiver acabando, ainda poderemos transmitir os pontos mais importantes.

Você pode experimentar cada método e ver o que funciona melhor. Mas a chave para sermos bem-sucedidos em todos esses métodos é o *treino*. Encontre um grupo de amigos ou colegas para treinar. Disponha-se a aceitar feedback e até críticas. Então ajuste e reajuste suas observações até acertar — atentando-se ao tempo, de uma forma que lhe seja natural e que lhe permita falar com tranquilidade (ganhará pontos adicionais se conseguir abrir espaço para a espontaneidade). Treinar na frente de amigos significa que poderemos adotar um estilo e tom coloquiais. Porém, lembre-se: nosso objetivo é *estarmos* preparados, não *parecer* preparados.

Carmine Gallo, um especialista em TED Talks, enfatiza a importância do treino e do feedback, mencionado a musicista Amanda Palmer, que fez o TED Talk "The Art of Asking" em 2013:

> Palmer lia suas anotações em voz alta para um grupo de pessoas. Se o público parecesse entediado, ela voltava para casa para reescrevê-las. Palmer praticava na frente de qualquer um que a escutasse. Ela contou a história a um barman e para um passageiro a seu lado em um avião. Combinava jantares e convidava seus amigos para assisti-la e darem feedback. Ela falou perante uma turma de alunos. Por fim, Palmer fez a apresentação duas vezes para a equipe do TED.

Bem, nem tão "por fim". Depois dessa preparação, "The Art of Asking" fez sucesso, obtendo mais de 12 milhões de visualizações.

.........

As pessoas costumam me fazer a seguinte pergunta: *Quanto* devemos praticar? Muitas supõem que uma apresentação ou discurso rápidos e curtos requerem apenas um pouco de tempo de treino ou preparação. Mas nada poderia estar mais longe da verdade. Existe outra citação apropriada que as pessoas dizem ter sido feita por Mark Twain, Woodraw Wilson ou Winston Churchill: "Se quiser que eu faça uma apresentação de duas horas, estarei pronto hoje. Se quiser um discurso de apenas cinco minutos, vou levar duas semanas para me preparar."

São necessários tempo, habilidade e esforços consideráveis para condensar tudo o que gostaríamos de dizer sobre um assunto em uma apresentação curta, porém eficaz. Quando comecei a trabalhar como especialista dos noticiários da TV a cabo dos EUA, costumava passar duas horas me preparando para uma participação de três ou quatro minutos na CNN ou no MSNBC. Era a TV ao vivo, e eu queria estar preparado.

Em certa ocasião, fui convidado pela CNN para falar sobre Trump e o antissemitismo. Eu sabia que não teria muito tempo, mas queria tocar em muitas coisas sobre essa questão em particular. Então fiz diversas pesquisas com antecedência e treinei, mencionando uma lista de exemplos de antissemitismos de Trump. Como estava bem consciente das limitações de tempo na televisão ao vivo, cronometrei o que queria dizer para me certificar de que não ultrapassasse um minuto.

Quando Jake Tapper, o apresentador, se virou para mim e me deu a oportunidade de falar sobre o assunto, eu abri as porteiras:

> Já por três vezes agora, ele basicamente se referiu aos judeus norte-americanos como israelenses que, em segredo, eram leais a seu primeiro-ministro no exterior. Essa foi a terceira vez que ele fez isso como presidente. Ele não vai recuar. E acho que precisamos lidar com essa ideia tão perigosa de que ser a favor dos judeus significa que também somos a favor dos israelenses, ou de que ser a favor dos israelenses significa que somos automaticamente a favor dos judeus, ou que não podemos ser acusados de ser antissemitas. Muitos antissemitas apoiam Israel e Benjamin Netanyahu. Isso não quer dizer nada.
>
> E independentemente de como Donald Trump vê Israel, ele sempre foi antissemita. Não se trata de uma opinião controversa. Os fatos comprovam. Ele já era antissemita na década de 1980, quando Ivana disse que ele guardava um livro com os discursos de Hitler na mesa de cabeceira. Continuou sendo antissemita na década de 1990, quando seu gerente de cassino disse que ele só queria baixinhos de quipás contando seu dinheiro. E continuou sendo antissemita em 2013, quando zombou de Jon Stewart no Twitter [atual X] por ter um nome de batismo judeu. E, claro, em 2015, quando disse a doadores judeus republicanos: "Não votem em mim, porque não quero seu dinheiro."
>
> E então o vemos na presidência: neonazistas em Charlottesville, "pessoas muito boas". E a lista continua. E não sei de quantas evidências mais necessitamos para provar que ele é antissemita, e é incrível que nenhum republicano o tenha acusado disso.

Sessenta segundos. Certinhos. Na TV ao vivo. E, logo depois, o vídeo viralizou. "Um Resumo Perfeito do Antissemitismo de Trump em Apenas Um Minuto", descreveu uma manchete da época.

Abraham Lincoln supostamente disse: "Dê-me seis horas para cortar uma árvore, e passarei as primeiras quatro afiando o machado." Concordo plenamente com o Honesto Abe.

A prática leva à perfeição. A preparação leva ao sucesso. Tome o tempo que for necessário para afiar seu machado. Aperfeiçoe sua apresentação — sua aparência, tom, tempo — até que ela esteja afiadíssima. Porque a preparação nunca será demais. Considere o seguinte: dias antes de fazer seu histórico Discurso de Gettysburg em novembro de 1863, tal como escreveu Sam Leith em seu livro *Words Like Loaded Pistols: Rhetoric from Aristotle to Obama* [sem publicação no Brasil], Lincoln "pediu ao homem que projetou o cemitério para lhe trazer as plantas para que ele pudesse se familiarizar com o layout de onde discursaria". O 16º presidente nunca gostava de deixar nada ao acaso.

Talvez Lincoln tenha adotado a sabedoria atribuída a outra lendária figura política norte-americana: o Pai Fundador Benjamin Franklin. Ele supostamente disse: "Por deixarmos de nos preparar, preparamo-nos para fracassar."

Não se prepare para fracassar. Prepare-se apenas para vencer.

# 15

# FAÇA O DEVER DE CASA

Supor é bom,
mas descobrir é melhor.
— Mark Twain

Nós o chamávamos de O Documento. O dossiê de pesquisa que meus colegas e eu precisávamos preparar a cada semana no início dos anos 2000 quando trabalhávamos no *Jonathan Dimbleby* do ITV.

Fazia um ano que eu concluíra a faculdade quando ingressei no programa como pesquisador — mas nada que havia feito durante os meus três anos na Universidade de Oxford, onde escrevia ensaios sobre Kant ou Locke para tutoriais de graduação ou discursava nos debates da Oxford Union, prepararam-me para a grande vastidão do Documento.

O premiado jornalista Jonathan Dimbleby, um descendente dos Dimbleby, uma família envolvida a longa data no negócio de teledifusão, apresentou o programa epônimo de entrevistas políticas na televisão britânica entre 1994 e 2006. Todo domingo, na hora do almoço, ele interrogava com minúcia grandes políticos durante uma hora na frente de uma assistência ao vivo no estúdio de South Bank, Londres. E ele era formidável — um dos entrevistadores argumentativos mais temidos daquela época.

Meu trabalho era ajudá-lo a se preparar. A cada semana, durante a preparação para a grande entrevista de domingo, três de nós — um produtor e dois pesquisadores — passavam vários dias analisando o histórico e os registros dos convidados confirmados: suas declarações, políticas, destaques e pontos baixos da carreira. Transformávamos tudo isso no Documento, que era refeito a cada semana para que Dimbleby pudesse elaborar seus argumentos com antecedência, mapeando a entrevista completa de uma hora. Reuníamos fatos, números, notas de rodapé, tabelas, gráficos e assim por diante. Sugeríamos possíveis perguntas que Jonathan podia fazer; antecipávamos possíveis respostas de seus convidados; e até propúnhamos perguntas adicionais. A ideia era nos prepararmos para quaisquer eventualidades. Se o ministro dissesse *A*, Jonathan perguntaria *B*. Então, se o ministro dissesse *X*, Jonathan estaria pronto com *Y*.

Estava tudo lá. No Documento. Não se tratava de algumas poucas folhas de papel com alguns marcadores. A cada semana, elaborávamos um *livreto*, detalhado e abrangente. (Certa vez, Jonathan sugeriu que os publicássemos, depois de cada entrevista, como guias de pesquisa para escolas e faculdades.)

Para Jonathan, tal como ele me contou em uma entrevista recente, "O Documento foi crucial. Ele fornecia foco e clareza, mais os fatos." Era a base do conhecimento que resultava na pesquisa final que o próprio Jonathan fazia para se preparar para o programa, mantendo-o estável e em controle quando as câmeras eram ligadas. Jonathan explicou que fazer aquele tipo de pesquisas em seu programa "foi fundamental. Sem elas, qualquer entrevistado mediano poderia transmitir uma mensagem sem nenhum questionamento real".

Em retrospectiva, mais de vinte anos depois, posso honestamente atribuir aos quatro anos que passei trabalhando periodicamente para o *Jonathan Dimbleby* do ITV minha condição atual de jornalista e, em especial, de entrevistador. Desde que saí do ITV, tive o privilégio de trabalhar para algumas das maiores organizações midiáticas do mundo — BBC, Sky News, Al Jazeera English e, hoje em dia, NBC News. Contudo, nada exerceu mais influência na forma como me preparo para uma apresentação, um debate ou uma entrevista públicos do que aquela experiência ao elaborar O Documento para o programa *Jonathan Dimbleby*. E o que essa experiência me ensinou? Que, se quisermos vencer uma discussão, nada é mais importante do que fazer o dever de casa: cavar fundo e pesquisar.

.........

Talvez você fique chocado ao descobrir que, quando era criança, eu detestava fazer pesquisas. Como a maioria das crianças, eu queria assistir televisão, andar de bicicleta, jogar no computador... qualquer *outra* coisa, menos pesquisar para a lição de casa.

Quando adulto, porém, tornei-me obcecado por pesquisas. Queria estar sempre preparado; sempre queria ter os recibos em mãos; sempre queria saber mais sobre uma questão polêmica do que os demais. E isso exigia pesquisa.

A verdade inconveniente é que não importa o quão inteligentes, fervorosos ou eloquentes sejamos — não conseguiremos vencer uma discussão sem esforço.

Já entrevistei todo tipo de pessoa, de John Bolton a John Legend, do ex-chefe da CIA ao ex-roteirista-chefe de *Veep*. Entrevistei adultos e crianças, bem como superastros de Hollywood e membros do público. E nunca me sentei para fazer *nenhuma* entrevista sem pesquisar antes — seja para entender meus convidados, o assunto em questão ou a história específica que tento cobrir.

Poderia até dizer que *deixar* de fazer pesquisas seria um sinal de desrespeito pelo entrevistado — ou pelo oponente em um debate. É um sinal de preguiça intelectual, e até de arrogância.

O problema é que acreditamos tolamente que debater resume-se a pura técnica. Vivemos hoje em uma era de "opiniões fervorosas" — uma era em que todo mundo parece ter uma opinião sobre tudo — e supomos erroneamente que os debates se resumem às nossas *opiniões*. Contudo, como o filósofo Patrick Stokes observou: "Não temos direito à nossa opinião. Temos direito apenas àquilo pelo qual podemos argumentar."

Se estivermos nos esforçando para dominar um campo como medicina, direito ou contabilidade, então precisaremos ler e nos preparar.

Desejaremos apenas a opinião profissional de um médico se ela se basear em estudos e perícia. Não é diferente se quisermos vencer um debate sobre um assunto polêmico. Nossas opiniões e argumentos não terão valor se não se fundamentarem no conhecimento.

Sendo assim, como elaborar nossos argumentos da maneira certa? Quais fatos ou números podemos apresentar? Por que nossa opinião deveria valer mais do que a dos demais? Ou, como se diz por aí, estamos dispostos a fazer as pesquisas necessárias para ter uma opinião?

Em 2012, fui convidado a visitar Kiev como parte de um programa de incentivo à democracia organizado por uma organização ucraniana sem fins lucrativos, a Fundação para Governança Eficaz (FEG). A FEG, junto com a Intelligence Squared, realizava debates na capital do país sobre vários assuntos políticos e econômicos para promover a liberdade de expressão e de discussão.

Isso aconteceu dois anos antes dos protestos na praça Maidan e da anexação da Crimeia pela Rússia, e dez anos antes da brutal e completa invasão à Ucrânia por parte de Vladimir Putin. Mas mesmo em 2012, a economia ucraniana estava inteiramente desorganizada.

A moção para meu debate era: "O aumento dos gastos do governo evitará uma segunda onda de crise na Ucrânia". Fui convidado a debater a favor da moção ao passo que, do outro lado, estaria Viktor Pynzenyk, que havia servido como ministro das finanças da Ucrânia entre 2007 e 2009.

Para deixar claro: eu tinha sido convidado a discutir a economia de um país estrangeiro sobre o qual não sabia quase nada, enquanto o visitava, em oposição a alguém que havia literalmente administrado a economia local.

Loucura, certo?

Mesmo assim, concordei. Porque me dispus a fazer as pesquisas necessárias para ter minha opinião. (Tá bom, e porque amo um bom debate!)

Passei semanas me preparando para esse evento, lendo sobre o deficit orçamentário keynesiano e me atualizando a respeito da situação da economia ucraniana. Devorei todos os artigos de jornal e estudos acadêmicos no idioma inglês que pude encontrar. E então voei

2.400 quilômetros até Kiev para defender minha posição contra Viktor Pynzenyk. Posso ter perdido o debate — talvez você fique chocado em saber que o público ucraniano votou a favor de seu ex-ministro das finanças em vez de no sujeito anglo-asiático que havia acabado de chegar em seu país —, mas essa foi uma experiência muito emocionante, e jamais teria me atrevido a fazer parte dela se não tivesse feito minhas pesquisas. (Como admiti abertamente em minha fala de abertura naquela noite em Kiev: "Eu não sou um especialista em economia ucraniana... nem estou fingindo ou afirmando ser um. Na verdade, estou em seu país, em seu solo, a somente dezoito horas.")

Uma das maneiras mais rápidas — e talvez mais imbecis — de perder feio um debate é vir despreparado. Pessoalmente, nunca entendi por que as pessoas se dão ao trabalho de discutir sem fazer pesquisas antes. É algo que não vai dar certo.

A meu ver, existem três componentes fundamentais para a preparação que precisaremos fazer antes de qualquer discussão, entrevista ou apresentação: brainstorming, pesquisas e interpretação de papéis. Analisemos cada um deles.

## BRAINSTORMING

Todos nós já sentimos aquela angústia, não é? De olhar para a tela em branco de um computador, buscando a frase ideal para começar um novo ensaio ou apresentação. Há tanto a dizer — tanta coisa que *diremos* —, mas não sabemos por onde começar.

O brainstorming, iniciado e propagado pelo executivo Alex Osborn na década de 1950, é uma forma de sair desse bloqueio mental. Ele costuma ser descrito como uma atividade em grupo, mas também pode ser feito individualmente — e podemos até ficar surpresos com o quanto gostaremos de realizá-lo sozinhos. Trata-se de um processo que nos permite ser criativos e reflexivos, enquanto nos familiarizamos com áreas mentais desconhecidas.

O brainstorming é o primeiro passo ideal, porque nos permite anotar um amontoado de ideias e fatos que já sabemos, além de diversas perguntas a respeito do que *não* sabemos. O objetivo é destravar as ideias presas na mente, talvez submersas bem dentro do subconsciente, e tentar identificar as áreas ainda não tão claras. Ao fazer isso, saberemos onde concentrar a pesquisa para transformar o primeiro rascunho de nossos pensamentos em um argumento formidável.

A seguir, minhas três melhores dicas de como realizar uma boa sessão de brainstorming sozinhos.

## 1. Quantidade, não qualidade

"A melhor maneira de ter boas ideias é ter muitas ideias e descartar as ruins", disse Linus Pauling, químico e ganhador do Prêmio Nobel.

Quando o assunto é brainstorming, importa mais a quantidade do que a qualidade. Sim, é isso mesmo. Você leu direito. Os especialistas dizem que devemos nos preocupar com a quantidade primeiro e com a qualidade *bem* depois. Trata-se de um princípio comprovado que remonta ao próprio Obsorn — e endossado por ganhadores do Prêmio Nobel, como Pauling.

Ao iniciar uma sessão de brainstorming, anote o máximo de ideias possível em uma página — sejam elas boas ou más, incríveis ou medíocres. Ao priorizar a quantidade sobre a qualidade, damo-nos mais escolhas, mais opções, mais possibilidades. Depois que a página estiver repleta de ideias, podemos decidir quais manter e desenvolver e quais descartar. Diz-se que em uma sessão de brainstorming nenhuma ideia deveria ser considera doida *demais*. Nossas ideias mais absurdas podem inspirar ideias bastante inteligentes; e no fim, o que acontece com as ideias ruins? Simplesmente as descartamos.

Costumo aplicar essa técnica em meu próprio processo de escrita de perguntas. Penso em todas as possíveis perguntas que gostaria de fazer a um entrevistado em meu programa, das ridículas às rudes, das irreverentes às irrelevantes. Então as filtro para chegar às perguntas que *realmente* preciso fazer (ou, ao menos, às que posso fazer!).

Esse é um exercício libertador, e nos ajuda a evitar a visão de túnel em uma única abordagem desde o início. "Às vezes, eu comparo meu brainstorming no papel a perfurar para encontrar petróleo", observou certa vez o empreendedor Tom Monaghan, referindo-se a seus blocos de notas e suas listas de ideias. "Minhas listas são poços de petróleo, e às vezes eu acerto em cheio."

## 2. O passado é um prólogo

"Todas as coisas incrivelmente criativas que já vimos ou as ideias que ouvimos podem ser divididas em ideias menores que já existiram", escreveu o autor Scott Berkun em seu livro *Mitos da inovação*.

Esqueça daquele momento "eureca" ou "arrá" ou daquela "surpresa". Os escritores especializados em redação técnica David Kelley e Tom Kelley argumentam que não é preciso esperar, ao estilo Isaac Newton, uma maçã cair na cabeça.

As melhores ideias costumam ser formadas por meio de "pequenos passos", não grandes saltos. E a ciência concorda com isso. Jessica Hullinger, da *Fast Company*, relatou que, com sua equipe na Universidade de Pittsburgh, o psicólogo Christian Schunn analisou horas de transcrições de sessões de brainstorming realizadas por uma equipe profissional de engenharia cuja tarefa consistia em criar uma impressora portátil para crianças. O estudo subsequente que publicaram em *Cognitive Science* em 2014 descobriu que as novas ideias *não* exigem grandes saltos cognitivos. Em vez disso, costumam ser compostas por uma "cadeia de pequenos avanços mentais". Podemos comparar as soluções que funcionaram no passado com o presente; podemos estudar exemplos anteriores de ideias similares; podemos fazer analogias de um campo para outro.

Por exemplo, Hullinger observou que os pesquisadores descobriram que os engenheiros incluíram o "roller door" [a porta para introduzir a mídia a ser reproduzida] como parte de seu design para uma nova impressora após um deles mencionar aquela aba das antigas fitas de vídeo, o que fez com que outro membro da equipe sugerisse o mecanismo por trás das portas de garagem.

"A cabeça está cheia de soluções que já vimos e de analogias que são uma forma de analisar esse histórico de soluções para dizer 'Bem, quem sabe uma delas funcione aqui'", contou Schunn à revista de negócios *Fast Company*.

Tal abordagem pode ser bastante libertadora para as sessões de brainstorming. Pense de forma incremental. Considere diversos tópicos que poderiam ter similaridades com seu tema. Não tenha medo de fazer analogias usando experiências passadas ou exemplos de outros campos.

### 3. Saia de sua zona

Foi o lendário jogador de tênis Arthur Ashe que supostamente fez a primeira referência à "zona" — aquele estado de foco total em que o atleta desempenha seu potencial máximo.

As melhores sessões de brainstorming acontecem quando *nós* estamos em *nossa* zona. Quando quebramos aquela rotina diária, dando uma folga à mente consciente, e permitimos que o subconsciente assuma o comando.

Desligue-se do trabalho. Pare de verificar seus e-mails. Deixe sua mente vaguear. Leonardo da Vinci teria dito: "Às vezes, os maiores gênios realizaram mais quando trabalharam menos."

Ouça o que afirmou Leo, um verdadeiro gênio! Ouça também os psicólogos John Kounios e Mark Beeman, cujas pesquisas de neuroimagens do cérebro concluíram que a mente *ociosa* ou relaxada gera "momentos de insight", ou o que chamamos de momentos "arrá" ou "eureca". Para citar Kounios, quando uma pessoa está "ligeiramente menos ciente do que ocorre ao redor", é então que a mágica acontece. É aí que entramos na zona.

Então como fazer isso acontecer? Isso é diferente para todo mundo, de modo que precisará encontrar o melhor ambiente para *você*. Experimente diferentes lugares e processos. Feche os olhos. Vá caminhar. Tome um banho. Veja o que acontece quando sua mente começa a vaguear.

Aliás, estou falando sério sobre o banho. Minhas melhores ideias e argumentos quase sempre me vêm no banho. É claro, preciso desesperadamente anotá-las em algum lugar assim que possível, antes mesmo de me enxugar, senão acabo me esquecendo delas! E, ao pesquisar para este livro, descobri que não sou o único: uma pesquisa de 2015 feita pelo aclamado psicólogo cognitivo Scott Barry Kaufman descobriu que 72% das pessoas têm "novas ideias no banho"; 14% até dizem que tomam banho "apenas" para ter novos insights. Ao discursar em uma reunião online, para Kaufman o estudo destaca "o quão importante é relaxar para o pensamento criativo".

## PESQUISA, PESQUISA, PESQUISA

Sabe como me preparo para uma entrevista com um convidado de renome?

Assisto as entrevistas e os discursos que ele deu, leio e estudo seus livros e pesquiso sua carreira. Analiso o que *ele* disse sobre os tópicos nos quais se especializou. E descubro o que outros disseram sobre *ele*, tanto as coisas boas quanto as ruins. Então junto todas essas informações até descobrir o caminho a seguir.

Para mim, tudo se resume a encontrar um ângulo novo e desconhecido. "Pesquisa", segundo Albert Szent-Györgyi, o bioquímico húngaro ganhador do Prêmio Nobel, "é ver o que todos já viram e pensar no que ninguém jamais pensou."

*Esse* é meu objetivo — mesmo que não seja fácil chegar lá. Fazer pesquisas pode ser difícil, levar bastante tempo e — sejamos francos — tedioso. Não obstante, é absolutamente fundamental para o sucesso. Nenhuma discussão estará completa sem ela. Lembra-se de Aristóteles? Ele afirmou que o *logos* — a parte lógica e pautada no raciocínio de um argumento — é o âmago da persuasão. E não há *logos* sem a pesquisa subjacente; sem a verificação de fatos e números para apoiá-lo. É por isso que a pesquisa é tão importante. Como Jonathan Dimbleby me disse, ela é "fundamental" para vencer qualquer debate.

Em dezembro de 2015, convenci Paul Bremer a me conceder uma nova entrevista para o Al Jazeera English. Bremer havia servido como chefe da Autoridade Provisória da Coalizão, liderada pelos EUA, no início da invasão e ocupação do Iraque, sendo praticamente o "vice-rei" naquele país entre 2003 e 2004. Ele também se formou em

Yale e Harvard e serviu durante as administrações de Ronald Reagan e George W. Bush bem como atuou no setor privado. Bremer era um oponente inteligente e sagaz, e eu queria questioná-lo sobre seu tempo no Iraque — indo mais a fundo do que a história pronta que ele havia contado em outros ambientes.

Como me preparei para meu embate com ele? Pesquisa, pesquisa, pesquisa! Minha equipe e eu lemos seu livro de 2006, *My Year in Iraq* [sem publicação no Brasil], e os livros de outros ex-diplomatas e repórteres que serviram no Iraque na mesma época que Bremer, sem mencionar os documentários, os relatórios e os estudos da PBS, da RAND Corporation, da Human Rights Watch, do Inspetor-Geral Especial para a Reconstrução do Iraque e de muitos outros. Minha lista de perguntas iniciais e adicionais para Bremer encheram dez páginas, repletas de citações, estatísticas e notas de rodapé. Duvido que ele esperasse ser questionado de forma tão detalhada — ou que já havia sido questionado assim antes! No fim de nossa consideravelmente intensa conversa de noventa minutos, Bremer tomou um gole de água, inclinou-se em minha direção e olhou para o maço de papéis em meu colo. "Bela pesquisa", disse ele.

Faça sua pesquisa. E bem feita... e poderá impressionar *até* seu oponente. Ao se preparar, tenha os seguintes três pontos em mente ao pesquisar para um debate ou apresentação de qualquer natureza.

### 1. Pesquise mais de uma página no Google

Lembra-se de minha conversa com Mamoun Fandy no debate da Intelligence Squared sobre a Arábia Saudita? Eu preparei uma armadilha para ele citando suas próprias palavras de uma opinião em editorial de trinta anos, a qual o deixou em maus lençóis.

Passei horas antes daquele debate pesquisando artigos de Fandy no Google. O cara é prolífico. Ele já escreveu quatro livros e literalmente centenas de artigos na imprensa dos idiomas inglês e árabe.

Se não me engano, só encontrei a opinião editorial de 1992 do *Christian Science Monitor* que usei contra ele na página 10 ou 11 dos meus resultados de pesquisa do Google. Em geral, não nos aprofundamos muito em nossas buscas no Google. Costumamos limitar a pesquisa de maneira preguiçosa à primeira página dos resultados e, se nada interessante surgir, seguimos em frente. É necessário ir além disso. Precisamos estar dispostos a nos aprofundar no tema — e no próprio Google.

Há muitos truques e técnicas de pesquisa com as quais devemos nos familiarizar para facilitar o processo. Por exemplo: use datas personalizadas para obter resultados, digamos de 2007 a 2012, o que elimina parte do excesso encontrado na primeira página. Procure uma fonte que possa ser citada, colocando-a entre aspas (" ") na barra de pesquisa do Google. Filtre a busca usando o sinal de menos (-), aconselha o *Insider*, para "excluir" certos termos, palavras ou expressões da busca.

Nesta era dos motores de busca, realmente não há desculpas para não conseguir encontrar qualquer citação, estatística ou fonte que precisamos. Sam Leith escreveu em seu livro *Words Like Loaded Pistols* [sem publicação no Brasil]: "Muitas das coisas sobre as quais Aristóteles falou ao discutir um argumento — o uso de provas e testemunhas, apelar ao senso comum e a menção a evidências — são mais fáceis do que difíceis na era online. Com o equivalente digital da Grande Biblioteca de Alexandria na ponta dos nossos dedos — e os meios não só de citar, mas de deixar um link para a fonte —, os recursos para bons argumentos são muito maiores do que nunca."

## 2. Comece com a Wikipédia, não termine com ela

Todos os alunos do ensino médio ou da faculdade nos dirão que seus professores não veem com bons olhos aqueles que indicam a Wikipédia como fonte de informação. O argumento: é loucura indicar publicamente apenas um artigo dela, com seus editores e contribuintes anônimos da internet, como fonte de informação ou evidências para nosso argumento.

Mas os professores se enganam. A Wikipédia *pode* servir como fonte de pesquisa, *desde que* a usemos do jeito certo. Citando Dustin Wax, autor de *Don't Be Stupid: A Guide to Learning, Studying, and Succeeding at College* [sem publicação no Brasil]: "Comece com a Wikipédia, não termine com ela."

Use-a como ponto de partida de sua pesquisa — para obter uma "visão geral" do assunto, e então se aprofunde nele seguindo os links para fontes mais confiáveis. Pense na Wikipédia como um "portal" para fatos e pesquisa adicionais, diz um administrador.

Considere minha página da Wikipédia, criada em 2010. Ela nunca pintou o quadro mais exato ou abrangente de minha vida ou carreira. Entretanto, ela contém 72 hyperlinks de referência — na época da escrita deste livro! — na parte de baixo da página, os quais remetem a vários posts no Twitter [atual X], entrevistas, novas histórias, opiniões editoriais e vídeos. Tratam-se de referências críveis e legítimas que você poderia mencionar e citar... caso fosse discutir comigo.

Em resumo: desconfie do texto principal da Wikipédia, mas não tenha medo de usar suas *citações* como elemento inicial de seu processo de pesquisa e busca de fontes primárias confiáveis.

## 3. Verifique suas fontes

"Qual é sua fonte para isso?" Essa é uma pergunta que surge em todas as discussões ou debates, e deveremos supor que nosso oponente a fará. Assim, qual a resposta? Temos uma fonte?

Em geral, hoje em dia, dependemos demais de relatos ou histórias para argumentar — ou, nesta era das redes sociais, recorremos a histórias ou imagens sem fonte que nos são reenviadas em algum grupo do WhatsApp! Se quiser elaborar um bom argumento ou vencer uma discussão, em especial perante uma assistência, por favor, não tome atalhos. Encontre as fontes originais de suas afirmações e familiarize-se com elas. Conheça-as muito bem.

Tenha o hábito de procurar as fontes originais e citá-las em seus argumentos ou apresentações. O que isso significa: *Não* leia apenas uma crítica do livro — compre-o e leia cada página dele. *Não* assista apenas um trecho de uma entrevista no Twitter — assista tudo no YouTube (ou na C-SPAN ou no BBC Parliament). *Não* confie cegamente em um artigo de notícia que escolhe algumas citações de um estudo acadêmico — encontre esse estudo e leia-o (ou ao menos seu resumo).

Quando vamos além da manchete ou do trecho viral, obtemos uma verdadeira vantagem. Considere essa parte de minha entrevista com o controverso empresário Erik Prince em 2019, na qual o pressionei a falar sobre o serviço prestado por sua empresa, o Frontier Services Group (FSG), na China.

> EU: Por que, de todos os lugares, o FSG está abrindo um centro de treinamento para seguranças na província de Xinjiang, na China, onde cerca de 1 milhão de uigures muçulmanos estão sendo mantidos, basicamente, em campos de concentração neste exato momento?
>
> ERIK PRINCE: Muitos relatos enganosos estão sendo divulgados. A empresa não está abrindo nenhuma instalação de treinamento lá. Isso foi discutido em uma reunião da diretoria. Os relatos estão errados. O único... teve um tipo de... um tipo de memorando para serviços de construção, não de treinamento. A empresa não treina nenhuma força policial ou de segurança na China.
>
> EU: Mas por que ela declarou isso no ano passado? Por que sua empresa afirmou que estava "estabelecendo instalações de treinamento"?
>
> PRINCE: Isso foi... ela... assinou um memorando para serviços de construção.
>
> EU: Ela emitiu um comunicado de imprensa, em 2 de março, com seu nome nele.
>
> PRINCE: Para uma construção... com meu nome não. Foi para serviços de construção.
>
> EU: Não, seu nome está no comunicado de imprensa. Ele aparece várias vezes no comunicado de imprensa, que diz — estou

com o trecho do comunicado de imprensa aqui —: "Xinjiang, China, estabelecendo instalações de treinamento e comprando equipamentos e veículos de segurança."

PRINCE: Ahn, novamente, foi para serviços de construção que...

EU: Aqui diz instalações de treinamento.

PRINCE: Se... se... se ler a tradução real de mandarim para inglês, verá que foi para serviços de construção, está bem? A única...

EU: Desculpe, nós não traduzimos; com todo o respeito, mas esse foi um comunicado de imprensa em inglês de sua empresa.

Como consegui cercar Prince nessa conversa (e tirar boas risadas do público)? Usando uma fonte primária e citando o comunicado de imprensa original — não uma notícia.

Na verdade, até o dia da entrevista, não tínhamos a fonte original. Tínhamos apenas histórias que faziam referência ao trabalho do FSG em Xinjiang. Esse foi um golpe de sorte no último minuto. Depois, eu perguntei à minha produtora como ela havia conseguido esse documento tão importante e revelador a apenas horas antes da entrevista. "Eu comecei a dar uma olhada no site da empresa, mas como não encontrava nada, fiz uma busca usando o nome da empresa, 'Xinjiang' e 'pdf'", contou-me ela. "E ele apareceu como o primeiro ou o segundo resultado [na época]."

Às vezes, precisamos ser um pouquinho mais espertos para fazer o Google nos mostrar o que precisamos.

## INTERPRETE O PAPEL

Nossa tarefa vai além de apenas fazer o brainstorming e pesquisar. Esses dois passos são a maior parte da preparação. Mas há um terceiro passo que, embora menos praticado, é tão importante quanto.

## 1. Encontre um Parceiro

Lembra-se do Documento? Bem, ao terminar de escrevê-lo, precisávamos agir com base nele. Atuando. Toda semana, antes da grande entrevista de domingo, Jonathan vinha ao escritório na quinta e na sexta, e líamos todas as páginas do Documento. Mas o que vale destacar é que um de nós era designado para *interpretar o papel* do convidado de domingo. Um ministro trabalhista do governo. Um agente da oposição do Partido Conservador. Um general aposentado ou espião--chefe. Fosse quem fosse.

Jonathan nos fazia perguntas do Documento e precisávamos dar a resposta que esperávamos que o convidado de domingo daria. Como atuava no ensino médio, eu me divertia bastante fazendo isso. Uma de minhas lembranças favoritas daquele período foi fingir ser Tony Blair, naquelas raras ocasiões em que o ex-primeiro-ministro concordava em vir ao programa. Anos depois, quando comecei a apresentar meu próprio programa de entrevistas no Al Jazeera English, continuei usando a técnica do *Jonathan Dimbleby*. Minha equipe e eu interpretávamos os papéis de cada grande entrevista de antemão.

No verão de 2018, por exemplo, Danny Ayalon, ex-vice-ministro de relações exteriores de Israel, concordou em comparecer em meu programa, na época, o *Head to Head*. Ao nos aproximarmos da data da entrevista, uma das produtoras de minha equipe se transformou em Danny Ayalon — uma transformação verdadeiramente surpreendente. Ela assistiu e leu todas as entrevistas dele, viu seus vídeos no YouTube e basicamente o *incorporou* durante nossas reuniões editoriais. Fiz minhas perguntas a esse "Danny" particular, e ela respondeu como Ayalon responderia.

Pesquisamos e conseguimos nossos recibos — mas também praticamos como *usá-los* contra o entrevistado na forma de interpretação de papéis. À primeira vista, isso pode parecer estranho. Mas quando chegou a hora, eu estava pronto para vencer Ayalon na conversa. Quando ele afirmou que o Irã estava violando as resoluções do Conselho de Segurança da ONU sobre as inspeções nucleares, eu sabia como responder e para onde conduzir a conversa. Depois de nosso diálogo quanto ao estoque secreto de armas nucleares de Israel, sobre o qual Ayalon fingiu não estar ciente, perguntei como ele responderia se um convidado iraniano adotasse essa atitude negativista.

> EU: Se um convidado iraniano viesse ao meu programa e eu lhe perguntasse sobre as armas nucleares do Irã e ele afirmasse: "Não, não vou falar sobre isso", o senhor deixaria isso de lado? Ficaria revoltado.
>
> DANNY AYALON: Claro que sim. Porque houve umas dezesseis resoluções do Conselho de Segurança das Nações Unidas contra o Irã e...
>
> EU: E elas existem contra Israel também, no que se refere a seu programa nuclear?
>
> AYALON: Sobre questões nucleares? Não.
>
> EU: Sim, existem. A resolução 487 da ONU. Permita-me lê-la para o senhor. O Conselho de Segurança da ONU, em 1981, "pede urgentemente a Israel para colocar suas instalações nucleares sob a proteção da IAEA [Agência Internacional de Energia Atômica]". Por que não fizeram isso ainda?

Esse trecho se tornou viral, com mais de 10 milhões de visualizações apenas no TikTok. Mas eu não teria conseguido fazer isso sem minha equipe de pesquisa, em especial sem aquela produtora que me ajudou a teatralizar essa conversa quase que por completo de antemão. Durante semanas e meses após essa entrevista, continuamos a nos referir a ela como Danny, de brincadeira. (Está bem, talvez só eu tenha feito isso.)

Talvez você não tenha uma equipe de produtores para ajudá-lo a se preparar para uma discussão ou um debate, mas... você pode ligar para um amigo. Peça que um amigo, um colega ou até alguém de sua família interprete os papéis com você antes de um grande discurso ou de uma reunião importante. Eles não precisam ser atores profissionais para ajudá-lo a se sentir mais confortável com o que tem a dizer. Tudo isso faz parte da preparação para falar em público.

## 2. Prepare-se para o pior

Mesmo que não tenha um parceiro que consiga imitar Danny Ayalon perfeitamente, prepare-se para lidar com o pior que seu oponente possa usar contra você. E você *deve* estar pronto para o pior.

Quando nos preparamos para uma discussão, existe o perigo de cairmos vítimas do viés de confirmação. Esse termo foi criado pelo psicólogo Peter Wason em 1960 para descrever a tendência humana de buscar apenas por informações que "confirmem" aquilo em que já acreditamos, enquanto ignoramos quaisquer evidências que apoiem pontos de vista diferentes ou especialmente contrários. Em um debate, isso usualmente faz com que nossa pesquisa fique em linha com nossas preferências argumentativas até chegar ao ponto em que não conseguimos nos imaginar perdendo — mesmo não antecipando os *verdadeiros* contra-ataques do opositor.

Em minha opinião, a forma mais simples e garantida de *perdermos* uma discussão é entrar nela com um conjunto de pontos de vista ou opiniões não questionados o suficiente. Assim, como evitar essa armadilha?

A única solução é familiarizar-nos com *ambos* os lados da discussão — não somente com o ponto de vista que favorecemos pessoalmente. Até na etapa da pesquisa, será preciso entender os argumentos do oponente como se estivéssemos aperfeiçoando os nossos. O motivo é uma simples questão de perspectiva. Como o filósofo John Stuart Mill destacou em *Sobre a liberdade, não* conseguiremos nos familiarizar com nosso lado da discussão sem conhecer o outro — e o outro lado em expressão "mais plausível e persuasiva". Portanto, nosso objetivo deve ser chegar a um ponto em que conhecemos os argumentos do oponente melhor do que ele mesmo — e onde conseguimos identificar as falhas de nossos argumentos antes dele. Isso significa trabalhar nos argumentos dos dois lados.

Contudo, como podemos realmente conhecer o outro lado? Isso é mais difícil do que parece, porque lutaremos contra o viés de confirmação o tempo todo. Não podemos ser convencidos, preguiçosos ou de mente fechada.

Para acertar, necessitaremos do assim chamado "steelmanning" — um exercício de elaborar a versão mais forte do argumento de nosso adversário. O steelmanning, como muitos já destacaram, é o oposto do infame argumento da "falácia do espantalho", que envolve emburrecer a posição do oponente como forma de miná-lo. Em vez disso, se conseguirmos fortalecer os argumentos de nosso oponente antes do debate — se conseguirmos descobrir a abordagem mais inteligente e forte de sua posição —, estaremos prontos para qualquer coisa que ele diga no decorrer do debate.

Então, como realizar o processo de steelmanning? Recomendo fazer as seguintes perguntas:

- *Qual é o melhor argumento de seu opositor?*
- *Qual é a melhor evidência que ele tem para esse argumento?*
- *Quem é o maior defensor desse argumento?*
- *Qual é a melhor crítica do argumento que você tem?*

Essas perguntas funcionam como um exercício de interpretação de papéis de uma pessoa. Elas nos obrigam a trocar de lado e minar nosso próprio argumento. Convém estabelecer um tempo para pensar bem nessas perguntas em vez de respondê-las de imediato. E eu até recomendo fazê-las em duas rodadas — quando *começamos* nosso processo de pesquisa e no *final* dele. A primeira rodada nos ajudará a direcionar a pesquisa, e a segunda a poli-la no final. E também podemos mantê-las em mente ao longo do processo, fazendo-as ocasionalmente para verificar se ainda há trabalho a fazer.

O steelmanning nos permite ser abrangentes, abordar todos os argumentos e contra-argumentos possíveis, tanto os nossos *como* os da oposição. Se fizermos isso direito, intimidaremos nosso oponente desde o início e encantaremos o público.

.........

Em novembro de 2011, a BBC publicou uma pequena lista de seu prestigioso prêmio anual de Personalidade do Ano em Esportes — e nenhuma mulher estava nela.

Essa foi uma decisão bastante controversa, e a imprensa britânica caiu em cima. "Mulheres Esnobadas na Lista de Personalidade do Ano em Esportes", declarou o *Independent*. "A Lista de Personalidade em Esportes da BBC sem Mulheres Causa um Resultado Adverso Contagiante", foi a manchete do *Guardian*. "Mulheres Esportistas Criticam a Lista de Personalidade em Esportes da BBC", relatou o próprio site de notícias da BBC.

Na semana seguinte, fui convidado para participar do *Question Time* da BBC, apresentado por David, irmão mais velho de Jonathan Dimbleby. Participar do *Question Time* é algo às cegas: não se tem ideia das perguntas ou quais assuntos serão abordados pelo público. É preciso estar preparado para que *qualquer* história das notícias seja abordada por alguém da plateia, com milhões de pessoas assistindo em casa.

Toda vez que participei do *Question Time*, reservei várias horas da semana para me preparar. Não sabia se a história da Personalidade em Esportes da BBC seria mencionada. Essa não era a principal manchete do jornal, mas recebia bastante atenção. Assim, por via das dúvidas, li todas as matérias que consegui encontrar, impressas e online. Pesquisei sobre ela no Google e na Wikipédia e verifiquei todas as fontes.

Quando o programa se aproximava do final naquela noite, depois de todas as perguntas esperadas sobre a crise na Zona do Euro, a eleição das Olimpíadas em Londres em 2012 e a situação da economia no Reino Unido, uma mulher na assistência perguntou:

> A falta de reconhecimento das conquistas no esporte feminino pelo Prêmio para Personalidade em Esportes da BBC é um reflexo de práticas sexistas na mídia?

Lá estava ela. A pergunta fora da caixa sobre a controvérsia do prêmio. Meus colegas do painel pareciam despreparados e deram algumas declarações vagas e genéricas sobre a importância da igualdade e da representação, mas foi assim que respondi à pergunta:

> Quando o assunto é divisão de gêneros, o esporte é um mundo dominado pelos homens, assim como a política, a mídia e os negócios. O que achei interessante sobre o Prêmio para Personalidade do Ano em Esportes da BBC... foi que 27 publicações escolheram [a lista]; e esses 27 editores esportivos eram homens. E é interessante que dois deles eram das revistas *Nuts* e *Zoo*, revistas de esportes bem conhecidas! Mas isso só mostra pessoas que acham que a representação não é importante... o editor esportivo da *Manchester Evening News* escolheu Patrick Vieira, aposentado, ao passo que Rebecca Adlington, campeã mundial de natação, não entrou nessa lista por apenas um voto.

Percebeu? Diferentemente dos outros quatro convidados — dois políticos eleitos, um CEO e um juiz —, evitei meras banalidades e respondi à pergunta da pessoa na plateia com *detalhes*. Com fatos e números. Espantado, David Dimbleby me interrompeu no meio do raciocínio.

"Você sabe de tanta coisa", disse ele. "*Como* você sabe de tudo isso?"

Como? Fiz meu dever de casa.

# PARTE QUATRO
# CONCLUINDO

16

# O GRAND FINALE

Um discurso é como um caso de amor. Qualquer idiota pode começar um, mas terminá-lo exige uma habilidade considerável.

— Lord Mancroft, ministro britânico

TERÇA-FEIRA, 28 DE MAIO DE 1940

Era um dia quente em Londres, e nos corredores do governo, Winston Churchill envolvia-se em uma discussão acalorada que determinaria o curso da história humana. A guerra na Europa já durava oito meses, e o futuro não parecia promissor. A retirada de Dunkirk havia começado. Com a França prestes a cair nas mãos dos nazistas, parecia que a Grã-Bretanha seria a próxima.

Dias antes, em meio à carnificina, a Itália de Mussolini entrara em contato e havia se oferecido para mediar um acordo com a Alemanha de Hitler. A pergunta era: o governo britânico deveria aceitar?

Durante três dias consecutivos, perante um público composto por ministros do governo, tal como observado por Brett e Kate KcKay, Churchill discutia a questão com seu secretário de relações exteriores, o pragmático Lord Halifax, que estava inclinado a aceitar a abertura italiana e se preparar para negociar a paz com a Alemanha nazista.

Churchill, cuja nomeação para primeiro-ministro ocorrera há poucas semanas, tinha posição contrária, e dizia que as nações "que se renderam mansamente estavam acabadas". Ao longo de nove reuniões diferentes, ele expôs suas razões aos membros do gabinete de guerra. Churchill tentou usar o *logos*, mas eles ainda se dividiam entre ele e Halifax. Então chegou a hora do *pathos* — para um último esforço de apelo emocional.

Diante de seu gabinete, empertigou-se, pronto para fazer um discurso final antes de o grupo decidir a questão. Boris Johnson, seu biógrafo, escreveu que Churchill começou suas observações "com calma".

> Eu pensei com cuidado nesses últimos dias se era parte de meu dever considerar entrar em negociações com Aquele Homem [Hitler]. Mas seria uma negligência pensar que, se tentássemos obter a paz agora, teríamos melhores condições do que se lutássemos. Os alemães exigiriam nossas tropas — o que seria o mesmo que desarmamento —, nossas bases navais e tudo o mais.

Então ele aumentou a temperatura, destacando os riscos existenciais de sua decisão.

> Deveríamos ser um estado-escravo, o que o Governo Britânico seria como fantoche de Hitler... E onde estaríamos no fim de tudo isso? Por outro lado, temos grandes reservas e vantagens.

Na mente de Churchill, havia apenas uma opção. E ao se aproximar de seu grande clímax, para citar Johnson, foi "quase shakesperiano".

> E estou convencido de que todos os senhores se levantariam e me arrancariam deste meu lugar se eu contemplasse uma negociação ou uma rendição nem que fosse por somente um instante. Se o destino desta nossa ilha for perecer, que isso aconteça apenas quando cada um de nós se engasgar com seu próprio sangue no chão.

De súbito, os ministros lá reunidos irromperam em aplausos! Logo se levantaram e rodearam Churchill, dando-lhe tapinhas nas costas em sinal de seu total apoio. Halifax havia sido derrotado. O grand finale do primeiro-ministro tinha vencido a discussão — e, segundo os McKay, "ganhado o dia". "Bem ali", escreveu o historiador John Lukacs em sua marcante obra *Cinco dias em Londres: Negociações que mudaram o rumo da II Guerra*, "ele salvou a Grã-Bretanha, a Europa e a civilização ocidental."

.........

Todo bom discurso merece um grand finale. Depois de pesquisar e estruturar nosso argumento; depois de acrescentar uma parte de lógica, uma parte de emoção, uma parte de humor e uma saudável pitada de golpes de judô; depois de treinar até a perfeição — *ainda* precisamos de um final envolvente. Precisamos que nosso público se lembre de todo o esforço investido em nossa fala e que saia energizado.

O final de um discurso ou de uma discussão é tão importante que os retóricos até lhe dão um nome especial: *peroração*. Tal como a palavra *oração*, segundo o dicionário *Merriam-Webster* peroração "vem" do latim *orare*, que significa "apelar" ou "pedir". Nossa peroração é o grand finale de qualquer discussão — nosso rogo final ao público.

William Safire, que serviu como escritor de discursos para o presidente Richard Nixon, alertou que "um discurso bem preparado e bem feito sem uma peroração perde o rumo e deixa o público insatisfeito".

"Toda oração precisa de uma", disse Samuel Rosenman, o escritor de discursos do presidente Franklin Roosevelt. "Uma peroração bem escrita pode confirmar um argumento, inspirar confiança ou erguer o moral."

De fato, muitos dos maiores discursos da história são lembrados *acima de tudo* pelas suas perorações marcantes, as falas finais que citamos ainda hoje. Considere a frase final do discurso de Nelson Mandela no Julgamento de Rivônia: "É um ideal pelo qual estou preparado para morrer." Ou a emocionante conclusão do Discurso de Gettysburg de Abraham Lincoln: "Estamos aqui totalmente determinados a que esses mortos não tenham morrido em vão — que esta nação, sob Deus, terá um novo nascimento de liberdade — e que o governo do povo, pelo povo e para o povo não desaparecerá da terra." Ou veja o decreto de William Wallace na Batalha de Stirling Bridge: "Digam a nossos inimigos que eles podem nos tirar a vida, mas que nunca tirarão nossa liberdade." (Desculpe, essa última citação é tecnicamente de *Coração valente*, mas continua sendo uma ótima convocação à guerra!)

O finale é *muito* importante — mas não é tão fácil acertar. Assim, o que deveríamos incluir nesse apelo final? Ao longo das décadas, ou melhor, dos séculos, muito foi dito sobre a arte e a importância da peroração.

Para Aristóteles, a peroração ideal é "composta de quatro coisas":

1. Ela *procura atrair a assistência*, "favorecer o orador e afastá-la do adversário".
2. *Leva a cabo os riscos do argumento*, por meio do que é conhecido como "amplificação e extenuação".
3. *Faz um apelo final ao pathos*, "colocando o ouvinte sob a influência das paixões".
4. *Resume os pontos-chave de nosso argumento*, "recorrendo à memória [dos ouvintes]".

Existe certo consenso entre os escritores de discursos e retóricos que a peroração, o apelo final, é o lugar perfeito para o pathos. Afinal, queremos motivar nosso público — e incitá-lo a ovacionar uma conclusão. Mas, como observado por Aristóteles naquele último item, também queremos nos certificar de que ele *se lembre* do que falamos.

Em minha opinião, o truque para a peroração é obter o equilíbrio entre: (1) voltar a mencionar nosso argumento principal para *gravá-lo* na mente do público e (2) mexer com os sentimentos e chamar a atenção dos nossos ouvintes, deixando-os emocionados! Queremos conquistar seu coração e sua mente, e uma boa peroração fará as duas coisas.

Porém, como atingir essas duas metas? Vamos falar sobre ambas, uma de cada vez, começando com a questão de como deixar os nossos pontos principais bem claros.

## USE UM BATE-ESTACAS

Há uma máxima que resume a grande importância de deixar nossa mensagem bem clara ao longo de nossa fala:

Diga-lhes o que lhes dirá.

Diga-lhes.

Então, diga-lhes o que acabou de lhes dizer.

Deu para entender? Deixemos o coach de oratória Andrew Dlugan explicar:

*Diga-lhes o que lhes dirá*. Essa é nossa introdução.

*Diga-lhes*. Esse é o meio de nosso discurso; o desenvolvimento dele.

*Então, diga-lhes o que acabou de lhes dizer*. Essa é nossa conclusão.

É essa conclusão que desejamos voltar a mencionar, reiterar, *repetir*. E não há nada de errado com a repetição. Não permita que ninguém o convença do contrário. A repetição pode ser uma ferramenta vital na tentativa de conquistar um público cético. "É só quando não conseguimos mais nos ouvir repetindo a mesma mensagem vez após vez que nosso público começará a entender." Eis aí uma frase que costuma ser atribuída a Peter Mandelson, ex-produtor de TV e guru das comunicações que se tornou o arquiteto da vitória de Tony Blair nas três eleições do Novo Partido Trabalhista. De fato, diversos estudos acadêmicos — sejam de especialistas de marketing, comunicação ou psicologia — mostram que uma mensagem é muito mais eficaz se for repetida com mais frequência.

Devo repetir? Na verdade, deixemos Churchill ter as honras: "Se tivermos um ponto importante para transmitir, não devemos tentar ser sutis ou inteligentes. Use um bate-estacas. Acerte o ponto uma vez. Então volte e acerte-o de novo. Em seguida, acerte-o pela terceira vez — uma tremenda pancada."

A "terceira vez" é nossa conclusão, nossa peroração. Uma parte crucial do trabalho dela é resumir os pontos principais do argumento — e uma das maneiras mais eficazes de fazer isso é recorrendo ao poder da repetição. Uma estrutura experimentada e comprovada é elaborar nosso discurso inteiro com um trajeto claro em mente, com o final voltando a fazer referência ao início. Em inglês isso é chamado de "toping and tailing", ou seja, começar e terminar com o mesmo tema, com a mesma ideia e, em geral, com a mesma linguagem. Da segunda vez, porém, o ouvinte poderá ouvi-lo com um novo entendimento.

Por que a repetição é tão importante especialmente para a conclusão? Porque essa é a parte "vai ou racha" de nosso discurso, a seção que determinará se o público que nos assiste partirá informado, inspirado e persuadido. É a parte de nossa fala que a multidão terá mais chances de *lembrar.* O coach de oratória Dom Barnard cita um estudo de coautoria com o falecido Robert Crowder, psicólogo da Universidade Yale e especialista em memória humana, o qual descobriu que quando as pessoas são convidadas a se lembrar de alguma informação que receberam na forma de uma série de nomes, elas apresentam um "melhor desempenho no início e no final" da série. O extenso meio... pode ser confuso.

Ainda fico impressionado com quantos oradores dedicam tão pouco esforço às suas observações finais. Ao longo dos anos, observei horrorizado enquanto debatedores da oposição, colegas painelistas ou até entrevistados na televisão faziam resumos superficiais ou secos de seus pontos-chave, diziam "obrigado" e então... se calavam. Ou diziam "isso é tudo da minha parte" e então... se calavam.

Não. Não. *Não.* A peroração não é hora de gaguejar, murmurar ou hesitar.

Uma estrutura simples, elaborada com o poder da repetição, fará muita diferença. Essa foi a receita que usei em meu debate da Intelligence Squared sobre se o ocidente deveria cortar seus laços com a Arábia Saudita. Venci o debate perante uma grande multidão em Londres em 2019 baseando minhas observações concludentes de sessenta segundos na repetição de alguns temas. Primeiro, fiz uma recapitulação de meus argumentos principais, tanto do ponto de vista dos direitos humanos como da segurança nacional, destacando porque cortar laços políticos e econômicos com a Arábia Saudita era a coisa certa a se fazer, resultando em apenas "consequências leves" para o ocidente. Então, segui o exemplo de Aristóteles e separei um momento para expor os argumentos dos adversários: *"Não deixem a oposição assustá-los."* Por fim, conclui fazendo menção às minhas observações de abertura sobre Jamal Khashoggi e outras vítimas dos abusos sauditas.

> Votem para que Jamal tenha justiça. Estamos falando de pessoas reais aqui. Ao entrar no consulado saudita em Istambul há cinco meses, Jamal Khashoggi foi cercado por uma equipe de assassinos sauditas, que colocaram um saco plástico em sua cabeça. Segundo relatórios, suas últimas palavras foram: "Não cubram minha boca. Tenho asma. Não. Vocês vão me sufocar." Votem pelo Jamal. Votem pelos nomes que ouviram aqui esta noite. Votem a favor da moção.

Se você analisar a estrutura de minha argumentação como um todo, não fiz nada complicado. Usei a estrutura de "top and tail" e o poder da repetição (bem como a regra dos três) para garantir que minhas falas mais importantes se destacassem.

É claro, você verá que não estou *apenas* usando a repetição ou fazendo um belo resumo de meus pontos. Essa é apenas metade da batalha. A outra metade é o sentimento, a urgência, a raiva e a necessidade de fazer o público entender como Jamal se sentiu naquele momento terrível. E a outra é o *pathos*.

.........

Qual queremos que seja o final de nosso discurso? Segundo os especialistas, precisamos nos fazer algumas perguntas. Que tipo de discurso estamos fazendo? O que queremos realizar em relação à assistência? Tentamos motivá-la e inspirá-la? Ou persuadi-la e convencê-la? Talvez um pouco dos dois?

As respostas a essas perguntas nos ajudarão a decidir como terminá-lo. Mas algumas coisas são universais. Queremos terminar com um clímax, não um anticlímax. Queremos terminar com uma explosão, não um choramingo.

E isso só acontecerá se nossa peroração tiver paixão e pathos. Ao expormos nosso argumento, também precisamos fazer a plateia se levantar.

Nunca se esqueça das palavras de Sam Seaborn, o fictício subdiretor de comunicações da Casa Branca e escritor de discursos de *The West Wing*:

> A diferença entre um bom discurso e um ótimo discurso é a energia com a qual a assistência se levanta no final. É de forma educada? Uma obrigação? Eles se põem de pé porque o chefe o faz? Não, queremos que sintam essa energia emanando de suas meias.

Quero ser *bem* direto aqui (porque outros talvez não sejam!): não há nada como a adulação de um aplauso em pé, de uma plateia se levantando para dar um aplauso prolongado e estrondoso por causa de algo que você — sim, *você!* — disse a ela. Sentimos uma explosão de endorfinas! Esqueça a falsa modéstia daqueles que dizem que os aplausos em pé não têm nada de especial — na verdade, se revestem de uma forma de gratificação e validação públicas que recebemos em muito poucas outras áreas da vida. São um sinal de *vitória*.

Então como fazer as pessoas sentirem a energia emanando "de suas meias"? Como impregnar nossa peroração com o pathos que fará nosso público levantar? Estas são três das minhas técnicas favoritas para usar em um grand finale.

## 1. Termine com uma citação

Citações têm uma má reputação. Todos nós já ouvimos aqueles discursos que começam com uma citação de um dicionário. Todos já escutamos citações inspiradoras que, para nós, não passaram de clichês tediosos. Temos razão de estar cansados de citações usadas à exaustão.

Mas, para início de conversa, há um motivo para esse uso tão intenso. Palavras de sabedoria de grandes líderes, celebridades ou especialistas podem ser bastante memoráveis. Inspiradoras. Eloquentes. Não tenha medo de usar uma citação perfeitamente apropriada para sua conclusão.

Em 2018, fui o orador principal de uma arrecadação de fundos em Toronto, Canadá, para uma pequena obra de caridade muçulmana. O objetivo era arrecadar dinheiro para financiar projetos para refugiados. Meu discurso centrava-se na importância de mostrar solidariedade aos refugiados e dar asilo àqueles que o buscavam, resistindo ao desejo de tratar estrangeiros como uma ameaça ou como "o outro". Então decidi concluir a fala com uma citação não tão famosa do conhecido líder muçulmano Imam Ali ibn Abu Talib que reenfatizou o intuito do evento, bem como o tema geral de meu discurso.

> Existem dois tipos de pessoas: são seus irmãos na fé ou iguais em humanidade.

Ela foi perfeita, encaixando-se com a ocasião e por ser originária de uma fonte eminente que o público respeitaria. E, o mais importante, uma frase melhor do que aquela que eu pretendia usar originalmente! Assim, com essas sábias palavras, eu concluí — e os organizadores do evento coletaram inesperados US$75 mil naquela noite.

As citações que usamos para terminar um discurso podem ser inspiradoras, engraçadas ou até tenebrosas, dependendo do objetivo — e do tema — dele. Em qualquer caso, valer-se de uma citação para concluir nossas observações ajuda a mudar o ritmo ao nos aproximarmos do clímax. Ela diminui o passo no final da apresentação, preparando-nos para uma conclusão. E, segundo o coach de oratória Andrew Dlugan, ela nos permite introduzir uma "segunda voz", uma que seja nova, para enfatizar o que já vínhamos dizendo o tempo todo. Isso aumenta *nossa* autoridade e conclui nossa fala com uma frase memorável.

## 2. Termine com uma história

Qual é a forma mais poderosa de apelar para as emoções da assistência? *Contar histórias.*

É por meio das histórias que nos conectamos com as pessoas, como recorremos à empatia de quem nos ouve, e é o meio mais eficaz de convencer outros a seguirem conosco. Terminar nosso discurso com uma história ou relato pessoal é uma maneira inteligente de manter o público concentrado e atento até a última palavra que dizemos.

Contar histórias nos permite, naqueles momentos finais, transportar o público para fora da sala de conferências, do auditório ou do estúdio de TV, de volta para o mundo real. Permite que o público aceite o que dizemos em nível pessoal e entenda por que isso é importante.

O exemplo mais eficaz que já vi do uso dessa técnica ocorreu em novembro de 2008, na noite em que Barack Obama venceu as eleições para presidente pela primeira vez. O autor Sam Leith nos lembra da história que ele contou para concluir seu discurso histórico — dirigido a uma multidão de mais de 200 mil pessoas em sua cidade natal, Chicago:

> Essa eleição teve muitos momentos inéditos e muitas histórias que serão contadas por gerações. Mas uma que tenho em mente esta noite é a de uma mulher que votou em Atlanta. Ela é como os milhões de outros que ficaram na fila para fazer com que sua voz fosse ouvida nessa eleição, com exceção de uma coisa: Ann Nixon Cooper tem 106 anos de idade.
>
> Ela nasceu apenas uma geração depois da escravidão; uma época em que não havia carros na estrada ou aviões no céu; quando alguém como ela não podia votar por dois motivos — por ser mulher e devido a cor da pele.
>
> E nesta noite penso em tudo o que ela viu ao longo desse século nos Estados Unidos — as dores e a esperança; a luta e o progresso; as vezes em que nos disseram que não podíamos, e as pessoas que incentivavam essa crença norte-americana: Sim, nós podemos.
>
> Em uma época em que as vozes das mulheres eram silenciadas e suas esperanças ignoradas, ela viveu para vê-las se levantarem, falarem e irem às urnas. Sim, nós podemos.
>
> Quando houve desespero no Dust Bowl[1] e a depressão da terra, ela viu uma nação conquistar o próprio medo com um New

1. Tempestades de areia na região centro-oeste dos EUA que duraram por cerca de dez anos. [N. da T.]

Deal[2], novos empregos e um novo senso de objetivo comum. Sim, nós podemos.

Quando as bombas caíram no porto e a tirania ameaçou o mundo, ela estava lá para testemunhar uma geração se erguer para a grandeza, e uma democracia foi salva. Sim, nós podemos.

Ela estava lá para os ônibus em Montgomery, as mangueiras em Birmingham, uma ponte em Selma e um pastor de Atlanta que disse às pessoas que "We Shall Overcome"[3]. Sim, nós podemos.

Um homem pousou na Lua, uma parede caiu em Berlim, um mundo foi conectado graças a nossa ciência e imaginação.

E este ano, nessa eleição, ela tocou uma tela com o dedo e votou, porque depois de 106 anos nos Estados Unidos, nas melhores épocas e nos momentos mais sombrios, ela sabe que os Estados Unidos podem mudar.

Sim, nós podemos.

Os Estados Unidos chegaram até aqui. Já vimos bastante coisa. Mas ainda há muito a se fazer. Assim, esta noite, perguntemo-nos, se nossos filhos viverem para ver o próximo século e se nossas filhas tiverem a sorte de viver tanto quando Ann Nixon Cooper, que mudanças eles verão? Que progresso teremos feito?

Esta é nossa chance de responder a esse chamado. Este é o nosso momento.

Barack Obama é um orador mestre *porque* ele também é um mestre em contar histórias. A forma como ele terminou esse discurso foi inspiradora *e* esclarecedora. Na noite da sua maior vitória, ele queria deixar claro para o mundo, nas palavras de Jon Favreau, seu escritor de discursos, que, às vezes, as mudanças nos Estados Unidos podem "vir lentamente, mas sempre podemos mudar". Terminar seu discurso com a história de vida de Ann Nixon Cooper lhe permitiu fazer isso.

---

2. Plano de recuperação econômica de 1933 elaborado pelos EUA para se recuperar dos efeitos da Grande Depressão. [N. da T.]
3. Lit.: "Superaremos". Canção que se tornou o hino dos direitos civis norte-americanos. [N. da T.]

### 3. Termine incentivando seus ouvintes a agir

Há algo específico que gostaria que seus ouvintes *fizessem* depois de internalizarem seus argumentos? Após escutarem, internalizarem e *concordarem* com suas palavras, o próximo passo seria sair e *fazer* algo sobre isso?

Se for o caso, termine seu argumento ou conclua suas observações incentivando-os a agir. Algo concreto. Algo simples. Algo singular. Algo *memorável*.

Podemos até combinar o incentivo à ação *com* uma citação ou história inspiradora. Eu sempre procuro fazer isso, como quando concluí meu discurso em Sydney ao falar sobre o aumento do extremismo antimuçulmano enquanto fazia um tour de oratória na Austrália em 2017.

> Sempre me lembro daquele famoso pôster de recrutamento do Exército Britânico durante a Primeira Guerra Mundial, com duas crianças sentadas no colo do pai e uma legenda que dizia: "Papai, o que O SENHOR fez durante a Grande Guerra?"
>
> Nas décadas à frente, seus filhos e seus netos talvez lhes perguntem: mamãe, papai, o que vocês fizeram durante o Grande Frenesi de Extremismo, a Histeria Halal, do início do século XXI, quando extremistas de todos os tipos tentaram nos dividir e destruir, tentaram minar nossos direitos e liberdades, na Austrália, nos EUA, no Reino Unido, na França, na Alemanha? O que vocês fizeram quando tudo isso acontecia?
>
> Você se sentou em um canto, se queixando e resmungando no Facebook, reclamando e rosnando no Twitter? Ou revidou por se organizar melhor? Permaneceu engajado? Permaneceu mobilizado? Fez novas alianças? Apoiou sua causa financeiramente? Investiu no futuro, investiu na esperança em vez do medo, no amor em vez do ódio?
>
> O que vocês vão dizer a SEUS filhos? Porque, senhoras e senhores, irmãos e irmãs, agora não é hora de desistir, não é hora de jogar a toalha e admitir a derrota; não, agora é hora de nos

levantarmos e agir. Agora é hora de falar, bem alto e com orgulho. Agora é hora de sermos a mudança que queremos ver no mundo. Agora é hora de nos impormos contra os valentões e preconceituosos.

Senhoras e senhores, se não agora, quando? Se não nós, quem?

É claro, várias dessas frases finais não eram simples incentivos à ação, mas também citações famosas. Tinha um pouco de Gandhi e do sábio judeu Hilel, o Ancião. E elas *ainda* têm o poder de encorajar. Essas observações finais me renderam longas e prazerosas ovações em pé de meus anfitriões da Austrália.

Não precisamos ter medo de misturar e combinar técnicas para fazer o público se levantar das cadeiras. Você verá que não uso apenas citações e perguntas retóricas para terminar meus discursos, mas também o recurso retórico conhecido como *anáfora*: repito a mesma palavra ou expressão, vez após vez, no início de cada frase, para causar impacto e dar ênfase. É especialmente útil utilizá-la no fim de um discurso ou de uma apresentação — permitindo-nos combinar o pathos *com* o poder da repetição.

Experimente estas três estratégias principais para criar um fim memorável para qualquer discurso ou argumento: (1) use citações poderosas que apoiem o tema do seu discurso; (2) compartilhe uma história que o humanize e lembre às pessoas a razão de seu argumento ser importante; ou (3) faça uma convocação sincera à ação que inspire as pessoas a *fazer* alguma coisa. Escolha a opção que se adeque melhor a sua fala ou combine-as para criar seu próprio grand finale.

Essas três estratégias dão mais ênfase ao pathos em vez do logos. As três tem a ver com nos conectarmos com o público, pela última vez, em nível emocional — e deixá-lo querendo mais. Como o falecido Carl Buehner, político norte-americano e líder de igreja mórmon, observou: "Eles podem se esquecer do que dissemos — mas nunca se esquecerão de como os fizemos se sentir."

.........

Queremos que nossa peroração seja memorável e bem clara, sincera e autêntica. Mas tenha em mente que existem algumas regras básicas que toda boa conclusão deve seguir — e algumas armadilhas a evitar.

Eis minha lista do que fazer e do que não fazer, com base em minha própria experiência e no trabalho dos grandes coaches de oratória.

- Pense em *como* vai querer falar ao escrever suas falas. Inclua "ponto de exclamação", sugere o palestrante motivacional Brian Tracy, às suas falas concludentes mais importantes quando quiser dar ênfase a elas. Essas frases finais devem ter um grande peso retórico!
- *Não* inclua um novo argumento ou ponto no final caso não o tenha mencionado antes. Isso pode distrair e confundir a assistência. O final serve para recapitular. Não complique.
- Indique à plateia que o discurso está terminando, que "o fim está chegando". Isso fará com que aqueles que se desligaram, ficaram entediados ou começaram a mexer no telefone "voltem a prestar atenção". Podemos indicar isso com o ritmo e tom — falando mais devagar, pausando, falando mais alto. Ou podemos utilizar a linguagem, usando expressões como "Para concluir..." ou "Para terminar, digo que..." ou alguma variante que combine de verdade com *você*.
- *Não* termine do nada. Não seja como o Dr. James Wilson, um pastor da Filadélfia, que falava por exatamente uma hora, nem mais, nem menos. Quando ele via que haviam se passado sessenta minutos no relógio, ele parava no meio da frase, independentemente de onde estivesse no sermão, dizendo: "Irmãos, a hora acabou. Oremos." Não faça isso! Certifique-se de que sua última frase seja bem pensada e — pelo menos — soe como um pensamento final completo.
- Tente dizer algo "memorável" e, idealmente, sábio no final e que seja seu. Como o coach de oratória Dom Barnard nos lembra, o falecido Steve Jobs da Apple utilizou só quatro palavras para concluir seu famoso discurso de abertura em Stanford em 2015: "Continuem famintos. Continuem tolos."

- *Não* se estenda demais. Parar de repente é ruim, mas delongas são algo pior. Escolha uma hora para terminar e planeje-se para um encerramento que lhe permita terminar na hora *sem a necessidade de correr.* E se passar do tempo, segundo um coach de oratória, não termine sua apresentação se desculpando (*"Desculpe por ter tomado tanto de seu tempo...*). Não faça isso, por favor! Isso é totalmente desnecessário e consome o tempo que poderia ser usado para uma conclusão significativa e confiante.

.........

Um excelente argumento, assim como uma história, tem começo, meio e fim. Churchill, o orador mestre e debatedor, chamou isso de "acúmulo do argumento". É uma *experiência*, para a assistência e para o orador. Você começa com seu plano; a plateia o ouve com puro ceticismo. Mas quando der aquela investida inicial — seu ponto mais importante — seguida por montes e montes de evidências, tudo isso leva a assistência em direção a, nas palavras de dois comentaristas de Churchill, "uma conclusão inevitável". Um ótimo argumento tem uma certa mágica — embora apenas Churchill conseguisse capturar a essência dele, de seu jeito tão peculiar.

> O clímax da oratória é obtida por uma rápida sucessão de ondas sonoras e imagens vívidas. O público fica encantado com a mudança de cenários apresentados em sua imaginação. Seus ouvidos sentem cócegas com o ritmo da linguagem. O entusiasmo aumenta. Uma série de fatos é apresentada, todos apontando para uma direção em comum. O fim é percebido antes de acontecer. A multidão antecipa a conclusão e as últimas palavras caem em meio a uma trovoada de aprovação.

Podemos praticamente visualizar isso, não é?

Estamos no palco, parados na frente de uma multidão, enquanto ela escuta cada uma de nossas palavras. Não precisamos das anotações e não estamos nem um pouco nervosos. Cada olhar se volta em nossa direção no momento em que nos preparamos para fazer a a citação final, contar a última história pessoal ou incentivar os ouvintes a agir. Um silêncio profundo domina por um átimo de segundo enquanto dizemos nossa última palavra — e então *a trovoada de aprovação*. Não é necessário ouvir mais *nada* para saber que terminamos muito bem. Que agora temos aquilo de que precisamos para subir de nível e apresentar um argumento convincente.

*Para vencer.*

# NOTAS

## Introdução

xi **"pena pela rebelião é a morte"**: Tucídides, *The History of the Peloponnesian War*, trad. Richard Crawley (Londres: Global Grey, 2021), 96. Obtido em 2 de maio de 2022, https://www.globalgreyebooks.com/history-of-the-peloponnesian-war-ebook.html.

xi **facção política ateniense mais moderada**: Donald Kagan, *The Outbreak of the Peloponnesian War* (Ithaca, NY: Cornell University Press, 1969), 155.

xi **"vencê-los com justiça pela argumentação"**: Tucídides, *The History of the Peloponnesian War*, 96.

xii **"E ele venceu Cléon"**: Alex Clark, "Why Debating Still Matters", *Guardian*, 6 de agosto de 2016, https://www.theguardian.com/education/2016/aug/06/why-debating-still-matters.

xiii **"Evite-a como o faz com cobras"**: Dale Carnegie, *How to Win Friends & Influence People* (Nova York: Pocket Books, 1998), 110.

xiii **"De todos os talentos"**: Winston Churchill, "The Scaffolding of Rhetoric" (ensaio não publicado, 1897). Obtido em 2 de maio de 2022, https://winstonchurchill.org/images/pdfs/for_educators/THE_SCAFFOLDING_OF_RHETORIC.pdf.

xiv **"preferir qualquer opinião"**: John Stuart Mill, *On Liberty* (Londres: Walter Scott, 1901), 67, https://www.gutenberg.org/files/34901/34901-h/34901-h.htm.

## Capítulo 1: Conquistando Um Público

5 **"Independentemente do quão detestável e desagradável"**: Entrevista com Jonathan Dimbleby, *Any Questions?*, BBC Radio 4, 11 de fevereiro de 2012, https://www.bbc.co.uk/programmes/b01bmq3c.

6 **"juiz e júri"**: Jeff Davenport, "Q&A: Top Delivery Struggles Speakers Face & How to Combat Them Expertly", Duarte, acessado em 20 de setembro de 2022, https://www.duarte.com/presentation-skills-resources/qa-top-delivery-struggles-speakers-face-how-to-combat-them-expertly/.

7 **"tamanho único"**: Ian Altman, "3 Keys to Deliver an Amazing Presentation Suited to the Room", *Inc.*, 30 de agosto de 2018, https://www.inc.com/ian-altman/whether-speaking-in-a-convention-center-or-a-conference-room-you-can-deliver-an-amazing-speech-every-time.html.

10 **se concentrar em algo por 9 segundos**: Kevin McSpadden, "You Now Have a Shorter Attention Span Than a Goldfish", *Time*, 14 de maio de 2015, https://time.com/3858309/attention-spans-goldfish/.

11 **Como salientado por**: "How to Start a Speech with Power and Confidence", blog *Ginger*, 13 de dezembro de 2019, https://www.gingerleadershipcomms.com/article/how-to-start-a-speech-with-power-and-confidence.

11 **"Na Primeira! P-R-I-M-E-I-R-A! Primeira!"**: Dale Carnegie, *How to Develop Self-Confidence and Influence People by Public Speaking* (Nova York: Pocket Books, 1991), 135.

11 **"Infelizmente, nos próximos 18 minutos"**: Jamie Oliver, "Teach Every Child about Food", gravado em 2010, vídeo do TED, 21:32, https://www.ted.com/talks/jamie_oliver_teach_every_child_about_food.

12 **"provocante"**: "How to Start a Speech with Power and Confidence", blog *Ginger*.

12 **"o desejo inerente de preencher essas lacunas de conhecimento"**: Akash Karia, *How to Deliver a Great TED Talk: Presentation Secrets of the World's Best Speakers* (autopublicado, CreateSpace, 2012), 38.

12 **"O que sei que me levou"**: James Hansen, "Why I Must Speak Out about Climate Change", gravado em 2012, vídeo do TED, 17:35, https://www.ted.com/talks/james_hansen_why_i_must_speak_out_about_climate_change.

13 **"Estava no 1D"**: Ric Elias, "Three Things I Learned While My Plane Crashed", gravado em 2011, vídeo do TED, 4:46, https://www.ted.com/talks/ric_elias_3_things_i_learned_while_my_plane_crashed.

14 **"dizer o nome de alguém em voz alta"**: Fia Fasbinder, "Why This Is the Most Widespread Bad Advice in Public Speaking (and You're Probably Following It)", *Inc.*, 26 de fevereiro de 2019, https://www.inc.com/fia-fasbinder/why-most-public-speakers-are-wrong-about-this-one-thing-and-youre-probably-offering-it-as-advice.html.

14 **"visto por você"**: Craig Valentine, "Here is the Secret to Keep Your Audience from Checking Out", Craig Valentine MBA, 11 de fevereiro de 2016, acessado em 10 de agosto de 2022, https://craigvalentine.com/one-necessary-secret-to-keep-your-audience-from-checking-out/.

16 **"se conectarão conosco":** Bas Van Den Beld, "8 Successful Ways to Connect with Your Audience", Speak with Persuasion, acessado em 8 de setembro de 2022, https://www.speakwithpersuasion.com/ways-connect-audience/.

16 **10 milhões de visualizações no YouTube**: Oxford Union, "Mehdi Hasan | Islam Is a Peaceful Religion | Oxford Union", vídeo do YouTube, 13:48, 3 de julho de 2013, https://www.youtube.com/watch?v=Jy9tNyp03M0.

17 **"Trump faz com que George Bush pareça um cara legal"**: Entrevista com Seth Meyers, *Late Night with Seth Meyers*, NBC, 5 de dezembro de 2018.

18 **Algo que também é frequente**: Jay Heinrichs, *Thank You for Arguing: What Aristotle, Lincoln, and Homer Simpson Can Teach Us about the Art of Persuasion* (Nova York: Broadway Books, 2020), 109.

## Capítulo 2: Sentimentos, Não (Apenas) Fatos

19 **"a mais polêmica"**: Roger Simon, "Questions That Kill Candidates' Careers", *Politico*, 20 de abril de 2007, https://www.politico.com/story/2007/04/questions-that-kill-candidates-careers-003617.

20 **às 2 horas da manhã**: Simon, "Questions That Kill Candidates' Careers".

20 **"Durante os próximos 90 minutos"**: "October 13, 1988, Debate Transcript", Commission on Presidential Debates, acessado em 2 de maio de 2022, https://www.debates.org/voter-education/debate-transcripts/october-13-1988-debate-transcript/.

**20** **"Não, Bernard. Não seria"**: "October 13, 1988, transcrição do debate".

**22** **"a disposição [de Dukakis] de dizer quem ele era como pessoa"**: Richard Cohen, "A Man in Hiding", *Washington Post*, 16 de outubro de 1988, https://www.washingtonpost.com/archive/opinions/1988/10/16/a-man-in-hiding/cdc67d76-95f1-454d-86c7-0724c5e52118/.

**22** **"morto em um atropelamento no qual o motorista fugiu sem prestar ajuda"**: Simon, "Questions That Kill Candidates' Careers".

**22** **"para ver se havia algum sentimento"**: Tom Shales, "CNN's Blunt Edge", *Washington Post*, 25 de outubro de 1988, https://www.washingtonpost.com/archive/lifestyle/1988/10/25/cnns-blunt-edge/7f2c6b1e-488f-4959-9ddc-1d18c48a7656/.

**22** **"perdido a eleição"**: Simon, "Questions That Kill Candidates' Careers".

**22** **"não achei que foi tão ruim"**: Michael Dukakis, entrevista com Jim Lehrer, *Debating Our Destiny*, PBS, 9 de setembro de 2008, https://www.pbs.org/newshour/spc/debatingourdestiny/docrecap.html.

**23** **três provas ou "modos"**: Aristóteles, *Rhetoric*, trad. W. Rhys Roberts, livro 1, cap. 1, seção 2 (Internet Classics Archive), acessado em 2 de maio de 2022, http://classics.mit.edu//Aristotle/rhetoric.html.

**24** **com base no pathos:** Gini Beqiri, "Ethos, Pathos, Logos: 3 Pillars of Public Speaking and Persuasion", VirtualSpeech, 11 de abril de 2018, https://virtual speech.com/blog/ethos-pathos-logos-public-speaking-persuasion.

**24** **"deixando órfãos seus quatro filhos"**: Jesse O'Neill, "'I Wish I'd Got the Shot': Dad Who Died of COVID along with Wife, Leaving 4 Kids", *New York Post*, 17 de outubro de 2021, https://nypost.com/2021/10/17/i-wish-that-id-got-the-shot-dad-of-4-who-died-of-covid/.

**25** **mais sentir do que pensar**: Douglas Van Praet, "The Myth of Marketing", *Fast Company*, 21 de março de 2013, https://www.fastcompany.com/1682625/the-myth-of-marketing-how-research-reaches-for-the-heart-but-only-connects-with-the-head.

**26** **"máquinas de sentimentos que pensam"**: Susan Andrews, "Who We Are and Why", *USC News*, 12 de novembro de 2010, https://news.usc.edu/28719/Who-We-Are-and-Why/.

**26** **um paciente chamado, no livro, de "Elliot"**: António Damásio, *Descartes' Error: Emotion, Reason and the Human Brain* (Nova York: Penguin, 2005), 34.

**26** **"Sr. Spock da vida real"**: Christian Jarrett, "The Neuroscience of Decision Making Explained in 30 Seconds", *Wired*, 10 de março de 2014, https://www.wired.com/2014/03/neuroscience-decision-making-explained-30-seconds/.

**26** **"saber, mas não sentir"**: Damásio, *Descartes' Error*, 45.

**26** **"indispensáveis para a racionalidade"**: Damásio, *Descartes' Error*, xvii.

**27** **"acoplamento de cérebro para cérebro"**: Uri Hasson, "This Is Your Brain on Communication", gravado em 2016, vídeo do TED, 14:42, https://www.ted.com/talks/uri_hasson_this_is_your_brain_on_communication.

**27** **ouviam histórias**: Carmine Gallo, *Talk Like TED: The 9 Public-Speaking Secrets of the World's Top Minds* (Nova York: St. Martin's Press, 2014), 49–50.

**28** **"Quando a mulher falava inglês"**: Joshua Gowin, "Why Sharing Stories Brings People Together", *Psychology Today*, 6 de junho de 2011, https://www.psychologytoday.com/us/blog/you-illuminated/201106/why-sharing-stories-brings-people-together.

**28** **consiste em contar fofocas**: Cody C. Delistraty, "The Psychological Comforts of Storytelling", *The Atlantic*, 2 de novembro de 2014.

**28** **Em um estudo de 2007**: Deborah A. Small, George Loewenstein e Paul Slovic, "Sympathy and Callousness: The Impact of Deliberative Thought on Donations to Identifiable and Statistical Victims", *Organizational Behavior and Human Decision Processes* 102, nº 2 (2007): 143–53.

**28** **"atende a todos esses critérios"**: Deborah Small, entrevista pessoal, 12 de abril de 2022.

**28** **Hasson observou**: Elena Renken, "How Stories Connect and Persuade Us: Unleashing the Brain Power Of Narrative", NPR, 11 de abril de 2020, https://www.npr.org/sections/health-shots/2020/04/11/815573198/how-stories-connect-and-persuade-us-unleashing-the-brain-power-of-narrative.

**29** **"Boa noite, senhoras e senhores"**: Intelligence Squared, "Debate: The West Should Cut Ties with Saudi Arabia", vídeo do YouTube,

1:28:16, 12 de março de 2019, https://www.youtube.com/watch?v=qi0TOowgW3M.

**31** **"o que a água representa para os peixes"**: Jonathan Gottschall, *The Storytelling Animal: How Stories Make Us Human* (Nova York: Houghton Mifflin Harcourt, 2012), xiv.

**31** **"22 vezes mais memoráveis"**: Women's Leadership Lab Stanford University, "Harnessing the Power of Stories", vídeo do YouTube, 8:36, 18 de novembro de 2019, https://www.youtube.com/watch?v=oB7FfKPMZvw.

**32** **"sucesso do multiculturalismo neste país"**: Entrevista com David Dimbleby, *Question Time*, BBC1, 2 de outubro de 2011.

**32** **"o poder das experiências pessoais que gera respeito"**: Emily Kubin et al., "Personal Experiences Bridge Moral and Political Divides Better Than Facts", *Proceedings of the National Academy of Sciences* 118, nº 6 (2021): 1.

**33** **"Para expressar emoção"**: Aristóteles, *Rhetoric*, livro 3, cap. 7, seção 3.

**33** **"eu sou a favor dela e ele não"**: "October 13, 1988, Debate Transcript".

**35** **"é a personificação das paixões da multidão"**: Winston Churchill, "The Scaffolding of Rhetoric" (ensaio não publicado, 1897). Obtido em 2 de maio de 2022, https://winstonchurchill.org/images/pdfs/for_educators/THE_SCAFFOLDING_OF_RHETORIC.pdf.

**36** **"Vocês realmente acreditam nisso"**: Oxford Union, "Mehdi Hasan | Islam Is a Peaceful Religion | Oxford Union", vídeo do YouTube, 13:48, 3 de julho de 2013, https://www.youtube.com/watch?v=Jy9tNyp03M0.

**36** **"é um cérebro emocional"**: Drew Westen, *The Political Brain: The Role of Emotion in Deciding the Fate of the Nation* (Nova York: PublicAffairs, 2007), xv.

**36** **"mercado das ideias"**: Westen, *The Political Brain*, 36.

**36** **"mesmo que imprecisa em termos fatuais"**: George Marshall, *Don't Even Think about It: Why Our Brains Are Wired to Ignore Climate Change* (Nova York: Bloomsbury USA, 2015), 107.

## Capítulo 3: Mostre Seus Recibos

**37** **"Quero ver os recibos"**: Seija Rankin, "The Oral History of Memes: Where Did 'Show Me the Receipts' Come From?", E! Online, 24 de agosto de 2016, https://www.eonline.com/news/789906/the-oral--history-of-memes-where-did-show-me-the-receipts-come-from.

**38** **"fatos alternativos"**: Kellyanne Conway, entrevista com Chuck Todd, *Meet the Press*, NBC, 22 de janeiro de 2017.

**38** **"a verdade não é verdade"**: Rudy Giuliani, entrevista com Chuck Todd, *Meet the Press*, NBC, 19 de agosto de 2018.

**38** **"diminuição do papel dos fatos"**: Jennifer Kavanagh e Michael D. Rich, *Truth Decay: An Initial Exploration of the Diminishing Role of Facts and Analysis in American Public Life* (Santa Mônica, CA: RAND Corporation, 2018), https://www.rand.org/pubs/research_reports/RR2314.html.

**38** **palavra do ano**: Katy Steinmetz, "Oxford's Word of the Year for 2016 Is 'Post-Truth'", *Time*, 15 de novembro de 2016, https://time.com/4572592/oxford-word-of-the-year-2016-post-truth/.

**38** **"na velocidade de um raio"**: Michiko Kakutani, "The Death of Truth: How We Gave Up on Facts and Ended Up with Trump", *Guardian*, 14 de julho de 2018, https://www.theguardian.com/books/2018/jul/14/the-death-of-truth-how-we-gave-up-on-facts-and-ended-up-with-trump.

**39** **no periódico Political Behavior**: Thomas Wood e Ethan Porter, "The Elusive Backfire Effect: Mass Attitudes' Steadfast Factual Adherence", *Political Behavior* (2017): 1–68.

**39** **"ao que é factual e ao que não é"**: Amy Mitchell et al., "Distinguishing between Factual and Opinion Statements in the News", Pew Research Center, 18 de junho de 2018, acessado em 2 de maio de 2022, https://www.pewresearch.org/journalism/2018/06/18/distinguishing-between-factual-and-opinion-statements-in-the-news/.

**39** **"são teimosos"**: "Adams' Argument for the Defense: 3–4 December 1770", National Archives, acessado em 2 de maio de 2022, https://founders.archives.gov/documents/Adams/05-03-02-0001-0004-0016.

**40** **"reduzir seu dano em potencial"**: António Damásio, *Descartes' Error: Emotion, Reason and the Human Brain* (Nova York: Penguin, 2005), 246.

**40** **"sairemos por ela"**: Paul Jones, "Arm Wrestling—Aristotle Had a Better Way", *Magneto Blog*, acessado em 2 de maio de 2022, https://magneto.net.au/blog/get-your-way-aristotle/.

**43** **"essa entrevista duraria apenas 15"**: MSNBC on Peacock, "Mehdi Hasan Interviews John Bolton | The Mehdi Hasan Show | Choice on Peacock", vídeo do YouTube, 16:42, 14 de outubro de 2020, https://www.youtube.com/watch?v=G78O FZ2MDkM.

**44** **"Então eu gostaria de falar"**: NBC News, "Elizabeth Warren Attacks 'Arrogant Billionaire' Michael Bloomberg over Treatment of Women | NBC News", vídeo do YouTube, 1:25, 19 de fevereiro de 2020, https://www.youtube.com/watch?v=QD4csGWPo6o.

**45** **"Falecimento: 19 de fevereiro de 2020"**: Maayan Jaffe-Hoffman, "Who 'Murdered' Mike Bloomberg?", *Jerusalem Post*, 20 de fevereiro de 2020, https://www.jpost.com/american-politics/on-wikipedia--warren-killed-bloomberg-618250.

**45** **"pareceu nunca mais se recuperar"**: Ankita Rao, "How Elizabeth Warren Destroyed Mike Bloomberg's Campaign in 60 Seconds", *Guardian*, 4 de março de 2020, https://www.theguardian.com/us--news/2020/mar/04/mike-bloomberg-out-60-second-attack-elizabeth-warren-destroyed-campaign.

**45** **"foi totalmente preparada, praticada e executada à perfeição"**: Ex-assessor a Elizabeth Warren, entrevista pessoal, 12 de abril de 2022.

**46** **"O senhor já admitiu"**: Al Jazeera English, "Should the US Get Out of Latin America? | Head to Head", vídeo do YouTube, 47:30, 5 de dezembro de 2014, https://www.youtube.com/watch?v=42PymQ-1Cpek.

**47** **"a favor de um governo eleito"**: Al Jazeera English, "UpFront—What Is Saudi Arabia's Endgame in Yemen and Syria?", vídeo do YouTube, 17:48, 26 de março de 2016, https://www.youtube.com/watch?v=8z-8ME2O5XdY.

**48** **"noções de direitos humanos"**: Al Jazeera English, "Slavoj Zizek on a 'Clash of Civilisations' | UpFront", vídeo do YouTube, 10:35, 3 de dezembro de 2016, https:// www.youtube.com/watch?v=qkdPZ-UmrSw.

**50** **"Esses números vêm do CBP"**: MSNBC, "Mehdi Hasan Clashes with GOP Rep. Crenshaw on Immigration | MSNBC", vídeo do YouTube, 16:36, 22 de março de 2021, https://www.youtube.com/watch?-v=WlUohLyG-wI.

50 **chamou minha entrevista**: Jon Allsop, "At the Border, Access Is No Substitute for Humanity", *Columbia Journalism Review*, 24 de março de 2021, https://www.cjr.org/the_media_today/media_border_crisis_immigration.php.

50 **um site de notícias de entretenimento**: Lindsey Ellefson, "GOP Rep Crenshaw Schooled by MSNBC's Mehdi Hasan on Immigration Numbers (Video)", The Wrap, 22 de março de 2021, acessado em 2 de maio de 2022, https://www.thewrap.com/dan-crenshaw-immigration-mehdi-hasan/.

51 **"Por que o senhor deixou de notificar"**: Al Jazeera English, "Blackwater's Erik Prince: Iraq, Privatising Wars, and Trump | Head to Head", vídeo do YouTube, 49:08, 8 de março de 2019, https://www.youtube.com/watch?v=KOB4V-ukpBI.

52 **"Tomemos a pobreza mundial"**: Al Jazeera English, "War, Poverty and Inequality: Is There Any Good News? | UpFront", vídeo do YouTube, 14:54, 17 de março de 2018, https://www.youtube.com/watch?v=BkM2wiOwerc.

55 **"sempre traz os recibos"**: Mehdi Hasan, "How to Resist: Live with Ilhan Omar and Michael Moore", *Deconstructed*, áudio de podcast, 24 de outubro de 2019, https://theintercept.com/2019/10/24/how-to-resist-live-with-ilhan-omar-and-michael-moore/.

## Capítulo 4: Fique de Olho no Jogo... e no Jogador

58 **"campeão de debates do pátio escolar"**: Dorie Clark, "Donald Trump Is Your Schoolyard Debate Champion", The Hill, 31 de janeiro de 2017, https://thehill.com/blogs/pundits-blog/the-administration/317142-donald-trump-is-your-schoolyard-debate-champion/.

58 **"insultou até chegar ao topo"**: Aaron Rupar, "How Donald Trump Insulted His Way to the Top of the GOP", ThinkProgress, 4 de maio de 2016, acessado em 2 de maio de 2022, https://archive.thinkprogress.org/how-donald-trump-insulted-his-way-to-the-top-of-the-gop-b5ab95b676ec/.

58 **"dom para a injúria"**: Sam Leith, *Words Like Loaded Pistols: Rhetoric from Aristotle to Obama* (Nova York: Basic Books, 2016), 112.

**58** **"bochechas cabeludas e dentes descolorados"**: Valentina Arena, "Roman Oratorical Invective", em *A Companion to Roman Rhetoric*, ed. William Dominik e Jon Hall (Chichester: Blackwell, 2010), 152.

**58** **"arraigados e aceitos"**: Henriette van der Blom, "Character Attack and Invective Speech in the Roman Republic: Cicero as Target", em *Character Assassination throughout the Ages*, ed. Eric Shiraev e Martijn Icks (Nova York: Palgrave Macmillan, 2014), 37.

**58** **"visar a bola, não o jogador adversário"**: Allen Versfeld, "Play the Man, Not the Ball: In Defense of the Ad Hominem Attack", blog *Now Look Here*, 2 de julho de 2017, https://www.nowlookhere.net/2017/07/play-the-man-not-the-ball-in-defense-of-the-ad-hominem-attack/.

**59** **"Se Adolph Hitler dissesse"**: Michael Austin, "In Defense of Ad Hominem: Why We Really Shouldn't Listen to Dick Cheney on Iraq", Independent Voter News, 20 de junho de 2014, acessado em 2 de maio de 2022, https://ivn.us/2014/06/20/defense-ad-hominem-really-shouldnt-listen-dick-cheney-iraq.

**59** **"Se os argumentos ad hominem são ilegítimos"**: Tom Whyman, "Only an Idiot Would Dismiss Ad Hominem Arguments", *Outline*, 10 de março de 2020, acessado em 2 de maio de 2022, https://theoutline.com/post/8785/defense-of-ad-hominem.

**60** **"meio mais eficaz de persuasão que ele tem"**: Aristóteles, *Rhetoric*, trad. W. Rhys Roberts, livro 1, cap. 2, seção 2 (Internet Classics Archive), acessado em 2 de maio de 2022, http://classics.mit.edu//Aristotle/rhetoric.html.

**61** **"uma resposta necessária e adequada"**: Austin, "In Defense of Ad Hominem".

**62** **"a reputação da pessoa que os está mencionando"**: Bruce Thompson, "Ad Hominem—Abusive", Página de Falácia de Bruce Thompson, acessada em 2 de maio de 2022, https://www2.palomar.edu/users/bthompson/Abusive.html#:~:text=Consider%20the%20inductive%20inference%3A%20people,be%20worth%20listening%20to%20now.

**63** **possíveis vieses**: David Hitchcock, "Why There Is No Argumentum Ad Hominem Fallacy", *Rozenberg Quarterly*, 2006, acessado em 2 de maio de 2022, https://rozenbergquarterly.com/issa-proceedings-2006-why-there-is-no-argumentum-ad-hominem-fallacy/.

**63** **“alegações de conflito de interesses”**: Ralph M. Barnes et al., “The Effect of Ad Hominem Attacks on the Evaluation of Claims Promoted by Scientists”, *PLOS One* 13, nº 1 (2018): 1–15.

**63** **“uma notória lista”**: Arwa Mahdawi, “A Republican Theme on Abortions: ‘It’s OK for Me, Evil for Thee’”, *Guardian*, 25 de agosto de 2018, https://www.theguardian.com/world/2018/aug/25/a-republican-theme-on-abortions-its-ok-for-me-evil-for-thee.

**64** **problema com essas crenças**: Whyman, “Only an Idiot Would Dismiss Ad Hominem Arguments”.

**64** **“explicar”**: Hitchcock, “Why There Is No Argumentum Ad Hominem Fallacy”.

**64** **“primariamente como um fenômeno retórico”**: Alan Brinton, “A Rhetorical View of the *Ad Hominem*”, *Australasian Journal of Philosophy* 63, nº 1 (1985): 50–63.

**65** **“não é uma falácia”**: Hitchcock, “Why There Is No Argumentum Ad Hominem Fallacy”.

**66** **“histórico de declarações antissemitas”**: Allen Versfeld, “Play the Man, Not the Ball: In Defense of the Ad Hominem Attack”.

**67** **“os racistas acham que ele é racista”**: CBS Miami, “Gubernatorial Debate: Candidates Asked about Topic of Racism”, vídeo do YouTube, 2:53, 24 de outubro de 2018, https://www.youtube.com/watch?v=u87Fo4lPwyk.

**67** **“falácia das credenciais”**: “Ad Hominem: When People Use Personal Attacks in Arguments”, Effectiviology, acessado em 10 de setembro de 2022, https:// effectiviology.com/ad-hominem-fallacy/.

**68** **“Não seria falácia”**: Austin, “In Defense of Ad Hominem”.

**69** **“Algo que achei bastante curioso”**: Oxford Union, “Mehdi Hasan | Islam Is a Peaceful Religion | Oxford Union”, vídeo do YouTube, 13:48, 3 de julho de 2013, https://www.youtube.com/watch?v=Jy9tNyp03M0.

**70** **“Dra. Gandhi, uma das maiores críticas contra”**: MSNBC, “Mehdi Hasan Questions Doctor on Covid Predictions | The Mehdi Hasan Show”, vídeo do YouTube, 10:33, 4 de fevereiro de 2022, https://www.youtube.com/watch?v=VaSTb5kNT4s.

71 **"O Homem Que Odiou a Inglaterra"**: Geoffrey Levy, "The Man Who Hated Britain", *Daily Mail*, 27 de setembro de 2013, https://www.dailymail.co.uk/news/article-2435751/Red-Eds-pledge-bring-socialism-homage-Marxist-father-Ralph-Miliband-says-GEOFFREY-LEVY.html.

72 **"pontada de preconceito antissemita"**: Jonathan Freedland, "Antisemitism Doesn't Always Come Doing a Hitler Salute", *Guardian*, 4 de outubro de 2013, https://www.theguardian.com/commentisfree/2013/oct/04/antisemitism-does-not-always-come-hitler-salute.

72 **"Quentin, deixe-me terminar"**: *Question Time*, "BBC Question Time 3 October 2013 (3/10/13) Birmingham FULL EPISODE", vídeo do YouTube, 58:45, 3 de outubro de 2013, https://www.youtube.com/watch?v=ZBwglrJyYc0.

73 **oportunidade para escrever nele**: "What a Difference Three Years Makes: How Political Journalist Who Attacked the Daily Mail on Question Time Once Asked If He Could Write for the Paper", *Daily Mail*, 4 de outubro de 2013, https://www.dailymail.co.uk/news/article-2444637/Mehdi-Hasan-journalist-attacked-Daily-Mail-Question-Time-asked-write-paper.html.

## Capítulo 5: Escute, Não Fale (o Tempo Todo)

75 **"conservadora Richmond"**: Jackie Mansky, "The History of the Town Hall Debate", *Smithsonian Magazine*, 6 de outubro de 2016, https://www.smithsonianmag.com/history/history-town-hall-debate-180960705/.

77 **observa um comentarista**: Santosh Kumar Singh, "'It's the Economy, Stupid' and Marissa Hall's Query That Fell George H. Bush", LinkedIn, 13 de agosto de 2020, https://www.linkedin.com/pulse/its-economy-stupid-marissa-halls-query-fell-george-h-bush-santosh.

77 **"Diga-me novamente como a dívida a afetou"**: "October 15, 1992, Second Half Debate Transcript", Commission on Presidential Debates, acessado em 2 de maio de 2022, https://www.debates.org/voter-education/debate-transcripts/october-15-1992-second-half-debate-transcript/.

78 **Após o debate, uma pesquisa da CNN/USA Today**: "All Politics, CNN Time, The Debates '96: 1992 Presidential Debates", CNN, acessado

em 2 de maio de 2022, https://edition.cnn.com/ALLPOLITICS/1996/debates/history/1992/index.shtml.

**79** **oitenta vezes**: Julia Naftulin, "Here's How Many Times We Touch Our Phones Every Day", *Insider*, 13 de julho de 2016, https://www.businessinsider.com/dscout-research-people-touch-cell-phones-2617-times-a-day-2016-7.

**79** **"inconsciente"**: Michael W. Gamble e Teri Kwal Gamble, *Interpersonal Communication: Building Connections Together* (Estados Unidos: SAGE Publications, 2013), 93.

**83** **autora Maria Konnikova**: Maria Konnikova, "Lessons from Sherlock Holmes: Cultivate What You Know to Optimize How You Decide", *Scientific American*, 26 de agosto de 2011, https://blogs.scientificamerican.com/guest-blog/lessons-from-sherlock-holmes-cultivate-what-you-know-to-optimize-how-you-decide/.

**84** **"alguns tomam drogas"**: Drake Baer, "Why Productive People Take Better Notes", *Fast Company*, 23 de julho de 2013, https://www.fastcompany.com/3014646/why-productive-people-take-better-notes.

**84** **"dos humildes papel e caneta"**: Kathleen Elkins, "A Habit Bill Gates and Richard Branson Swear by Is One Most People Overlook", CNBC, 15 de novembro de 2016, acessado em 2 de maio de 2022, https://www.cnbc.com/2016/11/15/a-habit-bill-gates-and-richard-branson-swear-by-is-one-most-people-overlook.html.

**85** **"a caneta é mais poderosa do que o teclado"**: Pam A. Mueller e Daniel M. Oppenheimer, "The Pen Is Mightier Than the Keyboard: Advantages of Longhand over Laptop Note Taking", *Psychological Science* 25, nº 6 (2014): 1159–68.

**85** **"Apenas um fato"**: Oxford Union, "Mehdi Hasan | Islam Is a Peaceful Religion | Oxford Union", vídeo do YouTube, 13:48, 3 de julho de 2013, https://www.youtube.com/watch?v=Jy9tNyp03M0.

**86** **"total atenção"**: Ximena Vengoechea, "Why Empathetic Listening Is Crucial for Your Career—and How to Do It Well", The Muse, acessado em 2 de maio de 2022, https://www.themuse.com/advice/what-is-empathetic-listening-definition-examples.

**86** **"e com o coração"**: Stephen R. Covey, *The 7 Habits of Highly Effective People* (Nova York: Simon & Schuster, 2013), 252.

**87** **"tudo aquilo terminou"**: George H. W. Bush, entrevista com Jim Lehrer, *Debating Our Destiny*, PBS, 10 de abril de 1999, https://www.pbs.org/newshour/spc/debatingourdestiny/interviews/bush.html.

**87** **"desconectado"**: Alex Markels, "George H. W. Bush Checks His Watch During Debate with Bill Clinton and Ross Perot", *U.S. News and World Report*, 17 de janeiro de 2008, https://www.usnews.com/news/articles/2008/01/17/a-damaging-impatience.

**88** **"Isso foi Bill Clinton"**: *Face the Nation*, "Dickerson's Debate History: George Bush Caught in the Cutaway in 1992", vídeo do YouTube, 3:17, 19 de outubro de 2016, acessado em 2 de maio de 2022, https://www.youtube.com/watch?v=T293aYx3uw0.

**88** **"integralmente presente"**: Melody Wilding, "7 Habits of Highly Empathetic People", *Inc.*, 7 de janeiro de 2019, https://www.inc.com/melody-wilding/7-habits-of-highly-empathetic-people.html.

**89** **"reunidos em círculo"**: Richard Stengel, "Mandela: His 8 Lessons of Leadership", *Time*, 9 de julho de 2008, http://content.time.com/time/subscriber/article/0,33009,1821659-2,00.html.

**89** **"tentar chegar a um consenso"**: Richard Stengel, entrevista pessoal, 23 de novembro de 2021.

**89** **"Silencie seu monólogo interno"**: Ximena Vengoechea, "Why Empathetic Listening Is Crucial for Your Career".

**89** **"percepção que o paciente tinha da empatia do médico"**: Enid Montague et al., "Non-verbal Interpersonal Interactions in Clinical Encounters and Patient Perceptions of Empathy", *Journal of Participatory Medicine* 5 (2013): 1–17.

**89** **"orador que evitava olhar para a assistência"**: Helene Kreysa, Luise Kessler e Stefan R. Schweinberger, "Direct Speaker Gaze Promotes Trust in Truth-Ambiguous Statements", *PLOS One* 11, nº 9 (2016).

**89** **"sim" ou "não"**: Vengoechea, "Why Empathetic Listening Is Crucial for Your Career—and How to Do It Well".

## Capítulo 6: Faça o Pessoal Rir

**93** **"Sobre a questão específica da liberdade de expressão"**: smtm: Entertainment, "Question Time in Lincoln—15/01/2014", vídeo do

YouTube, 59:01, 22 de janeiro de 2015, https://www.youtube.com/watch?v=5BP8_UyQWc4.

**93 "idioma universal"**: Gareth Davies, "Laughter Is a Universal Language",*Daily Telegraph*, 26 de janeiro de 2010, https://www.telegraph.co.uk/news/7071629/Laughter-is-a-universal-language.html.

**93 os seres humanos compartilham**: Disa A. Sauter et al., "Cross-Cultural Recognition of Basic Emotions through Nonverbal Emotional Vocalizations", *Proceedings of the National Academy of Sciences* 107, nº 6 (2010): 2408–12.

**94 benefícios do riso**: John Zimmer, "Using Humour in a Presentation—It's No Laughing Matter", Presentation-Guru, 2 de janeiro de 2018, https://www.presentation-guru.com/using-humour-in-a-presentation-its-no-laughing-matter/.

**94 "mais memorável ao terminarmos"**: Matt Abrahams, "Make 'Em Laugh: How to Use Humor as a Secret Weapon in Your Communication", *Think Fast, Talk Smart*, áudio de podcast, 22 de junho de 2020, https://art19.com/shows/think-fast-talk-smart?q=laugh.

**94 Pesquisadoras da Universidade da Carolina do Norte**: Laura E. Kurtz e Sara B. Algoe, "When Sharing a Laugh Means Sharing More: Testing the Role of Shared Laughter on Short-Term Interpersonal Consequences", *Journal of Nonverbal Behavior* 41 (2017): 45–65.

**94 "No caso de pessoas que estão rindo juntas"**: Jill Suttie, "How Laughter Brings Us Together", *Greater Good Magazine*, 17 de julho de 2017, acessado em 2 de maio de 2022, https://greatergood.berkeley.edu/article/item/how_laughter_brings_us _together.

**94 "depois que eles são defumados"**: CNN, "CNN: SOTU Address, President Obama Cracks Smoked Salmon Joke", vídeo do YouTube, 44 segundos, 25 de janeiro de 2011, https://www.youtube.com/watch?v=BFcWz9eyovA.

**95 a NPR pediu a seus ouvintes**: "The State of the Union, in Your Words", NPR, 25 de janeiro de 2011, https://www.npr.org/2011/01/28/133211131/the-state-of-the-union-in-your-words.

**95 "risos com a seriedade"**: Steve Sherwood, "Intersections of Wit and Rhetoric: Humor as a Rhetorical Enterprise", *PROTEUS: A Journal of Ideas, Humor and Culture* 29, nº 1 (2013), 45–52.

95 **"A ridicularização era a arma padrão"**: Mary Beard, *Confronting the Classics: Traditions, Adventures, and Innovations* (Nova York: W. W. Norton, 2013), 57.

95 **"por tornar nosso inimigo pequeno"**: Jack Martinez, "Humor Is the Best Weapon in Presidential Debates", *Newsweek*, 13 de outubro de 2015, https://www.newsweek.com/best-presidential-debate-funny-lines-humor-382831.

96 **"Mêmio se acha"**: Marco Túlio Cicero, *How to Tell a Joke: An Ancient Guide to the Art of Humor*, trad. Michael Fontaine (Princeton, NJ: Princeton University Press, 2021), 99.

96 **"vencendo vez após vez"**: Linda B. Glaser, "Translation Updates Cicero's Treatise on Jokes as 'Weapons'", *Cornell Chronicle*, 16 de março de 2021, acessado em 2 de maio de 2022, https://as.cornell.edu/news/translation-updates-ciceros-treatise-jokes-weapons.

96 **"Se conseguir fazer você rir"**: Zimmer, "Using Humour in a Presentation".

96 **Esther Snippe**: Esther Snippe, "5 Tips on Using Humor to Engage Your Audience", SpeakerHub, 11 de abril de 2017, https://speakerhub.com/skillcamp/5-tips-using-humor-engage-your-audience.

96 **"liga"**: Zimmer, "Using Humour in a Presentation".

97 **eliminar tensões**: Matt Abrahams, "Make 'Em Laugh: How to Use Humor as a Secret Weapon in Your Communication".

98 **"Não há motivos para que apenas os pobres"**: Bill Gates, "Mosquitos, Malaria and Education", gravado em 2009, vídeo do TED, 20:04, https://www.ted.com/talks/bill_gates_mosquitos_malaria_and_education/transcript?language=en.

99 **"Já o Partido Nacional Britânico pode ter algo a dizer"**: Oxford Union, "Mehdi Hasan | Islam Is a Peaceful Religion | Oxford Union", vídeo do YouTube, 13:48, 3 de julho de 2013, https://www.youtube.com/watch?v=Jy9tNyp03M0.

99 **filiou-se ao Partido de Independência do Reino Unido**: David Lawrence, "Who Is Anne Marie Waters?", Hope Not Hate, 30 de abril de 2021, acessado em 2 de maio de 2022, https://hopenothate.org.uk/2021/04/30/who-is-anne-marie-waters/.

**100 "valeu o preço do ingresso"**: Intelligence Squared, "Debate: Anti--Zionism Is Anti-Semitism", vídeo do YouTube, 1:20:07, 26 de julho de 2019, https://www.youtube.com/watch?v=K1VTt_THL4A&ab_channel=IntelligenceSquared.

**100 "rima com 'farsa'"**: Glaser, "Cicero's Treatise".

**101 se identifiquem**: Hrideep Barot, "A Guide to Using Humor in Your Speech", Frantically Speaking, acessado em 9 de setembro de 2022, https://franticallyspeaking.com/a-guide-to-using-humor-in-your--speech/.

**101 "O senhor já é o presidente mais velho"**: "October 21, 1984, Debate Transcript", Commission on Presidential Debates, acessado em 2 de maio de 2022, https://www.debates.org/voter-education/debate-transcripts/october-21-1984-debate-transcript/.

**102 "conquistou o público com ela"**: Andreas Serafim, "No Laughing Matter: Rhetorical Humour in Ancient and Contemporary Public Speaking" (artigo, Classical Association Annual Conference 2015, University of Bristol, 12 de abril de 2015), https://www.academia.edu/10616074/No_Laughing_Matter_Rhetorical_Humour_in_Ancient_and_Contemporary_Public_Speaking.

**102 "na hora"**: Walker, "How to Use Humor in a Speech".

**102 TJ Walker**: TJ Walker, Howcast, "How to Use Humor in a Speech", vídeo do YouTube, 1:56, 20 de julho de 2013, https://www.youtube.com/watch?v=WvT9WjSlk8E.

**103 "eu deveria ter medo do senhor"**: Al Jazeera English, "Top US General Defends Donald Trump—UpFront", vídeo do YouTube, 10:39, 19 de maio de 2016, acessado em 2 de maio de 2022, https://www.youtube.com/watch?v=JZ88WRfR66w.

**104 "foi como as Olimpíadas Especiais"**: Steve Padilla, "Opinion: Obama Apologizes to Tim Shriver for Special Olympics Remark", blog do *Los Angeles Times*, 20 de março de 2009, acessado em 2 de maio de 2022, https://latimesblogs.latimes.com/washington/2009/03/as-our-friend-m.html.

**104 "Não use o humor"**: Zimmer, "Using Humour in a Presentation".

**105 lendo algo em um tom monótono**: Barot, "A Guide to Using Humor in Your Speech".

**106 "uma lição que nunca esqueci"**: Sam Horn, *Got Your Attention? How to Create Intrigue and Connect with Anyone* (Oakland, CA: Berrett--Koehler, 2015), 72.

## Capítulo 7: A Regra dos Três

**109 e ao futuro**: Chris Heivly, "How The 'Rule of Three' Can Simplify Your Daily Life", *Inc.*, 23 de março de 2017, https://www.inc.com/chris--heivly/how-the-rule-of-three-can-simplify-your-daily-life.html.

**1110 "chamamos de iPhone"**: Rob Price e Mary Meisenzahl, "The First iPhone Was Announced 13 Years Ago Today—Here's How Steve Jobs Introduced It", *Insider*, 9 de janeiro de 2020, acessado em 2 de maio de 2022, https://www.businessinsider.com/watch-steve-jobs-first--iphone-10-years-ago-legendary-keynote-macworld-sale-2017-6.

**110 viu a mágica do número três**: Carmine Gallo, "Apple Is Obsessed With the Magical Number 3. It Will Transform Your Presentations, Too", *Inc.*, 19 de setembro de 2018, https://www.inc.com/carmine--gallo/apple-is-obsessed-with-magical-number-3-it-will-transform-your-presentations-too.html.

**110 "Só três histórias"**: Stanford, "Steve Jobs' 2005 Stanford Commencement Address", vídeo do YouTube, 15:04, 7 de março de 2008, acessado em 2 de maio de 2022, https://www.youtube.com/watch?-v=UF8uR6Z6KLc.

**110 coach de oratória Dave Linehan**: Dave Linehan, "Rule of Three in Speech Writing", blog de Dave Linehan, acessado em 2 de agosto de 2022, https://davelinehan.com/rule-of-three-speechwriting/.

**111 "espetou" com seu grampo de cabelo**: Barry Strauss, *The Death of Caesar: The Story of History's Most Famous Assassination* (Nova York: Simon & Schuster, 2015), 214.

**111 "até chegar no clímax"**: Cicero, *Verrines II.1*, trad. e ed. T. N. Mitchell (Oxford: Oxbow Books, 1986), 161.

**111 presidentes norte-americanos**: John Zimmer, "Rhetorical Devices: Tricolon", *Manner of Speaking* (blog), 16 de março de 2015, acessado em 2 de maio de 2022, https:// mannerofspeaking.org/2015/03/16/rhetorical-devices-tricolon/.

**113** **Ao escrever para a Forbes**: Nick Morgan, "Martin Luther King's Rhetorical Genius", *Forbes*, 12 de fevereiro de 2015, https://www.forbes.com/sites/nickmorgan/2015/02/12/martin-luther-kings-rhetorical-genius.

**113** **"grupos de informação"**: "Theory Name: Information Processing Theory", site SUNY Cortland, acessado em 9 de setembro de 2022, https://web.cortland.edu/frieda/id/IDtheories/24.html.

**114** **"O Mágico Número Sete"**: George A. Miller, "The Magical Number Seven Plus or Minus Two: Some Limits on Our Capacity for Processing Information", *Psychological Review* 63, nº 2 (1956): 81–97, https://doi.org/10.1037/h0043158.

**114** **"memória de curto prazo"**: Kendra Cherry, "What Is Short-Term Memory?", Verywell Mind, 17 de fevereiro de 2022, https://www.verywellmind.com/what-is-short-term-memory-2795348.

**114** **"mas não mais que isso."**: Nelson Cowan, entrevista pessoal, 27 de agosto de 2021.

**114** **"as simulações matemáticas sugerem"**: Nelson Cowan, "The Magical Mystery Four: How Is Working Memory Capacity Limited, and Why?", *Current Directions in Psychological Science* 19, nº 1 (2010): 51–57.

**114** **enxergar um padrão**: "How to Use the Rule of Three in Writing", Masterclass, 20 de agosto de 2021, acessado em 10 de agosto de 2022, https://www.masterclass.com/articles/how-to-use-the-rule-of-three-in-writing.

**114** **Em seu livro sobre discursos**: Max Atkinson, *Our Masters' Voices: The Language and Body Language of Politics* (Londres: Routledge, 1984), 47.

**115** **"segregação sempre"**: "'Segregation Forever': A Fiery Pledge Forgiven, But Not Forgotten", NPR, 10 de janeiro de 2013, acessado em 2 de maio de 2022, https:// www.npr.org/2013/01/14/169080969/segregation-forever-a-fiery-pledge-forgiven-but-not-forgotten.

**116** **"Se perguntarem quais foram as três coisas mais importantes"**: Peter Bull, "Claps and Claptrap: The Analysis of Speaker-Audience Interaction in Political Speeches", *Journal of Social and Political Psychology* 4, nº 1 (2016): 473–92.

**116** **“um começo, um meio e um fim”**: Nelson Cowan, entrevista pessoal.

**117** **“uma [história] inteira é”**: Aristóteles, *Poetics*, trad. S. H. Butcher, seção. 1, pt. 7 (Internet Classics Archive), acessado em 2 de maio de 2022, http://classics.mit.edu/Aristotle/poetics.1.1.html.

**117** **“completude, integridade, totalidade”**: Roy Peter Clark, *Writing Tools: 50 Essential Strategies for Every Writer* (Nova York: Little, Brown, 2006), 102.

**117** **os especialistas dizem**: Gini Beqiri, “How to Use the ‘Rule of Three’ to Create Engaging Speeches”, VirtualSpeech, 17 de maio de 2021, https://virtualspeech.com/blog/rule-of-three-speech.

**118** **Andrew Dlugan, o fundador e editor**: Andrew Dlugan, “Why Successful Speech Outlines Follow the Rule of Three”, Six Minutes, 3 de junho de 2009, acessado em 2 de maio de 2022, http://sixminutes.dlugan.com/speech-outline-rule-of-three/.

## Capítulo 8: Golpes de Judô

**119** **o tiravam**: “Kanō Jigorō”, Wikipédia, modificado pela última vez em 8 de setembro de 2022, https://en.wikipedia.org/wiki/Kanō_Jigorō.

**119** **12 tatames**: Brian N. Watson, *The Father of Judo: A Biography of Jigoro Kano* (Nova York: Kodansha America, 2000), 21–26, 39.

**120** **do verbo kuzusu**: “Kuzushi”, Wikipedia, modificado pela última vez em 17 de junho de 2021, https:// en.wikipedia.org/wiki/Kuzushi.

**120** **“A filosofia do judô”**: THNKR, “The Art of Debate: Never Lose an Argument Again”, vídeo do YouTube, 5:09, 18 de outubro de 2012, https://www.youtube.com/watch?v=LesGw274Kjo&t=185s.

**121** **“máxima eficiência e mínimo esforço”**: Rosemary Feitelberg, “UFC Champion Ronda Rousey Breaks Out”, *Women's Wear Daily*, 30 de outubro de 2014, acessado em 2 de maio de 2022, https://wwd.com/eye/people/rousey-breaks-out-of-the-octagon-8014665/?navSection=issues.

**121** **conceder uma ou mais**: Jay Heinrichs, *Thank You for Arguing: What Aristotle, Lincoln, and Homer Simpson Can Teach Us about the Art of Persuasion* (Nova York: Broadway Books, 2020), 20–21.

**121** **“gostaria de me contrapor a ele”**: THNKR, “The Art of Debate”.

**122 "honestos e escrupulosos"**: Sam Leith, *Words Like Loaded Pistols: Rhetoric from Aristotle to Obama* (Nova York: Basic Books, 2016), 68.

**122 "para apresentar um mais forte"**: *Collins English Dictionary*, s.v. "synchoresis", acessado em 2 de maio de 2022, https://www.collinsdictionary.com/us/dictionary/english/synchoresis.

**122 "força e firmeza"**: "Synchoresis", Ifioque, acessado em 10 de agosto de 2022, https://ifioque.com/figures-of-speech/trope/synchoresis.

**123 "o que é um absurdo"**: Intelligence Squared, "Debate: Anti-Zionism Is Anti-Semitism", vídeo do YouTube, 1:20:07, 26 de julho de 2019, https://www.youtube.com/watch?v=K1VTt_THL4A&ab_channel=IntelligenceSquared.

**124 "antecipação"**: "Procatalepsis", acessado em 8 de setembro de 2022, https://ifioque.com/figures-of-speech/trope/procatalepsis.

**124 "deixar o orador na defensiva"**: George A. Kennedy, *New Testament Interpretation through Rhetorical Criticism* (Chapel Hill: University of North Carolina Press, 1984), 43.

**125 "distrair pela oposição"**: Intelligence Squared, "Debate: The West Should Cut Ties with Saudi Arabia", vídeo do YouTube, 1:28:16, 12 de março de 2019, https://www.youtube.com/watch?v=qi0TOowgW3M.

**125 "filtro"**: David Hoffeld, "This Is the Scientific Way to Win Any Argument (And Not Make Enemies)", *Fast Company*, 19 de janeiro de 2018, https://www.fastcompany.com/40517659/this-is-the-scientific-way-to-win-any-argument-and-not-make-enemies.

**125 tudo depende**: Jay Heinrichs, *Thank You for Arguing*, 119–22.

**124 "redefini-la"**: Jay Heinrichs, *Thank You for Arguing*, 125; Hoffeld, "This Is The Scientific Way To Win Any Argument (And Not Make Enemies)".

**126 "é para isso que queremos seu voto"**: Intelligence Squared, "Debate: The West Should Cut Ties with Saudi Arabia".

**127 "estabelecimento religioso"**: Al Jazeera English, "What Is the Human Cost to China's Economic Miracle? | Head to Head", vídeo do YouTube, 49:12, 15 de março de 2019, https://www.youtube.com/watch?v=yZs4PqKlph0.

128 **"E hoje ele postou um tuíte"**: "Trump on Coronavirus: 'We Closed It Down, We Stopped It'; Mulvaney Out as Trump's Acting Chief of Staff; Former Senator Al Franken to 2020 Democrats: Focus on Trump. Aired 9–10p ET", CNN, 6 de março de 2020, acessado em 2 de maio de 2022, http://edition.cnn.com/TRANSCRIPTS/2003/06/CPT.01.html.

129 **"Resistir a um oponente mais poderoso"**: Jigoro Kano, *Mind over Muscle: Writings from the Founder of Judo*, trad. Nancy H. Ross (Kodansha International, 2005), 39–40.

## Capítulo 9: A Arte das Tiradas

131 **"de 41 anos de Indiana"**: Jack Nelson e Richard E. Meyer, "Bush Selects Quayle as His Running Mate: Calls Indiana Senator, 41, Future Leader", *Los Angeles Times*, 17 de agosto de 1988, https://www.latimes.com/archives/la-xpm-1988-08-17-mn-446-story.html.

131 **"com uma escassa reputação nacional"**: R. W. Apple Jr., "Bush Chooses Senator Quayle of Indiana, a 41-Year-Old Conservative, for No. 2 Spot", *New York Times*, 17 de agosto de 1988, https://archive.nytimes.com/www.nytimes.com/library/politics/camp/880817convention-gop-ra.html.

131 **quatorze anos**: "Senator, You're No Jack Kennedy", Wikipédia, modificado pela última vez em 21 de setembro de 2022, https://en.wikipedia.org/wiki/Senator,_you're_no_Jack_Kennedy.

132 **"não respondeu bem à iluminação"**: Noah Bierman, "'Senator, You're No Jack Kennedy' Almost Didn't Happen. How It Became the Biggest VP Debate Moment in History", *Los Angeles Times*, 4 de outubro de 2016, https://www.latimes.com/politics/la-na-pol-debate-quayle-bentsen-20161004-snap-story.html.

132 **"o senhor não é nenhum Jack Kennedy"**: "October 5, 1988, Debate Transcript", Commission on Presidential Debates, acessado em 2 de maio de 2022, https://www.debates.org/voter-education/debate-transcripts/october-5-1988-debate-transcripts/.

133 **"engolir os dentes"**: Mary McGrory, "Bentsen Bags a Quayle", *Washington Post*, 9 de outubro de 1988, https://www.washingtonpost.com/archive/opinions/1988/10/09/bentsen-bags-a-quayle/d6292884-d3a9-42cf-8b0c-719fe5568666/.

**133 "o maior momento dos debates de vice-presidentes"**: Bierman, "'Senator, You're No Jack Kennedy'".

**133 parodiada e repetida**: Wikipédia, "Senator, You're No Jack Kennedy".

**133 "boa"**: Dan Quayle, entrevista com Jim Lehrer, *Debating Our Destiny*, PBS, 2 de dezembro de 1999, https://www.pbs.org/newshour/spc/debatingourdestiny/interviews/quayle.html.

**133 ouvinte desprevenido**: Chuck McCutcheon, "Speaking Politics Term of the Week: Zinger", *Christian Science Monitor*, September 16, 2016, https://www.csmonitor.com/USA/Politics/Politics-Voices/2016/0926/Speaking-Politics-term-of-the-week-zinger.

**134 "insulto, gracejo, troça"**: Pauline Bickford-Duane, *The Little Book of Zingers: History's Finest One-Liners, Comebacks, Jests, and Mic-Droppers* (Kennebunkport, ME: Whalen Book Works, 2020), 4.

**134 "vem da palavra latina retortus"**: Mardy Grothe, *Viva la Repartee: Clever Comebacks & Witty Retorts from History's Great Wits & Wordsmiths* (Nova York: HarperCollins, 2005), 2.

**134 "superioridade sobre um rival"**: Chris Lamb, "Introduction", em *The Art of the Political Putdown: The Greatest Comebacks, Ripostes, and Retorts in History*, ed. Chris Lamb e Will Moredock (São Francisco: Chronicle Books, 2020), 10.

**134 "frase de efeito"**: George W. Bush, entrevista com Jim Lehrer, "'Debating Our Destiny' Takes Unique Look at Debates", PBS, 8 de setembro de 2008, https://www.pbs.org/newshour/show/debating-our--destiny-takes-unique-look-at-debates.

**134 "antigas quanto a humanidade"**: Bickford-Duane, *Little Book of Zingers*, 4.

**135 segundo uma autora**: Leah Goldrick, "Was This Philosopher History's Most Successful Troll?", Brain Fodder, acessado em 10 de setembro de 2022, https://brainfodder.org/diogenese-of-sinope/.

**135 Em certa ocasião**: Bickford-Duane, *Little Book of Zingers*, 11; Robert E. Buxbaum, "Diogenes the Cynic", Blog *REB Research*, acessado em 2 de maio de 2022, http://www.rebresearch.com/blog/diogenes-the-cynic/.137; Joshua J. Mark, "The Life of Diogenes of Sinope in Diogenes Laertius", World History Encylopedia, 6 de agosto de 2014, https://www.worldhistory.org/article/740/the-life-of-diogenes-of-sinope-in-diogenes-laertiu/.

**136** **"um arranjo de palavras que dá um arrepio na espinha"**: Bickford--Duane, *Little Book of Zingers*, 4.

**136** **"o timing de um comediante"**: Lamb, *Art of the Political Putdown*, 10.

**136** **"se comparar com Kennedy"**: Bierman, "'Senator, You're No Jack Kennedy'".

**137** **"preparadas com dias de antecedência"**: Lamb, *Art of the Political Putdown*, 10.

**137** **"o exemplo das abelhas"**: "Seneca on Gathering Ideas and Combinatorial Creativity", blog *Farnam Street*, acessado em 8 de setembro de 2022, https://fs.blog/seneca-on-combinatorial-creativity/.

**137** **"Em nome de Deus, vão"**: Martyn Bennett, "'In the Name of God, Go': The History of a Speech That Has Brought Down Parliament and a Prime Minister", The Conversation, 20 de janeiro de 2022, acessado em 2 de maio de 2022, https://theconversation.com/in-the-name--of-god-go-the-history-of-a-speech-that-has-brought-down-parliament-and-a-prime-minister-175368; "Norway Debate", Wikipédia, modificado pela última vez em 2 de agosto de 2022, https://en.wikipedia.org/wiki/Norway_Debate.

**140** **"rápido e direto"**: Kendall Payne e Hannah Madden, "How to Create One Liners", wikiHow, 8 de fevereiro de 2022, acessado em 10 de agosto de 2022, https://www.wikihow.com/Create-One-Liners.

**140** **"amigo ou inimigo"**: Bickford-Duane, *Little Book of Zingers*, 12.

**141** **"meu nome é Mehdi, não Ahmed"**: smtm: Entertainment, "Question Time in Lincoln—15/01/2014", vídeo do YouTube, 59:01, 22 de janeiro de 2015, https:// www.youtube.com/watch?v=5BP8_UyQWc4.

**143** **"o discurso memorizado de 25 segundos"**: CBSN, "Chris Christie Takes Down Marco Rubio", vídeo do YouTube, 3:15, 7 de fevereiro de 2016, acessado em 11 de maio de 2022, https://www.youtube.com/watch?v=CkdpzRDxTXU.

**143** **"A maioria dessas falas industrializadas"**: Katie Glueck, "How to Prepare a Debate Zinger That Doesn't Sound Prepared", *New York Times*, 15 de outubro de 2019, https://www.nytimes.com/2019/10/15/us/politics/democratic-debate-highlights.html.

**144** **foi Quayle**: Bierman, "'Senator, You're No Jack Kennedy' Almost Didn't Happen".

## Capítulo 10: Preparando Armadilhas

**146 "um artifício para os incautos"**: *Merriam-Webster*, s.v. "booby trap", acessado em 11 de maio de 2022, https://www.merriam-webster.com/dictionary/booby%20trap.

**146 "burro, idiota, ingênuo"**: "Booby trap", Wikipédia, modificado pela última vez em 26 de junho de 2022, https://en.wikipedia.org/wiki/Booby_trap#Etymology.

**147 "O senhor continua falando"**: Al Jazeera English, "Who Is to Blame for the Rise of ISIL? | Head to Head", vídeo do YouTube, 47:31, 13 de agosto de 2015, https://www.youtube.com/watch?v=-EghwCDNyiY.

**148 "Permita-me destacar um ponto rápido"**: Intelligence Squared, "Debate: The West Should Cut Ties with Saudi Arabia", vídeo do YouTube, 1:28:16, 12 de março de 2019, https://www.youtube.com/watch?v=qi0TOowgW3M.

**150 "O senhor faz repetidamente referência no livro"**: Al Jazeera English, "Immigration: How Much Is Too Much? | Head to Head", vídeo do YouTube, 47:28, 7 de agosto de 2015, https://www.youtube.com/watch?v=dA1-JtBACeg.

**154 "Deixe-me fazer uma pergunta"**: Ayush Tiwari, "Christopher Hitchens to Charlton Heston: 'Keep Your Hairpiece On' (1991)", vídeo do YouTube, 3:06, 7 de maio de 2015, https://www.youtube.com/watch?v=nZUMGid0IvI&t=26s.

**156 "a pergunta errada"**: Al Jazeera English, "Is Democracy Wrong for China? | Head to Head", vídeo do YouTube, 47:30, 19 de dezembro de 2014, https://www.youtube.com/watch?v=F821Fe2_wBk.

## Capítulo 11: Cuidado com o Gish Gallop

**160 "Sr. presidente, 2 minutos"**: Fox Business, "First Trump-Biden Presidential Debate Moderated by Fox News' Chris Wallace | FULL", vídeo do YouTube, 1:36:53, 29 de setembro de 2020, https://www.youtube.com/watch?v=2TTtlFpM5Ss.

**162** **"falar tanta baboseira"**: *Urban Dictionary*, s.v. "Gish Gallop", acessado em 11 de maio de 2022, https://www.urbandictionary.com/define.php?term=Gish%20Gallop.

**162** **"peso-pesado do Gish Gallop"**: William Rivers Pitt, "Trump and the Gish Gallop: A Million Lies and One Truth", Truthout, 30 de janeiro de 2017, acessado em 11 de maio de 2022, https://truthout.org/articles/trump-and-the-gish-gallop-a-million-lies-and-one-truth/.

**163** **"inundar a área com merda"**: Sean Illing, "'Flood the Zone with Shit'": How Misinformation Overwhelmed Our Democracy", Vox.com, 6 de fevereiro de 2020, https://www.vox.com/policy-and-politics/2020/1/16/20991816/impeachment-trial-trump-bannon-misinformation.

**163** **"afirmação é falsa"**: Carl Alviani, "There's a Name for Trump's Technique to Overwhelm the Public with a Stream of Tiny Lies", *Quartz*, 8 de fevereiro de 2017, https://qz.com/905252/donald-trumps-lies-are-all-part-of-a-debate-tactic-called-the-gish-gallop/.

**163** **prova por verbosidade**: "Gish Gallop", RationalWiki, modificado pela última vez em 1º de julho de 2022, https://rationalwiki.org/wiki/Gish_Gallop.

**163** **"ilusão de autoridade"**: "Gish Gallop", RationalWiki.

**164** **"repleta de informações irrelevantes"**: Melissa Ludwig, "Texas Judge Tosses Creationists' Plan for Science Degrees", *San Antonio Express-News*, 19 de agosto de 2011, acessado em 11 de maio de 2022, https://www.chron.com/news/houston-texas/article/Texas-judge-tosses-creationists-plan-for-science-1601606.php.

**164** **"o público gostava dele"**: "Remembering Dr. Duane T. Gish, Creation's 'Bulldog'", Institute for Creation Research, 6 março de 2013, acessado em 11 de maio de 2022, https://www.icr.org/article/remembering-dr-duane-t-gish-creations/.

**164** **"extraordinário carisma"**: Richard Trott, "Debating the ICR's Duane Gish", Talk.origins, 7 de julho de 1994, acessado em 11 de maio de 2022, http://www.talkorigins.org/faqs/debating/gish.html.

**164** **"Gish insistia"**: John Grant, *Debunk It! Fake News Edition: How to Stay Sane in a World of Misinformation* (Mineápolis: Zest Books, 2019), 55.

**165** **mais de trezentos debates**: "Remembering Dr. Duane T. Gish, Creation's 'Bulldog'".

**165** **"falando bobagens a cada parágrafo"**: Eugenie Scott, "Debates and the Globetrotters", Talk.origins, 7 de julho de 1994, acessado em 11 de maio de 2022, http://www.talkorigins.org/faqs/debating/globetrotters.html.

**165** **"corrigiram Gish publicamente"**: Joyce Arthur, "Creationism: Bad Science or Immoral Pseudoscience?", *Skeptic*, 1996, acessado em 11 de maio de 2022, https://www.fullmoon.nu/sources.bak/CHAPTER%2010/PART%202/gish%20exposed.html.

**166** **"spreading"**: Daniel Kruger, "How to Win a High-School Debate: Talk Like a Cattle Auctioneer", *Wall Street Journal*, 7 de fevereiro de 2018, https:// www.wsj.com/articles/ifyoucanunderstandthisyoumightbeahighschooldebater-1518021742.

**167** **"mangueira de bombeiro que jorrasse mentiras"**: "'A Fire Hose of Lying': Dale Fact-Checks Trump Town Hall", *Don Lemon Tonight*, CNN, 16 de setembro de 2020, https://www.cnn.com/videos/politics/2020/09/16/daniel-dale-fact-check-trump-abc-town-hall-ctn-sot-bts-vpx.cnn.

**167** **"nos faz ter medo do islamismo"**: Oxford Union, "Anne-Marie Waters | Islam Is Not a Peaceful Religion | Oxford Union", vídeo do YouTube, 8:17, 3 de julho de 2013, https://www.youtube.com/watch?v=VQjZHFnmADQ.

**169** **"refutar a posição geral"**: "Gish Gallop: When People Try to Win Debates by Using Overwhelming Nonsense", Effectiviology, acessado em 11 de maio de 2022, https://effectiviology.com/gish-gallop/.

**169** **"tem a ver com desorientação"**: Brian Stelter, "This Infamous Steve Bannon Quote Is Key to Understanding America's Crazy Politics", CNN, 16 de novembro de 2021, https://www.cnn.com/2021/11/16/media/steve-bannon-reliable-sources/index.html.

**170** **"Insista"**: Resposta de JK Ames a "How do you respond to a Gish Gallop? Can one defend, attack or escape?", Quora, 6 de junho de 2022, https://www.quora.com/How-do-you-respond-to-a-Gish-Gallop-Can-one-defend-attack-or-escape.

**170** **"O número que estou vendo"**: "Interview: Jonathan Swan of Axios Interviews Donald Trump—August 3, 2020", Factba.se, acessado em 11 de maio de 2022, https://factba.se/transcript/donald-trump-interview-axios-jonathan-swan-hbo-august-3-2020.

**174** **"entrevista mais difícil"**: Jonathan Swan, entrevista pessoal, 17 de fevereiro de 2022.

**174** **"expor"**: "Gish Gallop", Effectiviology.

**175** **"pistolinha de água da verdade"**: Christopher Paul e Miriam Matthews, "The Russian 'Firehose of Falsehood' Propaganda Model", RAND Perspectives, 2016, acessado em 11 de maio de 2022, https://www.rand.org/pubs/perspectives/PE198.html.

**176** **fez 30.573 falsas afirmações**: Glenn Kessler, Salvador Rizzo e Meg Kelly, "Trump's False or Misleading Claims Total 30,573 over 4 Years", *Washington Post*, 24 de janeiro de 2021, acessado em 11 de maio de 2022, https://www.washingtonpost.com/politics/2021/01/24/trumps-false-or-misleading-claims-total-30573-over-four-years/.

**176** **"[Trump] disse, durante a campanha"**: Mehdi Hasan, post do Twitter, 14 de novembro de 2018, 8:58 AM, https://twitter.com/mehdirhasan/status/1062706401804455937.

## Capítulo 12: Confiança É Tudo

**181** **"se sentir traídos"**: 2yyiam, "Mehdi Hasan—Question Time Part 1 of 6", vídeo do YouTube, 9:59, 18 de maio de 2010, https://www.youtube.com/watch?v=htCdyajC-Os&t=127s.

**182** **"pico de assinaturas"**: Jon Allsop, "The Debater: Mehdi Hasan's Challenging Transatlantic Rise", *Columbia Journalism Review*, 2021, acessado em 11 de maio de 2022, https://www.cjr.org/special_report/mehdi_hasan_america.php.

**183** **autor Carmine Gallo**: Carmine Gallo, *Talk Like TED: The 9 Public Speaking Secrets of the World's Top Minds* (Nova York: St. Martin's Press, 2014), 91.

**183** **"acreditar em si mesmo"**: "Confidence", *Psychology Today*, acessado em 11 de maio de 2022, https://www.psychologytoday.com/us/basics/confidence.

183 **A Wikipédia observa**: "Confidence", modificado pela última vez em 8 de julho de 2022, https://en.wikipedia.org/wiki/Confidence.

183 **"a confiança gera confiança"**: Richard Branson, "Confidence Breeds Confidence and Negativity Breeds Negativity", post do Facebook, 28 de janeiro de 2015, https://m.facebook.com/RichardBranson/photos/a.10150152138395872/10152576593725872/?type=3&p=30.

183 **"quanto a competência"**: Katty Kay e Claire Shipman, "The Confidence Gap", *Atlantic*, maio de 2014, https://www.theatlantic.com/magazine/archive/2014/05/the-confidence-gap/359815/.

183 **"desconsiderar um histórico ruim"**: Peter Aldhous, "Humans Prefer Cockiness to Expertise", *New Scientist*, 3 de junho de 2009, https://www.newscientist.com/article/g20227115-500-humans-prefer-cockiness-to-expertise/?ignored=irrelavant.

184 **"Encontre um lugar silencioso"**: "Use Creative Visualization to Succeed During a Speech", Presentation Training Institute, 24 de julho de 2018, acessado em 10 de agosto de 2022, https://www.presentationtraininginstitute.com/use-creative-visualization-to-succeed-during-a-speech/.

185 **"enganar" nossa mente**: "How Visualizing Something into Existence Works", Gravity Learning, acessado em 9 de setembro de 2022, https://gravitylearning.com/how-visualizing-something-into-existence-works/; "18 Tips for Being Confident from Within", Tony Robbins, acessado em 9 de setembro de 2022, https:// www.tonyrobbins.com/building-confidence/how-to-be-confident/.

185 **"erguendo a mão direita"**: Srinivasan Pillay, "The Science of Visualization: Maximizing Your Brain's Potential during the Recession", HuffPost, 3 de abril de 2009, acessado em 11 de maio de 2022, https://www.huffpost.com/entry/the-science-of-visualizat_b_171340.

186 **melhor do que aqueles que não fizeram isso**: Sheryl Ubelacker, "Surgeons Study Benefits of Visualizing Procedures", *Globe and Mail*, 28 de janeiro de 2015, https://www.theglobeandmail.com/life/health-and-fitness/health/surgeons-study-benefits-of-visualizing-procedures/article22681531/.

**186** **"as visualizações sob hipnose"**: Donald R. Liggett e Sadao Hamada, "Enhancing the Visualization of Gymnasts", *American Journal of Clinical Hypnosis* 35, nº 3 (1993): 190–97.

**186** **"necessárias para vencer a prova"**: Michael Phelps com Brian Cazeneuve, *Beneath the Surface: My Story* (Champaign, IL: Sports Publishing, 2016), 3.

**186** **"Ele sabe exatamente o que acontecerá"**: Mastery Blueprint, "Scientific Benefits of Visualization for Athletes", vídeo do YouTube, 5:49, 4 de fevereiro de 2019, https://www.youtube.com/watch?v=VHISQ6xIGZE.

**187** **"Ganhamos mais força"**: Eleanor Roosevelt, *You Learn by Living* (Louisville, KY: Westminster John Knox Press, 1983), 29.

**187** **"arriscar-se"**: John Baldoni, "Want to Build Your Confidence? Take a Risk!", *Forbes*, 27 de abril de 2018, https://www.forbes.com/sites/johnbaldoni/2018/04/27/want-to-build-your-confidence-take-a-risk.

**187** **"A confiança cresce com a familiaridade"**: Megan Bruneau, "'Confidence Starts Within' and 3 Other Myths That Are Making You More Insecure", *Forbes*, 23 de outubro de 2016, https://www.forbes.com/sites/meganbruneau/2016/10/23/confidence-comes-from-within--and=3--other-myths-that-are-making-you-more-insecure/?sh-547c120923db.

**187** **"Aproveite cada oportunidade"**: Simon Trevarthen, "Speak Like a Master: 7 Ways to Be an Extraordinary Speaker", *Vunela*, 11 de abril de 2017, https://magazine.vunela.com/all-great-leaders-are-inspiring-speakers-5f3168dec2c2.

**188** **"níveis altos de estresse"**: Sian Beilock, *Choke: What the Secrets of the Brain Reveal about Getting It Right When You Have To* (Nova York: Free Press, 2011), 34.

**188** **zonas de conforto**: John Baldoni, "Want To Build Your Confidence? Take A Risk!"

**189** **"tipo de círculo virtuoso"**: Erin Delmore, "6 Ways to Help Our Daughters Live 'The Confidence Code'", MSNBC, 23 de fevereiro de 2021, https://www.msnbc.com/know-your-value/6-ways-help-our-daughters-live-confidence-code-n1258685.

**189** **"Arriscar-nos mais"**: Barbara Markway, "Why Self-Confidence Is More Important Than You Think", *Psychology Today*, 20 de setembro de 2018, https://www.psychologytoday.com/us/blog/shyness-is-nice/201809/why-self-confidence-is-more-important-you-think.

**189** **"Bam, essa é boa"**: BBC Radio 1, "Zane Lowe Meets Kanye West 2015—Contains Strong Language", vídeo do YouTube, 43:15, 26 de fevereiro de 2015, https://www.youtube.com/watch?v=4Rn0hDB6Z8k.

**190** **"torcendo por você"**: Lybi Ma, "Fighting Stage Fright", *Psychology Today*, 6 de dezembro de 2005, https://www.psychologytoday.com/us/articles/200512/fighting-stage-fright.

**191** **"a voz na mente"**: Stephanie Catahan, "13 Ways to Actually Build Confidence in Yourself, from Experts", Mindbodygreen, 3 de novembro de 2021, acessado em 11 de maio de 2022, https://www.mindbodygreen.com/articles/how-to-build-confidence/.

**192** **"Não finja"**: Amy Cuddy, "Your Body Language May Shape Who You Are", gravado em 2012, vídeo do TED, 20:46, https://www.ted.com/talks/amy_cuddy_your_body_language_may_shape_who_you_are.

**192** **"desperdício de lágrimas"**: *E! News*, "Rihanna's Tips for Confidence #shorts", vídeo do YouTube, 17 segundos, 27 de agosto de 2021, https://www.youtube.com/watch?v=d3kp3eMcBco.

**192** **"já a tivesse"**: Norman Vincent Peale, *Enthusiasm Makes the Difference* (Nova York: Fireside, 2003), 13.

**192** **"nos tornar mais confiantes"**: Peter Mabbutt e Mike Bryant, *Hypnotherapy For Dummies* (Alemanha: Wiley, 2011).

**193** **regra ou conceito de 7-38-55**: "How to Use the 7-38-55 Rule to Negotiate Effectively", Masterclass, 8 novembro de 2020, acessado em 20 de setembro de 2022, https://www.masterclass.com/articles/how-to-use-the-7-38-55-rule-to-negotiate-effectively.

**193** **menciona algumas pesquisas**: Carmine Gallo, "How to Look and Sound Confident During a Presentation", *Harvard Business Review*, 23 de outubro de 2019, https://hbr.org/2019/10/how-to-look-and-sound-confident-during-a-presentation.

**193** **inspirada na entrevista**: Katherine Noel, "8 Body Language Tricks to Instantly Appear More Confident", *Insider*, 31 de março de 2016, acessado em 10 de agosto de 2022, https://www.businessinsider.com/body-language-tricks-appear-more-confident-2016-3.

**194 Carmine Gallo**: Carmine Gallo, *Talk Like TED: The 9 Public-Speaking Secrets of the World's Top Minds* (Nova York: St. Martin's Press, 2014).

**194 "Nossa comunicação não verbal"**: Cuddy, "Your Body Language May Shape Who You Are".

**194 Os estudos complementares**: Kim Elsesser, "Power Posing Is Back: Amy Cuddy Successfully Refutes Criticism", *Forbes*, 3 de abril de 2018, https://www.forbes.com/sites/kimelsesser/2018/04/03/power-posin-g-is-back-amy-cuddy-successfully-refutes-criticism/?sh=6b1621b-d3b8e.

**195 "A voz humana"**: Julian Treasure, "How to Speak So That People Want to Listen", gravado em 2013, vídeo do TED, 9:45, https://www.ted.com/talks/julian_treasure_how_to_speak_so_that_people_want_to_listen.

**196 "ouvi-lo bem"**: Justin Aquino, "How to Project Your Voice: 8 Strategies to Get Louder", Cool Communicator, acessado em 11 de maio de 2022, https://coolcommunicator.com/how-to-project-your-voice/.

**196 Diversos estudos**: Gallo, "How to Look and Sound Confident During a Presentation".

**196 "em busca de informações"**: Sarah Jessen e Tobias Grossmann, "Unconscious Discrimination of Social Cues from Eye Whites in Infants", *Proceedings of the National Academy of Sciences* 111, nº 45 (2014): 16208–13.

**196 "estabelece o domínio"**: Ruth Umoh, "How Making Eye Contact Can Help You Appear More Confident at Work", CNBC, 17 de agosto de 2017, https://www.cnbc.com/2017/08/17/how-makin-g-eye-contact-can-help-you-appear-more-confident-at-work.html.

**197 60% a 70% do tempo**: Sue Shellenbarger, "Just Look Me in the Eye Already", *Wall Street Journal*, 28 de maio de 2013, https://www.wsj.com/articles/SB100014241278873248098045785112908222 28174.

**197 "interesse e confiança"**: Jodi Schulz, "Eye Contact: Don't Make These Mistakes", Michigan State University Extension, 31 de dezembro de 2012, acessado em 11 de maio de 2022, https://www.canr.msu.edu/news/eye_contact_dont_make_these_mistakes.

**197 "Pessoalmente, sempre me sinto nervoso"**: Sam Leith, *Words Like Loaded Pistols: Rhetoric from Aristotle to Obama* (Nova York: Basic Books, 2016), 109–10.

**198 com qualquer outro músculo**: Anna Leach, "Not Feeling Confident? Here Are Six Ways to Fake It", *Guardian*, 18 de maio de 2016, https://www.theguardian.com/education/2016/may/18/not-feeling-confident-here-are-six-ways-to-fake-it.

**198 "Precisamos fazer por onde merecê-la"**: Mindy Kaling, *Why Not Me?* (Nova York: Three Rivers Press, 2016), 220.

## Capítulo 13: Mantenha a Calma e Siga em Frente

**199 "as condições para muçulmanos na Europa"**: Douglas Murray, "What Are We to Do About Islam? A Speech to the Pim Fortuyn Memorial Conference on Europe and Islam", transcrição do discurso feito em Haia em fevereiro de 2006, acessado em 1º de julho de 2022, https://web.archive.org/web/20080201133647/http://www.socialaffairsunit.org.uk/blog/archives/000809.php.

**199 "menos islamismo"**: Douglas Murray, "Never Mind Singing John Lennon Songs... If We Want Peace Then We Need One Thing—Less Islam", *The Sun*, 4 de junho de 2017, https://www.thesun.co.uk/news/3722649/never-mind-singing-john-lennon-songs-if-we-want-peace-then-we-need-one-thing-less-islam/.

**199 "Londres se tornou um país estrangeiro"**: Douglas Murray, "Census That Revealed a Troubling Future", Standpoint, março de 2013, acessado em 1º de julho de 2022, https://web.archive.org/web/20190703105135/https://standpointmag.co.uk/issues/march-2013/features-march-13-census-that-revealed-a-troubling-future-douglas-murray-immigration-multiculturalism-race-ethnicity/.

**200 do evento no YouTube**: The Orwell Foundation, "Oxford University Part 2—What Can't You Speak about in the 21st Century?", vídeo do YouTube, 9:21, 25 de fevereiro de 2010, https://www.youtube.com/watch?v=vD-jB8f4SNQ.

**201 fatos e dados reais**: The Orwell Foundation, "Oxford University Part 3—What Can't You Speak about in the 21st Century?", vídeo do

YouTube, 7:30, 25 de fevereiro de 2010, https://www.youtube.com/watch?v=33KM-dUSOIU.

**202 "manchas de sangue"**: Kamal Ahmed, "War of the Words", *Observer*, 29 de junho de 2003, https://www.theguardian.com/media/2003/jun/29/iraqandthemedia.politicsandiraq.

**202 "Quando o fôlego vaga"**: Anna V. Shapiro, *Parents and Children: Relationships Born from Love; Inspired by the Wisdom of Yoga* (Lulu Publishing Services, 2017), 157.

**202 "locus coeruleus"**: Kevin Yackle et al., "Breathing Control Center Neurons That Promote Arousal in Mice", *Science* 355, nº 6332 (2017): 1411–15.

**203 "conexão com o resto do cérebro"**: Alice Park, "This Is the Fastest Way to Calm Down", *Time*, 30 de março de 2017, https://time.com/4718723/deep-breathing-meditation-calm-anxiety/.

**203 "para o corpo todo"**: Jonathan S. Abramowitz, *The Stress Less Workbook* (Nova York: The Guilford Press, 2012), 177.

**204 "para-choque da vida"**: Peggy Noonan, *What I Saw at the Revolution: A Political Life in the Reagan Era* (Nova York: Random House, 2010), 179.

**204 Foi comprovado que a risada**: Katey Davidson, "Why Do We Need Endorphins?", Healthline.com, 30 de novembro de 2021, acessado em 10 de agosto de 2022, https://www.healthline.com/health/endorphins.

**204 "nenhuma gravação"**: Nancy A. Yovetich, Alexander A. Dale e Mary A. Hudak, "Benefits of Humor in Reduction of Threat-Induced Anxiety", *Psychological Reports* 66, nº 1 (1990): 51–58.

**205 Como dito pelo famoso psicólogo**: Rod A. Martin e Thomas E. Ford, *The Psychology of Humor: An Integrative Approach* (San Diego: Academic Press, 2018), 299.

**205 "situações assustadoras com as quais precisamos lidar"**: Andie Kramer, "Using Humor to Manage Stress and Stay Positive", *Forbes*, 15 de maio de 2020, https://www.forbes.com/sites/andiekramer/2020/05/15/using-humor-to-manage-stress-and-stay-positive/.

**205 "Senhores, por que não estão rindo"**: Merrill D. Peterson, *Lincoln in American Memory* (Nova York: Oxford University Press, 1995), 97.

206 **"a cicatriz em sua testa"**: J. K. Rowling, *Harry Potter and the Order of the Phoenix* (Nova York: Scholastic Press, 2003), 178.

207 **"praticamente não exige nenhum esforço"**: Jason S. Moser et al., "Third-Person Self-Talk Facilitates Emotion Regulation without Engaging Cognitive Control: Converging Evidence from ERP and fMRI", *Scientific Reports* 7 (2017): 4519.

207 **"controlar o que acontece por dentro"**: Linda Esposito, "22 Calming Quotes for People with Anxiety", *Psychology Today*, 17 de setembro de 2014, https://www.psychologytoday.com/us/blog/anxiety--zen/201409/22-calming-quotes-people-anxiety.

208 **a qual ele negou**: Al Jazeera English, "UpFront—Klitschko on Ukraine, Russia and a New Cold War Threat", vídeo do YouTube, 11:37, 27 de fevereiro de 2016, https://www.youtube.com/watch?v=ezW2D9ZE-ug.

209 **"pegar outra torrada"**: humor101channel, "Mustard Spreading the Birdcage", vídeo do YouTube, 1:59, 9 de junho de 2011, https://www.youtube.com/watch?v=p85FTLv5_-M

## Capítulo 14: A Prática Leva à Perfeição

211 **Repetir, repetir, repetir**: Carmine Gallo, "The Best TED Speakers Practice This 1 Habit Before Taking the Stage", *Inc.*, 7 de março de 2017, https://www.inc.com/carmine-gallo/the-best-ted-speakers--practice-this-1-habit-before-taking-the-stage.html.

211 **durante a Segunda Guerra Mundial**: "Demosthenes", Wikipédia, modificado pela última vez em 28 de junho de 2022, https://en.wikipedia.org/wiki/Demosthenes.

211 **"uma fonte grande"**: Simon Maier e Jeremy Kourdi, *The 100: Insights and Lessons from 100 of the Greatest Speakers and Speeches Ever Delivered*, rev. ed. (Londres: Marshall Cavendish, 2011), 88.

211 **"orador perfeito"**: Carl P. E. Springer, *Cicero in Heaven: The Roman Rhetor and Luther's Reformation* (Leiden: Brill, 2018), 62.

212 **"em um fôlego só"**: Plutarch, *Parallel Lives*, trad. Bernadotte Perrin, Lacus-Curtius.

212 **pegaram em armas**: Steven John, "The Top 10 Famous Speeches That Stand the Test of Time", *The Manual*, 8 de janeiro de 2022, acessado

em 30 de agosto de 2022, https://www.themanual.com/culture/famous-speeches-from-history/.

**213 "90% de quão bom"**: Aisha Langford, "Ready, Set, Speak", Inside Higher Ed, 10 de julho de 2015, https://www.insidehighered.com/advice/2015/07/10/how-improve-your-public-speaking-skills-essay.

**214 "O Sr. Churchill e a oratória"**: Boris Johnson, *The Churchill Factor: How One Man Made History* (Nova York: Riverhead Books, 2014), 87.

**214 "provocá-lo"**: Brett McKay e Kate McKay, "The Winston Churchill Guide to Public Speaking", blog *Art of Manliness*, modificado pela última vez em 29 de outubro de 2021, https://www.artofmanliness.com/character/behavior/guide-to-public-speaking/.

**214 colocando as mãos na cabeça**: Johnson, *Churchill Factor*, 84; McKay e McKay, "The Winston Churchill Guide to Public Speaking".

**215 "bem como por sua brilhante oratória"**: "The Nobel Prize in Literature 1953", The Nobel Prize, acessado em 11 de maio de 2022, https://www.nobelprize.org/prizes/literature/1953/summary/.

**215 "a ursa cuida de seus filhotes"**: Johnson, *Churchill Factor*, 85.

**215 "antes de acordar"**: Brett McKay e Kate McKay, "The Winston Churchill Guide to Public Speaking".

**213 "declamações de texto"**: Johnson, *Churchill Factor*, 89.

**215 nem se apercebiam disso**: William Manchester, *The Last Lion: Winston Spencer Churchill, vol. 2: Alone, 1932–1940* (Nova York: Bantam Books, 2013), 104; McKay e McKay, "Winston Churchill Guide to Public Speaking".

**215 "Spanish ships I cannot see"**: Thomas Montalbo, "Seven Lessons in Speech-making from One of the Greatest Orators of All Time", *Finest Hour* 69, 17 de junho de 2016, acessado em 11 de maio de 2022, https://winstonchurchill.org/publications/finest-hour/finest-hour-069/churchill-a-study-in-oratory/.

**215 "não é um obstáculo"**: William Manchester, *The Last Lion: Winston Spencer Churchill, vol. 1: Visions of Glory, 1874–1932* (Nova York: Bantam Books, 2013), 267.

**216 "Eu não estava falando com você"**: Manchester, *Visions of Glory*, 32.

**216 "transmitir suas ideias"**: Cynthia Haven, "Stanford Archive Shows Origins of Martin Luther King's 1963 'I Have a Dream' Speech", Stanford

Report, 28 de agosto de 2011, acessado em 11 de maio de 2022, https://news.stanford.edu/news/2011/august/i-have-a-dream-082511.html.

**216** **“Sabemos muito bem que King”**: Scott Eblin, “Six Leadership Communication Lessons from Martin Luther King, Jr.”, *Government Executive*, 16 de janeiro de 2012, acessado em 11 de maio de 2022, https://www.govexec.com/management/2012/01/six-leadership-communication-lessons-from-martin-luther-king-jr/40840/.

**217** **escrevendo-o e reescrevendo-o**: Gary Younge, “Martin Luther King: The Story Behind His ‘I Have a Dream’ Speech”, *Guardian*, August 9, 2013, https://www.theguardian.com/world/2013/aug/09/martin--luther-king-dream-speech-history.

**217** **“o mesmo que ter uma Ferrari”**: Carmine Gallo, *Talk Like TED: The 9 Public-Speaking Secrets of the World’s Top Minds* (Nova York: St. Martin’s Press, 2014), 76.

**218** **parafraseando**: Marie Tjernlund, “Are Your Non-Verbals Helping or Hurting Your Presentation?”, blog *NobleEdge*, 12 de julho de 2022, https://www.nobleedgeconsulting.com/post/are-your-non-verbal-s-helping-or-hurting-your-presentation.

**218** **sem som**: Jen Glantz, “5 Activities You Can Do at Home to Help You Become a Stronger Public Speaker”, *Insider*, 18 de março de 2020, https://www.businessinsider.com/5-activities-at-home-to-become-a-stronger-public-speaker-2020-3.

**218** **“movimentos e gestos inúteis”**: Gallo, *Talk Like TED*, 102.

**219** **“juntá-las”**: Sam Leith, *Words Like Loaded Pistols: Rhetoric from Aristotle to Obama* (Nova York: Basic Books, 2016), 184.

**219** **“meu tom de voz”**: Likipedia, “Seinfeld—Tone of Voice”, vídeo do YouTube, 5:29, 26 de julho de 2017, acessado em 11 de maio de 2022, https://www.youtube.com/watch?v=T6yFDm9xT2E.

**220** **“alto ou baixo”**: Helen von Dadelszen, “Add Colour to Your Voice to Engage Your Audience”, LinkedIn, 24 de janeiro de 2022, https://www.linkedin.com/pulse/add-colour-your-voice-engage-audience-helen-von-dadelszen.

**220** **“As palavras significam mais”**: Maya Angelou, post do Twitter, 29 de abril de 2019, 10:44 PM, https://twitter.com/drmayaangelou/status/1123055575632420865.

**222 lado sombrio da Força**: Maxwell Tani, "Adam Driver Walks Out of NPR 'Fresh Air' Interview over 'Marriage Story' Clip", *Daily Beast*, 17 de dezembro de 2019, acessado em 11 de maio de 2022, https://www.thedailybeast.com/adam-driver-walks-out-of-npr-fresh-air-interview-over-marriage-story-clip.

**222 "oportunidade de brincar!"**: Helen von Dadelszen, "The Hidden Benefits of the Bedtime Story", blog Present Potential Academy, 29 de abril de 2011, acessado em 11 de maio de 2022, https://presentpotential.ch/2018/10/25/the-hidden-benefits-of-the-bedtime-story/.

**222 "espaço"**: "7 Deadly Fears of Public Speaking", blog *The Big Fish*, 9 de dezembro de 2013, https://bigfishpresentations.com/2013/12/09/7-deadly-fears-of-public-speaking/.

**225 treino e do feedback**: Carmine Gallo, *Talk Like TED: The 9 Public--Speaking Secrets of the World's Top Minds* (Nova York: St. Martin's Press, 2014), 78.

**225 "duas vezes para a equipe do TED"**: Carmine Gallo, "The Best TED Speakers Practice This 1 Habit Before Taking the Stage".

**226 "Já por três vezes agora"**: Mehdi Hasan, post do Twitter [atual X], 22 de agosto de 2019, 10:30 AM, https://twitter.com/mehdirhasan/status/1164545476747780096.

**227 "Um Resumo Perfeito"**: Katherine Krueger, "A Perfect Distillation of Trump's Anti-Semitism in Just One Minute", Splinter, 22 de agosto de 2019, acessado em 11 de maio de 2022, https://splinternews.com/a-perfect-distillation-of-trumps-anti-semitism-in--just-1837479676.

**227 "onde discursaria"**: Sam Leith, *Words Like Loaded Pistols: Rhetoric from Aristotle to Obama* (Nova York: Basic Books, 2016), 143.

## Capítulo 15: Faça o Dever de Casa

**230 "clareza, mais os fatos"**: Jonathan Dimbleby, entrevista pessoal, 28 de março de 2022.

**231 "pelo qual podemos argumentar"**: Patrick Stokes, "No, You're Not Entitled to Your Opinion", The Conversation, 4 de outubro de 2012, https://theconversation.com/no-youre-not-entitled-to-your-opinion-9978.

232 **fazer as pesquisas**: "The Work Required to Have an Opinion", blog *Farnam Street*, acessado em 20 de setembro de 2022, https://fs.blog/the-work-required-to-have-an-opinion/.

233 **"em seu solo"**: Foundation for Effective Governance, "Mehdi Hasan: Ukraine Shoud Attack Unemployment", vídeo do YouTube, 2:52, acessado em 11 de maio de 2022, https://www.youtube.com/watch?-v=73-xOpqzD9c.

233 **Alex Osborn na década de 1950**: "Brainstorming: New Ways to Find New Ideas", *Time*, 18 de fevereiro de 1957, acessado em 11 de maio de 2022, https://content.time.com/time/subscriber/printout/0,8816,809155,00.html.

234 **"A melhor maneira de ter boas ideias"**: "Clarifying Three Widespread Quotes", *The Pauling Blog*, 28 de outubro de 2008, acessado em 11 de maio de 2022, https://paulingblog.wordpress.com/2008/10/28/clarifying-three-widespread-quotes/.

235 **"eu acerto em cheio"**: Jean Gruss, "Burger Hustle", *Business Observer*, 12 de novembro de 2012, https://www.businessobserverfl.com/article/burger-hustle.

235 **"Todas as coisas incrivelmente criativas"**: Scott Berkun, *The Myths of Innovation* (Sebastopol, CA: O'Reilly Media, 2010), 168.

235 **cair na cabeça**: David Kelley e Tom Kelley, *Creative Confidence: Unleashing the Creative Potential Within Us All* (Nova York: Crown Business, 2013), 22.

235 **"pequenos avanços mentais"**: Universidade de Pittsburgh, "Psychology Researchers Explore How Engineers Create: It's Not So Much 'Eureka' Moments As It's the Sweat of One's Brow", *ScienceDaily*, 17 de junho de 2014, acessado em 2 de agosto de 2022, https://www.sciencedaily.com/releases/2014/06/140617144814.htm.

235 **"A cabeça está cheia"**: Jessica Hullinger, "The Science of Brainstorming", *Fast Company*, 30 de junho de 2014, https://www.fastcompany.com/3032418/the-science-of-brainstorming.

236 **lendário jogador de tênis Arthur Ashe**: "In the Zone", Quote Investigator, 16 de setembro de 2016, acessado em 11 de maio de 2022, https://quoteinvestigator.com/2016/09/16/zone/.

**236** **que a mágica acontece**: Lauren Ingeno, "In Fact, Mark Zuckerberg, 'Eureka Moments' Do Exist", *Drexel News Blog*, 5 de junho de 2017, acessado em 11 de maio de 2022, https://drexel.edu/coas/news-events/news/2017/June/In-Fact-Mark-Zuckerberg-Eureka-Moments-Do-Exist/.

**237** **uma pesquisa de 2015**: "Hansgrohe Study: The Brightest Ideas Begin in the Shower", *Plumbing & Mechanical*, 26 de janeiro de 2015, acessado em 11 de maio de 2022, https://www.pmmag.com/articles/96968-hansgrohe-study-the-brightest-ideas-begin-in-the-shower.

**237** **"importante é relaxar para o pensamento criativo"**: Jacquelyn Smith, "72% of People Get Their Best Ideas in the Shower—Here's Why", *Business Insider*, 14 de janeiro de 2016, https://www.businessinsider.com/why-people-get-their-best-ideas-in-the-shower-2016-1.

**237** **Em dezembro de 2015**: Al Jazeera English, "Did the US Occupation Create ISIL? | Head to Head", vídeo do YouTube, 47:39, 4 de dezembro de 2015, acessado em 16 de maio de 2022, https://www.youtube.com/watch?v=L7xfS3LXSOk.

**238** **opinião editorial de 1992 do Christian Science Monitor**: Mamoun Fandy, "Egypt, Mubarak Bow to Saudi-Style Islam", *Christian Science Monitor*, 20 de agosto de 1992, https://www.csmonitor.com/1992/0820/20191.html.

**239** **"excluir" certos**: Lisa Eadicicco, "5 Google Tricks for Getting the Best Search Results", *Insider*, 19 de novembro de 2019, https://www.businessinsider.com/google-tricks-for-best-search-results-2019-11.

**239** **"equivalente digital da Grande Biblioteca de Alexandria"**: Sam Leith, *Words Like Loaded Pistols: Rhetoric from Aristotle to Obama* (Nova York: Basic Books, 2016), xix.

**239** **"Comece com a Wikipédia, não termine com ela"**: Dustin Wax, "Advice for Students: 10 Steps Toward Better Research", Lifehack, acessado em 16 de maio de 2022, https://www.lifehack.org/articles/communication/advice-for-students-10-steps-toward-better-research.html.

**240** **"portal"**: Ikhwan Hastanto, "We Asked a Wikipedia Contributor Why Everyone Thinks They're Unreliable", *Vice*, 3 de setembro de

2019 https://www.vice.com/en/article/8xwgev/we-asked-a-wikipedia-contributor-why-everyone-thinks-theyre-unreliable.

**241** **"Por que, de todos os lugares"**: Al Jazeera English, "Blackwater's Erik Prince: Iraq, Privatising Wars, and Trump | Head to Head", vídeo do YouTube, 49:08, 8 de março de 2019, https://www.youtube.com/watch?v=KOB4V-ukpBI.

**244** **"Se um convidado iraniano"**: Al Jazeera English, "Gaza Killings: Who Is to Blame? | Head to Head", vídeo do YouTube, 49:27, 20 de julho de 2018, https://www.youtube.com/watch?v=pfw2AVqcne0.

**246** **como muitos já destacaram**: Chris Meyer, "Steelmanning: How to Discover the Truth by Helping Your Opponent", The Mind Collection, acessado em 20 de setembro de 2022, https://themindcollection.com/steelmanning-how-to-discover-the-truth-by-helping-your-opponent/.

**248** **"não entrou nessa lista por apenas um voto"**: 2yyiam, "Mehdi Hasan on Question Time 08.12.11", vídeo do YouTube, 59:12, 12 de dezembro de 2011, acessado em 16 de maio de 2022, https://www.youtube.com/watch?v=N3Mka0EOVGw.

## Capítulo 16: O Grand Finale

**251** **"perante um público composto"**: Brett McKay e Kate McKay, "The Winston Churchill Guide to Public Speaking", blog *Art of Manliness*, modificado pela última vez em 29 de outubro de 2021, https://www.artofmanliness.com/character/behavior/guide-to-public-speaking/.

**252** **"se engasgar com seu próprio sangue no chão"**: Boris Johnson, *The Churchill Factor: How One Man Made History* (Nova York: Riverhead Books, 2014), 18–19.

**253** **"e a civilização ocidental"**: John Lukacs, *Five Days in London, May 1940* (New Haven, CT: Yale University Press, 2001), 2.

**253** **"vem"**: *Merriam-Webster*, s.v. "peroration", acessado em 10 de setembro de 2022, https://www.merriam-webster.com/dictionary/peroration.

**253** **"deixa o público insatisfeito"**: William Safire, *Safire's Political Dictionary* (Nova York: Oxford University Press, 2008), 538.

**253 "Toda oração precisa de uma"**: Safire, *Safire's Political Dictionary*, 538.

**254 "composta de quatro coisas"**: Richard Nordquist, "Peroration: The Closing Argument", ThoughtCo., 24 de maio de 2019, acessado em 16 de maio de 2022, https:// www.thoughtco.com/peroration-argument-1691612.

**255 Deixemos o coach de oratória**: Andrew Dlugan, "Why Successful Speech Outlines Follow the Rule of Three", Six Minutes, 3 de junho de 2009, acessado em 2 de maio de 2022, http://sixminutes.dlugan.com/speech-outline-rule-of-three/.

**255 nas três eleições do Novo Partido Trabalhista**: Robert Taylor, "Does Endless Message Repetition Really Work?", *Andy Black Associates Blog*, 10 de maio de 2017, acessado em 16 de maio de 2022, https://www.andyblackassociates.co.uk/does-endless-message-repetition-really-work/.

**255 "uma tremenda pancada"**: Rose King, "A Tremendous Whack: Hitting the Key Message of Your Next Talk", blog Rose King, 16 de outubro de 2019, acessado em 17 de maio de 2022, https://www.rosespeechwriter.com/blog/spotlighteffect/2019/10/16/a-tremendous-whack-hitting-the-key-message-of-your-next-talk.

**256 cita um estudo**: Dom Barnard, "Different Ways to End a Presentation or Speech", VirtualSpeech, 6 de novembro de 2017, https://virtualspeech.com/blog/different-ways-to-end-presentation-speech.

**256 falecido Robert Crowder, psicólogo**: Henry L. Roediger III e Robert G. Crowder, "A Serial Position Effect in Recall of United States Presidents", *Bulletin of the Psychonomic Society* 8, nº 4 (1976): 275–78.

**257 "Votem a favor da moção"**: Intelligence Squared, "Debate: The West Should Cut Ties with Saudi Arabia", vídeo do YouTube, 1:28:16, 12 de março de 2019, https://www.youtube.com/watch?v=qi0T0owgW3M.

**257 Segundo os especialistas**: Brian Tracy, "9 Tips to End a Speech with a Bang", blog *Brian Tracy*, acessado em 27 de agosto de 2022, https://www.briantracy.com/blog/public-speaking/how-to-end-a-speech-the-right-way/; Susan Dugdale, "3 Ways to Close a Speech Effectively", write-out-loud, 5 de setembro de 2022, https://www.write-out-loud.com/how-to-end-a-speech.html.

**258 "emanando de suas meias"**: *The West Wing*, 2ª temporada, episódio 12, "The Drop In", 4 de abril de 2014, acessado em 17 de maio de 2022, http://westwingtranscripts.com/search.php?flag=getTranscript&id=34&keyword=final%20draft.

**259 "segunda voz"**: Andrew Dlugan, "How to Use Quotes in Your Speech", Six Minutes, 23 de setembro de 2012, http://sixminutes.dlugan.com/speech-quotes/.

**260 "Essa eleição teve muitos momentos inéditos"**: Sam Leith, *Words Like Loaded Pistols: Rhetoric from Aristotle to Obama* (Nova York: Basic Books, 2016), 243–44.

**261 "sempre podemos mudar"**: Freek Janssen, "Five Rules of Storytelling from Obama's Speechwriter", Team Lewis, 19 de março de 2014, acessado em 17 de maio de 2022, https://www.teamlewis.com/uk/magazine/five-rules-of-storytelling-from-obamas-speechwriter/.

**263 Como o falecido Carl Buehner**: "They May Forget What You Said, But They Will Never Forget How You Made Them Feel", Quote Investigator, 6 de abril de 2014, acessado em 17 de maio de 2022, https://quoteinvestigator.com/2014/04/06/they-feel/.

**264 "ponto de exclamação"**: Brian Tracy, "9 Tips to End a Speech with a Bang".

**264 final serve para recapitular**: "Conclusion", Lumens Learning, 5 de março de 2014, acessado em 29 de agosto de 2022, https://lumen.instructure.com/courses/218897/pages/linkedtext54136?module_item_id=5006958.

**264 "voltem a prestar atenção"**: "Conclude Your Speech with the Seven Samurai", blog *SpeechCamp*, 9 de maio de 2016, https://www.speechcamp.ie/blog/conclude-your-speech-with-the-seven-samurai.

**264 "Oremos"**: George Pierce Baker, *The Principles of Argumentation* (Estados Unidos: Ginn, 1895), 336–37.

**264 "Continuem famintos. Continuem tolos"**: Barnard, "Different Ways to End a Presentation or Speech".

**265 segundo um coach de oratória**: Dugdale, "3 Ways to Close a Speech Effectively".

**265 "uma conclusão inevitável"**: Brett McKay e Kate McKay, "The Winston Churchill Guide to Public Speaking".

265 **“em meio a uma trovoada de aprovação”**: Winston Churchill, “The Scaffolding of Rhetoric” (ensaio não publicado, 1897). Obtido em 2 de maio de 2022, https://winstonchurchill.org/images/pdfs/for_educators/THE_SCAFFOLDING_OF_RHETORIC.pdf.

# AGRADECIMENTOS

Em termos simples, nem minha carreira nem este livro existiriam se não fosse pelas muitas pessoas de ambos os lados do oceano Atlântico que me ensinaram a arte do debate e da retórica, que me deram oportunidades para usar essas habilidades e que — *como posso dizer?* — toleraram minha obsessão ao longo de toda minha vida pelas discussões. Sem nenhuma ordem específica, gostaria de agradecer:

Meu editor nos Estados Unidos, Tim Duggan, da Henry Holt, que acreditou em mim antes de qualquer outra grande editora e me enviou um e-mail do nada no início de 2021 sugerindo que escrevêssemos um livro — antes mesmo de eu ter a oportunidade de elaborar uma proposta! E meu editor do Reino Unido, Matthew Cole, da Pan Macmillan, que mostrou tanta confiança em mim que chegou ao ponto de oferecer mais dinheiro do que outras oito editoras pelos direitos no Reino Unido e comunidade britânica.

O pessoal da United Talent Agency (UTA): minha agente literária, a poderosa Pilar Queen, que não só me ajudou com a ideia, a estrutura e o título deste livro, mas a vendeu em uma questão de *dias*! Então ela continuou me enviando e-mails breves, encorajadores e engraçados com regularidade ao longo do processo de escrita para aumentar meu moral e se certificar de que eu terminaria dentro do prazo. Meus brilhantes agentes de TV, a dupla dinâmica Marc Paskin e Lia Aponte, que, para mim, foram publicitários/líderes de torcida/amigos inestimáveis, os quais começaram a plantar as sementinhas deste livro em 2019. E, claro, Meredith Miller da UTA, que me ajudou a levar este livro ao mundo todo.

Meu obrigado aos vários chefes do Reino Unido que me contrataram como pesquisador e produtor de TV quando tinha uns 20 anos e então me permitiram discutir cada assunto existente, *por trás* das câmeras, muito antes de alguém ter cometido o grande erro de me deixar ficar na frente de uma: David Mapstone, Dave Sayer e Rob Burley do ITV; John Ryley e Chris Birkett da Sky News; e Dorothy Byrne e Kevin Sutcliffe do Canal 4. Além de Arianna Huffington, Carla Buzasi e Stephen Hull do *HuffPost UK*, e Betsy Reed, Glenn Greenwald e Michael Bloom da Intercept/First Look Media. Ao editor da *New Statesman*, Jason Cowley, que me deu uma chance e ofereceu a um produtor de TV de 29 anos com zero experiência em jornalismo impresso uma coluna de prestígio na revista em 2009. Eu o convenci a fazer isso durante um almoço organizado por meu grande amigo e ex-colega James Macintyre, que estava convencido de que eu era perfeito para esse ramo muito antes de mim. James e eu também escrevemos um livro sobre a política britânica em 2011, a pedido do editor e radialista Iain Dale, outro de meus grandes apoiadores de longa data.

Sou grato ao pessoal do Al Jazeera English (AJE), onde desenvolvi meu estilo característico de entrevista, incluindo: o diretor administrativo Giles Trendle; o chefe dos talk shows e meu bom amigo Salah Khadr; bem como meu produtor, defensor, assessor, aliado e confidente de longa data Juan Pablo Raymond, que até se mudou para outros países comigo; e, claro, os membros das equipes editoriais do *UpFront* e do *Head to Head*, que sempre se certificaram de que eu estivesse preparado para cada entrevista. (Um agradecimento especial a Ryan Kohls, que agenda as entrevistas com os convidados do AJE e que precisou levar Vitali Klitschko e muitos outros convidados irritados que eu havia entrevistado para fora do estúdio em um clima tenso!)

Obrigado a Phil Griffin, o então presidente do MSNBC, que me ligou do nada no verão de 2020, enquanto estava em lockdown durante a pandemia, para me oferecer meu trabalho dos sonhos: apresentar um programa à noite no Peacock, o canal de streaming da NBC, e um programa semanal no MSNBC, o canal de TV a cabo. E a Rashida Jones, que assumiu o trabalho de Phil, honrou seu compromisso de me permitir apresentar um programa semanal no MSNBC e vem, desde então, apoiando e incentivando meu estilo particular de entrevistas agressivas na TV e comentários sinceros ao vivo. E também a Jessica Kurdali, chefe de talentos do MSNBC, que vem se mostrando uma aliada vital ao longo deste projeto. E a meus produtores executivos do Peacock e do MSNBC, de importância crucial — Laura Conaway, Ben Mayer, Patrick McMenamin, Kyle Griffin —, além de todos os produtores incansáveis do ramo e aqueles que agendam as entrevistas com os convidados. Eles continuam contribuindo com meu trabalho todos os dias, e sem eles, eu simplesmente *não* conseguiria realizar muitas de minhas entrevistas mais famosas. Um obrigado especial a Sujata Thomas e Kassandra Scheese por garantirem os entrevistados do Peacock mencionados neste livro.

Sou grato aos lendários entrevistadores da televisão britânica com quem tive a oportunidade de trabalhar, de quem aprendi e de quem me tornei amigo antes de ter meu próprio programa: Jonathan Dimbleby, um mentor no verdadeiro sentido da palavra, bem como Jon Snow, Jeremy Vine, Kay Burley e Eamonn Holmes, entre muitos outros.

Meus agradecimentos à produtora Kiran Alvi, que me ajudou a desenvolver algumas das ideias por trás deste livro muito antes de conseguir uma editora para ele. Ao editor freelance Jon Cox, que me ajudou a transformar meus pensamentos aleatórios no discurso lógico (assim espero) do texto final do livro. Ao verificador de fatos Glenn Speer e seu olho de águia. A Joey D'Urso, ex-presidente da Oxford Union, porque o debate sobre o islamismo na Oxford Union não teria acontecido se Joey não tivesse me convencido a participar dele. Sou grato ao maravilhoso pessoal da Intelligence Squared — em especial Hannah Kaye e Farah Jassat —, que me convidou repetidamente para debater no palco perante milhares de pessoas. E também, ao autor Johann Hari, que me incentivou durante seis anos sem parar a escrever este livro, *um* livro, *qualquer* livro!

Obrigado aos muitos autores, escritores e coaches de oratória online que desenvolveram ou coletaram muitos dos argumentos e conceitos descritos neste livro — e envio um agradecimento especial aos autores Carmine Gallo (*TED: Falar, convencer, emocionar*), Sam Leith (*Words Like Loaded Pistols*) e Jay Heinrichs (*Thank You for Arguing*).

Meu primo mais achegado, Saif, e sua esposa, Reshma, que me defenderam incansavelmente ao longo dos anos — bem como os pais, as irmãs e os cunhados de minha esposa. Agradeço aos muitos outros amigos e familiares que me incentivaram nos Estados Unidos, no Reino Unido, no Canadá, na Índia e além. Você sabe se estou me referindo a você! Meu melhor amigo Sameer, que sempre me apoiou — e sempre acreditou em mim. Minha irmã, que sempre me vencia nas discussões na infância e sempre me apoiou. Meu pai e minha mãe, que me serviram de lastro intelectual e moral em *tudo* que conquistei na vida, tanto profissional como pessoalmente.

Um obrigado a minhas filhas, minhas duas e eloquentes filhas, minhas mini-Cíceras, que debaterão e declamarão o tanto que for necessário para levar seu pai à submissão retórica! Entretanto, talvez acima de tudo, agradeço a minha pobre esposa, que precisou aguentar meu amor pelos debates e pelas discussões durante quase vinte anos agora. Ela não consegue se livrar de mim desligando a televisão ou saindo do auditório. Contudo, ela é uma brilhante advogada que, como eu, trabalha vencendo discussões, respondendo à altura. (Devo acrescentar que ela também me ajudou com a ideia e com o título deste livro!)

No fim das contas, o amor, o apoio e o carinho que recebo de minha esposa e minhas filhas a cada dia é o que me dá a confiança, a energia e a capacidade de realizar meu trabalho.

E quanto a isso, não há discussão.

*— Mehdi Hasan, maio de 2022*

# SOBRE O AUTOR

**Mehdi Hasan** é um premiado jornalista anglo-americano. É o âncora do *The Mehdi Hasan Show* no MSNBC e no Peacock, o canal de streaming da NBC. Hasan é ex-colunista e apresentador de podcast do Intercept, bem como ex-apresentador do Al Jazeera English, e suas opiniões editoriais também foram publicadas no *New York Times* e no *Washington Post*.

# ÍNDICE

## Q



## R



## S



## T



## U



## V



## W



## Z